생명과 의례

※ 이 저서는 2016년 정부(교육부)의 재원으로 한국연구재단의 지원을 받아 수행된 연구임 (NRF-2016S1A6A4A01019957).

생명과 의례

이향만

심산

사랑하는 아내 순영에게

● 감사의 글

글을 쓰는 일은 내면을 열어 보이는 자기 고백적 행위입니다. 더욱이 생명과 관련한 글을 쓰는 일은 자신의 신념과 가치관을 드러내는 수행적 작업이기에 조심스럽기만 합니다. 서강대학교 생명문화연구소에 재직하면서부터 관심을 두고 쓰기 시작하게 된 생명과 관련한 논문과 강의록은 천주교 서울대교구 생명위원회 학술위원으로 활동하며 심화되었고, 네이버 열린 논단에서의 강연이 생명과 의례를 하나의 주제로 묶어주는 계기가 되었다고 할 수 있습니다. 가톨릭의과대학에 재직하면서 철학을 생명철학의 관점에서 바라보며 행한 강의와 논문 그리고 기고문을 엮어 기초적인 작업을 '생명과 의례' 라는 주제로 마무리할 필요가 있다고 생각하였습니다. 시의적절한 한국연구재단의 지원이 이러한 기획을 구체화하는데 큰 힘이 되었습니다. 이에 대해 감사의 마음을 갖지 않을 수 없습니다. 하지만 생각보다 글은 늦되었고 내용도 미흡하게 마무리되었습니다. 출판에 앞서 졸고를 꼼꼼히 읽고 조언을 아끼지 않으신 김수정 교수님과 저의 학문적 관심사에 깊이 공감하시며 늘 함께하여 주신 김평만 신부님께 특별히 감사드립니다. 비록 군자는 못되지만 부모님의 건강과 가족들의 무고, 부끄럽게 살지 않도록 경각심을 일깨워주신 주위의 선후배와 동료들, 그리고 대학원과 대학에서 영재들을 가르칠 수 있도록 군자삼락의 조건을 갖추어주신 모든 분께 마음 깊이 감사드립니다. 마지막으로 정년을 앞두고 책을 출판할 수 있도록 힘써주신 심산출판사 최원필 대표님과 곡부 여행을 함께하며 남기신 의미 있는 사진을 제공해주신 류정호 선생님께도 감사의 인사를 드립니다. 코로나바이러스가 지구촌에 생명의 위기를 몰고 온 이 잔인한 계절에 이 책이 고통받는 모든 분께 작은 위안이 되기를 소망해 봅니다.

2020년 부활절 아침 서리재(瑞理齋)에서

이향만 드림

● 머리말

생명문화의 위기를 넘어서

나무가 빛을 향하여 자라듯 모든 생명체는 본래 고유한 지향성을 가지고 있습니다. 이는 생명이 지향성을 가지고 있다는 말과 같습니다. 그런데 이 지향성은 생명체 자신만의 힘으로 목적을 이룰 수가 없습니다. 지향성이 한 생명체의 궁극적 성향이라면 이미 한 독립체로 있지 않으면 안 됩니다. 그런데 스스로 있는 생명체는 이 세상에 아무것도 없습니다. 자신의 존재성을 유지하려면 다른 존재자의 도움을 받지 않으면 안 됩니다. 어떤 존재자가 다른 존재자에 의존할 수밖에 없다는 것은 다른 존재자에 의하여 존재의 의미를 갖고 지향성도 갖게 된다는 것을 뜻합니다. 지향성 자체가 다른 존재자를 지향하고 있다는 말입니다. 따라서 서로 다른 존재자는 각각의 존재자가 필요로 하는 존재의 조건에 서로 상응하는 상호적 관계가 필요합니다. 이 관계가 치우침이 없이 균형을 유지한다면 모든 존재자의 존재 상태가 조화를 이루어 평화로울 것이라 기대할 수 있을 것입니다.

인간생명도 다른 존재자와 마찬가지로 고유한 지향성을 가지고 있습니다. 그런데 인간의 생명은 태생적으로 다른 존재에 비해 외부의 도움이 특별히 더 필요합니다. 어린아이와 노인의 나약함은 가족의 도움이 필요함을 잘 말해줍니다. 그러므로 가정 공동체는 어린아이와 노인들을 보호하기 위해 더욱 결속하게 됩니다. 이는 인간생명이 특별한 공동체적 지향성을 가지고 있음을 말해줍니다. 어린아이와 노인에게서 그렇듯이 인간에게서 생명성은 약해질 때 더욱 그 의미가 드러납니다. 여기에 상생의 생명 법칙이 작용합니다. 그러나 생명의 배려는 일방적이거나 대응적이지 않습니다. 생명의 법칙은 받은 만큼 돌려주거나 받은 자에게 돌려주는 교환의 법칙이 아닙니다. 상생의 법칙은 관계를 통하여 고유한 생명의 의미를 발견하는 데서 시작됩니다. 생명의 차원이 고양될수록 관계는 새롭고 심오한 의미를 부여하게 됩니다. 자연적 차원에서는 상호 간의 생존만을 생각하지만, 사회적인 차원에서는 삶의 가치를 생각하게 됩니다. 나아가 종교적이거나 도덕적 차원에서 삶의 완성이 무엇인지 생명의 지향점을 고양시키게 됩니다.

생명은 하나의 씨알과 같아서 완성을 이루게 되면 다 자라난 나무가 그늘을 베풀 듯 사람들에게 새로운 세계를 선사합니다. 이 새로운 세계는 모든 존재가 그 다양성을 발휘하더라도 전혀 혼란을 일으키지 않는 상생의 평화입니다. 평화는 아무 일이 없이 조용한 것이 아니라 조화의 극치를 이루어 내는 것입니다. 다름과 차이를 받아들이고 함께 어울려 새로운 조화의 모습을 이루어 내는 것입니다. 굿이 끝난 다음에 모두가 혼연일체가 되어 춤을 추는 난장에 진정 평화의 모습이 있듯이 진정한 평화는 역동적입니다. 평화는 단순히 기다리는 자에게 굴러오는 열매가 아닙니다. 평화를 이루기 위해서는 관계를 일구는 일이 필요합니다. 우리 생명에는 평화를 위하여 일할 수 있는 열정과 잠재력이 숨어 있습니다. 그렇기 때문에 우리 생명은 우리가 장차 이루어낼 평화의 씨알입니다. 자신의 생명이 평화의 씨알임을 자각하는 자는 생명의 환희로 인하여 잠들지 않을 것입니다.

그러나 오늘 우리는 생명 상실의 시대를 살고 있습니다. 매일 매스컴이 전해주는 그칠 줄 모르는 어두운 소식은 자연재해와 인간의 과실로 인한 재해, 테러와 전쟁으로 인한 무고한 희생입니다. 그리고 사회 저변에서 일어나는 소외로 말미암은 고독사와 자살입니다. 이밖에 환경파괴와 같은 부정의로 말미암은 간접적인 생명의 침해와 상실은 우리가 인식하기 어려울 정도로 여러 가지 양상으로 나타나고 있습니다. 이러한 소식이 우리에게 알려주는 분명한 사실은 우리가 살아갈 생명의 터전과 아름다운 관계를 상실해 가고 있다는 것입니다. 생명의 씨알이 갈라지고 메마른 땅에서 싹을 틔울 수 없듯이 사태의 올바른 인식 없이는 아무런 희망이 보이지 않습니다. 생명의 상실은 세상의 상실입니다. 세상은 생명이 살아 움직일 때 비로소 세상이 됩니다. 세상은 상생의 터전이자 조화의 장이기 때문입니다. 우리가 이 세상에서 살아있는 생명이 되기 위해서는 다른 사람과 다른 종과 다른 생명체와 나아가 무생물과의 관계를 올바로 정립하지 않을 수 없습니다. 다른 존재자로 말미암아 내가 존재하듯이 다른 존재자가 나로 말미암아 존재함을 확인하지 않으면 안 됩니다. 다른 존재자는 내 생명성을 확인하는 거울이기 때문입니다. 실로 생명은 관계를 비추어주는 맑고 밝은 거짓 없는 거울입니다.

우리 사회에 만연된 생명의 위기를 극복하기 위해서는 근원적으로 지배적인 생명의식에 대한 진단이 필요합니다. 자살률, 입양률, 고독사, 산업재해와 안전사고의 비율이 다른 나라에 비해 월등히 높은 데에는 사회적 원인이 있습니다. 사회가 배려와 안전, 협업보다는 개인의 자아 성취를 궁극적인 삶의 목적으로 삼아 경쟁 속에서 살아가도록 부추기고 있기 때문입니다. 현대인은 진정한 가치를 추구하기보다 집단이 요구하는 성과를 충족시켜야 하는 과중한 업무에 시달리고 있습니다. 성과 위주의 사회에서 목표에 도달하지 못하는 사람들은 조직에서 쉽게 소외되고 배제됩니다. 사회집단은 기능 중심으로 움직이기에 사람을 평가할 때에도 기능적 역량만을 따지는 경우가 대부분입니다. 따라서 기술문명의 발달에 따른 새로운 역량을 갖추지 못할 때 집단에서 쉽게 소외되기 마련입니다. 기능 중심의 관계는 새로운 권력구조를 낳고 계층 간의 갈등을 불러일으키기 쉽습니다. 이러는 가운데 사람들의 윤리의식은 해이해지고 결국 인권침해의 문제에 이르게 됩니다. 미투와 같은 사회현상을 권력구조의 측면에서 살펴볼 필요가 있습니다. 윤리의식은 바로 생명의식의 척도가 된다고 할 수 있습니다.

이러한 생명의 위기를 제대로 인식하고 극복하기 위해서 기존의 생명문화의 패턴을 진단할 필요가 있습니다. 현대사회가 직면한 큰 상실은 무엇보다 우리 사회가 전통적 가치로 삼았던 타인에 대한 관심과 배려를 찾아보기 어렵게 된 것입니다. 예를 들어 정치적 입장이 다른 사람에게 인신공격하고 심지어 폭력을 행사하는 행위는 우리 사회가 예의를 상실한 사회라는 것을 확인시켜 줍니다. 예의의 회복을 위해 필요한 것은 의례에 대한 올바른 인식입니다. 생명문화의 한 축으로서 의례는 인간다움의 한 가지 양식을 말해줍니다. 일찍이 공자는 예란 바로 서는 것〔立於禮〕이라 하였습니다. 이는 상대를 마주하여 관계를 올바로 하는 것을 의미합니다. 곧 선다는 것은 상대를 대면하는 것이고 관계를 올바로 하는 것입니다.

하지만 의례는 단순히 삶의 태도에 관한 것만이 아닙니다. 유교 전통에서 예는 관습과 교육과 정치를 총괄하는 문화 개념입니다. 따라서 의례가 추구하는 궁극적 가치는 윤리에 있는 것입니다. 하지만 오늘날 우리 사회에서 전통적인 예 관념을 더 이상 찾아보기는 어렵습니다. 우리의 의식은 서구화되면서 정체성을 상실하게 되었고 전통적인 의례는 불필요한 삶의 겉치레로 전락하였습니다.

의례는 통과의례에서 보듯이 생명성을 고양시키는 관문이며 생명문화의 중요한 요소입니다. 또한 인간의 삶의 양식을 다른 존재와 구별해 주는 것이기도 합니다. 사람이 사람일 수 있는 까닭이 의례에 있다고 할 수 있습니다. 관계를 유지하고 결속시키는 것도 의례입니다. 그러므로 의례는 사람을 보호하는 사회적 울타리라고도 할 수 있습니다. 상대를 존중하는 의례를 통하여 인간은 상호 간에 존귀함을 느끼며 삶의 새로운 차원을 경험하게 됩니다. 상대방을 통하여 자신의 존재성을 확인하게 하는 의례의 형식은 인간을 인격적 존재로 이끕니다. 성품의 외적 표양이라 상대가 갖춘 조건에 따라서 행하는 것이 아니라 조건 없이 부여하거나 상호적으로 부여하는 것이므로 의례는 어떤 전제에 얽매이지 않습니다. 따라서 의례는 목적 없는 자유를 향한 몸짓이자 놀이입니다.

현대의 문명사회에서 인간의 행동은 생산양식을 모방하여 규격화되고 단순화되었습니다. 인간관계 역시 필요 욕구에 따른 관계로 한정되고 있습니다. 사람을 통하여 세계를 새롭게 인식하기보다 문명의 이기에 의존하는 삶을 선호하게 되었습니다. 사람은 더 이상 새로운 세계를 향한 창이 되고자 하지 않습니다. 세계의 창은 컴퓨터 웹 사이트와 스마트폰 화면으로 대체되었습니다. 이러한 현상은 인간이 직접적인 사회적 행위를 잃어버리고 있음을 말해줍니다. 즉 더 이상 의례가 필요치 않음을 확인하게 합니다. 인터넷 공간에서는 익명성이 보장되기 때문에 어떤 행위나 언설도 허용되는 듯 생각합니다. 이러한 현상은 의례의 상실을 보여줍니다. 가상공간에 인격이 자리 잡기 어려운 점이 여기에 있습니다. 인공지능이 발전할수록 인간의 삶은 더욱 의례와 멀어지기 쉬운 조건에 놓일 것입니다. 인간이 자연물에 인격성을 부여하기 어렵듯이 삶의 도구인 인공지능 로봇에 인격성을 부여하지는 않을 것입니다. 인격성을 부여한다 하여도 그것은 사이비 인격에 지나지 않을 것입니다.

미래사회에 인간은 인공지능에 의해 더 고립되고 소외된 삶을 살 것입니다. 이를 극복할 방법은 인간으로서의 종차(種差)를 드러내는 삶을 사는 길 밖에는 없습니다. 인간만이 고유하게 홀로 행할 수 있는 인격적 행위는 의례입니다. 다가오는 미래사회를 행복하게 할 수 있는 방안은 인공지능이 다가 올 수 없는 경계인 개인의례에 있다고 해도 과언이 아닙니다. 개인의례는 최소화된 사회의례의 질을 높이고 인간의 삶을 예술적으로 승화시키는 길을 열어줄 것입니다. 의례는 그 자체로 프로그램화된 과학적 세계의 차원을 넘어서는 인간의 길입니다. 부조리, 모순, 충동, 자비, 사랑의 삶이 의례 안에서 이해되고 새롭게 그 가치를 드러낼 것입니다. 아직 밝혀지지 않은 미지의 삶의 지평으로 우리를 인도할 것입니다.

이 위기의 시점에 사회적 삶을 이루는 에너지이자 원천인 전통적인 생명의례에 내재된 본질적인 의미를 깨닫고 의례의 회복을 통해 우리 사회의 생명문화가 새롭게 자리 잡을 것을 기대하는 마음으로 이 책이 기획되었습니다. 전체적인 개요는 다음과 같습니다.

생명문화에 대한 이해를 돕기 위한 "1장. 생명문화의 차원과 요소"에서는 우선 생명문화의 차원에서 문화현상이 원리적, 제도적, 현실적 차원에서 어떻게 다르게 나타나는지 분석하고 있습니다. 원리적 차원에서 생명문화의 세 요소인 서사, 의례, 축제가 지향하는 가치와 세 요소 간의 상관성과 의미에 대하여 다루고 있습니다. 생명문화의 요소와 관련하여 서양의 관점에서는 의례와 놀이 그리고 축제, 의례와 서사의 상관성을 살피고, 동양의 관점에서 중시된 의례와 정치, 의례와 교육, 의례와 언어의 상관성을 통해 생명문화의 다양성을 살펴볼 것입니다.

사회적 의례의 시원이라고 할 수 있는 종교의례를 다루는 "2장. 종교의례와 생명의식"에서는 고대 그리스에 나타난 비극과 동양의 굿에 나타난 생명의식의 차이점을 밝히고 있습니다. 원초적인 사회적 생명현상이라고 할 수 있는 연민과 두려움의 정서가 비극에서 어떻게 조절되며 윤리적 분별과 지적 인식으로 나아갈 수 있는지 살펴보고자 합니다. 또한 굿에 내재된 사적인 실존 체험이 해원의 의례를 통해 어떻게 공동체적인 생명의례로 발전해 나갔는지 의례의 구조적 특징을 분석하여 생명의식의 변화와 고양의 단계를 이해하고자 하였습니다.

인간의 삶의 본질을 이루는 생명을 다루는 "3장. 생명이란 무엇인가?"에서는 동서양의 문화에 나타난 생로병사의 생명현상을 삶의 주기가 아니라 사람의 본질로서 이해하고자 하였습니다. 문화적인 측면에서 전통적인 유교적 생명관이 가지고 있는 자연적, 사회적, 도덕적 의미를 이해하고 생명의 주체인 영혼과 혼백의 문제를 다루고 있습니다. 서양에서 영혼론이 의식과 인식의 문제로 발전했지만 동양에서는 혼백론이 자기 정체성과 도덕적 심성의 문제로 발전하였으며, 인격의 주체로 이해할 수 있음을 밝히고 있습니다.

"4장. 생명의 원천으로서 사랑"에서는 생명의 서사로서 고대 서사에 담긴 사랑의 본질과 서양 중세에 큰 사회적 반향을 불러일으켰던 아벨라와 엘로이즈의 자유로서의 사랑을 통해 삶의 어떤 조건도 사랑을 억압할 수 없음을 밝히고 있습니다. 또한 정결례가 갖는 일치의 본래적 의미를 살펴보고, 완전함에 이르게 하는 여정으로서 사랑의 의미를 철학적으로 밝힌 플라톤의 『향연』에 내재된 사랑의 단계를 살펴봄으로써 사랑이 아름다움을 관조하는 수행의 단계로 이해될 수 있음을 밝히고 있습니다.

전통적인 유교의례를 다루는 "5장. 생명의 의례" 에서는 출생과 통과의례, 혼인과 생명의례, 회갑연과 죽음의 의례, 제례와 사회의례를 통해 전통적인 생명문화 안에 내재된 생명의식과 사회의식의 함의를 살펴보고 있습니다. 한 생명의 탄생으로 열리는 새로운 세계와 사회윤리의 시작으로서 부부의 연으로 시작되는 사회 윤리와 도덕적 생명의 계기로서 회갑연과 생명의 연대로서 제례가 갖는 의미를 밝히고 있습니다.

본론의 마지막 장인 "6장. 생명의 길" 에서는 생명의 지향성으로서 영성을 주제로 다루고 있습니다. 또한 인간생명을 둘러싸고 있는 생태와 관련하여 인간이 자연과 생활세계에 어떻게 관계할 것인가에 관하여 의례에 담긴 생태학적인 요소와 생명의 상보성과 호혜성을 살펴보고 생명의 주체로서 의식작용을 현대적 개념인 '영성' 을 통하여 해석하고자 하였습니다. 또한 생명문화 구축을 위한 생명담론의 중요성과 상호의례로서 사회의례의 회복이 갖는 사회구조적인 변화의 측면을 살펴보고 있습니다. 생명교육의 장으로서 가정의 의미를 살펴보고 있으며 생명의 약동을 잘 보여주는 춤을 통하여 예술과 의례의 관계를 재인식할 것을 논의하고 있습니다.

맺는 글에서는 생명의례의 회복을 위하여 당면한 과제들로서 저출산, 유기되는 새 생명, 왜곡된 성의식을 중심으로 차례로 살펴보고 개인의례의 회복이 시급함을 호소합니다. 그리고 현대사회에서 중요한 사회의례의 장으로 인식되고 있는 병원의 새로운 기능과 역할을 제안하고 있습니다. 생명문화의 변모가 요구되는 현실을 함께 인식하고 일구어 나갈 것을 제안합니다.

目次

1장
생명문화의 차원과 요소

인간이 문화적 존재라는 것을 부인할 사람은 아무도 없을 것입니다. 그런데 문화가 무엇이냐고 묻는다면 쉽게 답하기 어렵습니다. 일군다는 의미를 가지고 있는 동사 'culturare' 에서 비롯한 문화 개념은 시원을 따지면 인간의 거주와 경작생활과 관련이 있습니다. 나아가 생존의 문제가 인간의 노력만으로 해결할 수 없다는 것을 깨달으면서 보이지 않는 신령한 실체를 상정하고 종교적 의례를 통해 도움을 청하고 나아가 의식을 개선하는 데에 큰 관심을 갖게 되었습니다. 동물의 생활이 수천 년이 지나도 변화가 없는데 반해 인간의 삶의 방식이 크게 바뀐 것은 문화가 있기 때문입니다. 인류학자 타일러(E. B. Tylor)는 문화 또는 문명은 인식, 신념, 예술, 도덕, 법, 관습 및 인간이 사회 구성원으로서 취득한 다른 모든 능력과 습관을 포함하는 복합체라고 하였습니다.

문화가 가능하게 된 것은 인간의 언어 사용과 관련이 있습니다. 언어는 소통을 통해 공동생활과 협업이 가능하도록 하는 상징체계입니다. 인간이 세계를 이해하고, 지식을 형성하고 전달하는 원리가 됩니다. 촘스키가 말하듯 언어는 생각에 대한 표현뿐만이 아니라 대화를 나누는 수단이며 생각을 정리하면서 새로운 정신체계를 구축해 나가는 정신활동입니다. 이러한 언어의 창조적 활동으로 말미암아 인간의 활동은 한 집단의 관습을 형성하고 삶의 양식을 특징지으며 발전할 수 있었습니다. 이러한 문화 활동은 인간의 생명현상을 대변하며 인간의 삶을 특징짓는다고 할 수 있습니다. 1장에서는 구체적인 생명문화의 현상을 이해하기 위해 차원과 요소를 통해 접근해보도록 하겠습니다.

1. 생명문화의 세 가지 차원

생명문화에 대한 사회적 관심사가 증대하고 있는 시기에 반성적으로 요청되는 것은 생명문화에 대한 올바른 인식입니다. '문화' 를 정의하는 일은 학술적으로 민족학, 인류학, 사회학, 심리학, 철학 등의 관점에서 다양하게 이루어졌습니다. 이러한 연구 방법론과 성과는 문화의 핵이라 할 수 있는 생명문화를 이해하는데 있어서 방법론적으로 매우 유용한 계기를 마련해 주고 있습니다. 그런데 인간의 생명은 불변하는 하나의 실체가 아니라 삶의 현상이기에 어떤 양상으로 드러나는지 그 요소와 차원을 구조적으로 이해하고 기술하는 과정이 요구됩니다. 생명문화에 대한 이해가 간단치 않음은 늘 새롭게 나타나는 생명현상 때문입니다. 문화권에 따라 상이하게 나타나는 생명문화의 다양성과 그 의미를 이해하는 과정은 실로 인간이해의 길입니다. 이 과정에서 인간생명이 지향하는 보편적 가치를 인식하고 생명문화를 이루는 요소와 차원을 현상학적인 관점에서 접근하는 것이 필요합니다.

문화 개념의 형성 과정에서 보면 생명문화의 현상은 세 가지 차원에서 접근할 수 있습니다. 즉, 원리적 차원, 제도적 차원, 현실적 차원으로 나눌 수 있습니다. 원리적 차원은 근원적인 의미를 드러내는 차원이라고 할 수 있습니다. 인간생명이 근본적으로 지향하고자 하는 바가 무엇인지를 이해하는 차원입니다. 제도적 차원은 상징적 차원이라고 할 수 있습니다. 문화 속에 의미가 구체적으로 녹아들어 제도로 정착된다는 점에서 구조적 차원이라고 볼 수도 있습니다. 현실적 차원은 사회적 삶 속에서 실제로 적용되고 실현되고 있는 역사적인 문화현상 자체를 의미합니다. 세 가지 차원은 단절되어있지 않고 부단히 상관적 관계를 유지하고 심화하는 가운데 문화현상을 나타낸다고 할 수 있습니다. 원리적 차원이 본체라면 제도적 차원은 작용으로, 그리고 제도적 차원이 한 단계 아래의 본체라면 현실적 차원은 같은 단계의 작용으로서 체용(體用)의 문화현상을 갖추고 있습니다. 또한 원리적, 제도적, 현실적 차원은 각기 고유한 문화요소를 갖추고 문화단계의 성격을 나타내게 됩니다. 그러면 각각의 차원 안에서 문화요소는 어떤 관계성을 갖고 있는지 살펴보도록 하겠습니다.

1) 원리적 차원

원리적 차원에서 생명문화를 살펴보면 대부분의 문화에서 공통으로 발견되는 서사와 의례 그리고 축제가 중요한 문화적 요소를 이루고 있음을 알 수 있습니다. 이 문화적 요소는 생명의 가치를 창출하도록 도모한다고 할 수 있습니다. 이 가운데 첫 번째 요소인 서사는 삶의 이야기입니다. 서사는 한 개인의 이야기라기보다는 보편적 삶의 이야기입니다. 문화전통 안에서 보편적 서사를 통해 사람들이 지향하는 가치는 진리입니다. 개개인의 생명에 대한 서사는 보편적으로 전승된 가르침을 지향하고 있음을 보여줍니다. 이 가르침에 다다르기 위하여 서사에 비유와 신화가 하부구조의 형식으로 자리 잡고 있습니다. 전승된 비유와 신화는 과거에 머물지 않고 개인의 의식을 통하여 현재화됩니다. 따라서 모든 사람은 자신의 삶을 통하여 고유한 생명서사를 써가는 것입니다. 과거와 현재를 통합하여 미래를 향하여 쓰는 개인의 서사는 보편적 서사로 합류합니다. 우리는 여기서 생명의 진리 차원을 발견하게 됩니다. 그러므로 생명이 제시하는 진리는 명제적이 아니라 수행적입니다. 부단히 삶의 동기를 새롭게 부여하는 진리입니다. 이로 말미암아 각자가 생명의 주체가 되게 하는 서사입니다.

두 번째 요소인 의례는 삶의 양식이며 공동체적 삶을 가능하게 하는 윤리적 가치를 담고 있습니다. 인간은 의례적 존재로서 사회적 생명성을 의례를 통하여 표현합니다. 의례는 사회적 존재로 살아가게 하는 문화적 수행 양식입니다. 의례가 문화적으로 잘 발달한 형태가 통과의례입니다. 통과의례는 생명의 성장과 새로운 사회로의 진입을 전제하고 있습니다. 따라서 모든 사회적 관계 안에 의례가 자리하고 있습니다. 의례의 바탕을 이루는 기본적인 태도는 자기 계발의 수행성(修行性)과 고유한 사회적 역할을 연출하는 연행성(演行性)입니다. 수행성은 자율적 행위를 기반으로 하여 자아 성숙에 기여합니다. 단순한 육체적 행위에서 언어적 표현에 이르기까지 고유한 인격적 행위로 나아가도록 돕는 것 모두가 의례의 내적인 측면인 수행성에 포함됩니다. 나아가 수행성이 사회적으로 확장된 것이 사회적 역할을 상징적으로 나타내는 연극적 행위로서의 연행성입니다. 의례의 외적인 측면인 연행성은 여러 문화권 안에서 오랜 역사와 전통을 통해 다양하게 발전해 왔습니다. 원시시대에 생존으로부터 시작된 연극적 행위는 현대사회에서 예술 활동과 일상적인 에티켓에 이르기까지 유구하고 폭넓은 생명현상으로서 인간의 삶 속에서 수행되고 변모되고 있습니다.

세 번째 요소인 축제가 지향하는 가치는 조화와 일치입니다. 인간사회는 삶의 주기 가운데 특별한 계기를 마련하여 생명의식을 고취하고자 하였습니다. 축제는 공동체의 의례와 밀접하게 연관되어있으며, 축제를 통하여 삶 속에 내재된 생명의 역동성과 예술적 창조성을 발휘합니다. 축제의 창조성은 세상의 새로운 변화에 부응하는 행위 자체가 목적인 예술성을 갖고 있습니다. 축제를 통하여 나타나는 이러한 생명의 역동성은 놀이

삶의 무게, 구스타브 비겔란(1896~1943, 오슬로)

로부터 시작하나 창조적 삶의 바탕이 되어 삶을 예술적 차원으로 승화해 조화와 일치를 이끕니다. 또한 축제는 인간사회가 당면한 위기와 갈등을 풀어가는 계기로서 사회적 관계의 중요성을 암시하고 있습니다. 생명의 연대 안에서 개별 생명이 인간 관계의 고유한 의미를 갖게 되고 새로운 생명성을 창조하게 됨을 보여줍니다. 사회적 삶의 완성은 축제에 내재된 조화와 일치에 반영된다고 할 수 있습니다.

2) 제도적 차원

제도적 차원은 원리적 차원이 보편적으로 상징화되는 과정입니다. 즉 생명의 본래적 의미를 구현하기 위한 제도적 장치를 삶의 구조 안에서 어떻게 설정할 것인가를 결정하는 단계입니다. 서사, 의례, 축제는 제도적 차원에서 유비적으로 각각 이념과 정책, 규범과 법, 풍속과 절기로 생명문화의 요소를 이루게 됩니다. 제도적 차원은 전승과 사회적 약정을 전제로 함으로써 생활세계를 창조하는 문명의 차원으로 발전하는 과정으로 볼 수 있습니다.

첫 번째 요소인 이념과 정책은 사회적 합의를 통하여 이루어집니다. 올바른 이념을 담지한 정책은 사회적 합의를 끌어냅니다. 사회적 합의를 이루기 위해서 필요한 과정이 담론입니다. 특별히 생명담론은 사적 담론에서 시작한 개별적 생명서사의 차원을 공적 담론으로 발전시켜 하나의 이념을 형성하게 합니다. 이념은 개별적인 생명의 지향성을 현실적으로 보편적 진리로 구성해내는 관념체계입니다. 또한 이념을 실현할 수 있는 가장 이상적인 방안은 사회적 동의를 통해 정책을 입안하고 구체적으로 시행하는 데서 이루어집니다.

두 번째 요소인 규범과 법은 사회 공동체가 당위적으로 지켜야 할 삶의 원리를 규정한 것입니다. 규범은 자율성의 차원에서, 법은 타율적인 차원에서 사회적 삶의 원리를 제공하고 있습니다. 사회적 관계가 복잡할수록 규범적 영역은 축소되기 쉽습니다. 규범의 영역이 법의 영역보다 넓을 때 이상적인 제도적 차원을 구현하게 됩니다. 여기서 사회적 생명성이 확대될 가능성이 열리게 됩니다. 이때 규범과 법을 문화요소로서 실현시키는 것은 수행적 언어입니다. 행위를 동반하고 이끄는 언어는 규범을 강화하고 법을 통해 행동을 규제합니다. 규범적 언어는 인격적인 측면을 강조하고 법규는 인간의 권리를 보장하는 삶의 원리로 작용합니다. 언어의 수행성이 인간의 생명현상과 밀접하게 연관되어 있음을 보여줍니다.

세 번째 요소인 풍속과 절기는 전통적으로 자연과의 조화에서 비롯되었습니다. 자연에 내재된 조화는 인간 조화의 모델입니다. 생명의 시원인 신과 조상에게 그리고 생명을 부양하는 자연에 대한 감사의 의례는 전통적인 생명의 축제입니다. 시작과 마침에 이르는 생명의 주기에 따라 인간 생명의 고유한 의미를 부여하고 공동체가 함께 축하합니다. 생명성은 개인, 가족, 공동체로 확장되어가는 가운데 공동의 축제 안에서 의미를 확장합니다. 제도적으로 생명의 유희를 위한 시간과 공간을 마련하고 생명의 역동성과 예술적 창조성이 나타나도록 고무합니다. 신과 인간, 자연과 인간, 인간과 인간의 관계성 확인은 궁극적으로 생명성이 지향해야 하는 도덕적이며 종교적 차원을 암시하고 있습니다.

3) 현실적 차원

실존적 존재로서 인간은 나날이 자신의 생명성을 확인하지 않을 수 없습니다. 이 과정에서 인간은 사회적 존재로서 매 순간 판단과 분별을 요청받습니다. 정황에 따른 결정을 하며 살아가는 가운데 자신만의 고유한 삶의 방식을 형성해 갑니다. 현실적 차원에서 개인에게 요구되는 생명현상의 요소는 사회적 관계인식과 분별 그리고 사회참여입니다.

첫 번째 요소인 관계인식에서 개인의 서사는 세상이 나날이 쓰는 생명서사의 유기적인 한 부분입니다. 개인생명은 세상과 밀접한 관계를 맺고 있으므로 세상과 소통하지 않을 수 없습니다. 세상과 유리된 서사는 유리된 만큼 삶의 가치를 상실하게 됩니다. 관계적 생명성 안에서 존재와 가치는 일치를 이루며 고립된 사회의 병폐는 생명서사의 실종과 존재의 상실로 나타납니다. 그러므로 올바른 관계인식을 하기 위한 사유하는 삶은 근원적인 생명작용이며 진리와 이념을 개인 안에서 통합시킵니다.

두 번째 요소인 이상적 삶을 실현하기 위한 분별은 세상에 대한 사회적 책임에서 비롯합니다. 사회적 책임에는 사회관계와 관련하여 개인의 자발적인 책임과 공동의 책임이 있습니다. 급변하는 사회적 환경에서 인간 생명은 전통적인 가치체계로 분별하기 어려운 결정을 내리도록 요구받습니다. 왜곡된 윤리적 판단은 정체성의 혼란을 일으킵니다. 현대인은 스스로 가치를 부여하고 지켜나가야 할 정도로 고립되어있습니다. 급속한 과학문명의 발달이 현대인의 생각의 여유를 빼앗고 분별하기 어려운 상황으로 삶을 몰아가기 때문입니다. 주도적인 담론구조를 따르지 않는 개인은 소통의 기회를 상실하기 쉽게 됩니다. 언어가 의례의 가장 고양된 형식임을 생각해 볼 때 소통의 상실은 사회적 생명의 상실과 다름이 없습니다. 사회적 생명의 상실은 자연적 생명의 존재 근거를 위협합니다. 그러므로 올바른 삶을 살아 가기 위한 분별은 현실을 살아가는 개인의 중요한 삶의 과제가 됩니다.

세 번째 요소인 사회참여는 공적인 삶을 통한 사회적 일치를 지향합니다. 현대의 민주사회는 선거와 같은 정치적 행위에서 나타나는 사회참여뿐만 아니라 오락, 스포츠, 예술에 이르기까지 다양한 사회참여의 기회를 제공하여 선의의 경쟁을 유도하고 생명의 가치를 고양하고 있습니다. 정부는 다양한 축제를 제도적으로 권장하여 사회적 갈등을 완화하고 조화를 도모하고 있습니다. 그러나 개인은 스스로 사회의 한 일원임을 의식할 수 있을 때 조화와 일치의 활동에 참여할 수 있습니다. 그러므로 생명활동은 사회적 관심과 배려가 필요합니다. 소통의 도구는 나날이 발전하나

역설적으로 폐쇄적 집단의 왜곡된 소통 방식으로 말미암아 빈번히 일어나는 분열과 인간소외는 생명문화의 위기를 가중시킵니다. 여기서 열린 생명의 연대가 절실히 필요함을 인식하게 됩니다.

지금까지 생명문화의 구조에 내재된 요소와 차원을 개괄적으로 살펴보았습니다. 이는 다만 생명문화를 이해하는 관점의 한 가지 틀이지 정형일 수는 없습니다. 생명의 위기를 겪고 있는 현대사회가 생명문화를 올바로 진단하기 위해서는 생명문화를 구조적으로 살피는 것이 필요합니다. 이러한 복합적인 관계 구조의 이해를 통해 당면한 생명위기의 문제를 심층적으로 분석할 때 문제 해결에 실질적으로 다가갈 수 있을 것으로 기대합니다. 생활세계를 창조하는 과정에서 생겨난 생명문화는 문화의 바탕이자 궁극적 이상입니다. 생명문화에 대한 사람들의 지대한 관심은 인간생명이 위기를 맞고 있음을 증언해 주며 또한 새로운 희망을 품게 합니다. 개인생명은 자연의 한 요소일 뿐 아니라 새로운 생활세계를 열어갈 주체입니다. 그러므로 문화적 존재로서 개인생명이 세상에 대한 관계를 인식하고 분별하며 참여하는 과정에서 참되고 아우르고 아름다운 생명문화를 창조하기를 기대하는 것입니다.

2. 생명문화의 세 가지 요소

의례의 본질을 더 잘 이해하기 위해서 원리적 차원의 단계에서 전반부에는 서양문화의 관점에서 의례와 놀이 그리고 축제, 의례와 서사의 상관성을 알아보도록 하겠습니다. 후반부에는 동양문화의 관점에서 중시된 의례와 정치, 의례와 교육, 의례와 언어의 상관성을 살피는 것이 유익하리라 봅니다. 삶의 양식으로 나타난 의례를 상관적 개념의 관점에서 살펴보는 것은 생명문화의 핵심적인 요소로서 의례를 이해하는데 필요한 방법이라고 봅니다. 이는 상관적 관점에서 의례를 바라보았을 때 의례를 통한 동서양 생명문화의 주안점이 어떻게 그 차이를 드러내며 각각의 생명문화가 갖는 특성을 구분할 수 있기 때문입니다. 서양의 그리스 · 로마 문화전통과 동양의 중국 문화전통이 의례에 대한 서로 다른 양상을 띠고 발전한 것은 사회적 존재로서 인간을 이해하는 다양한 관점을 제공하고 있습니다. 카씨러의 상징적 접근처럼 의례를 통한 인간이해야 말로 문화적 존재로서 인간을 상징적으로 드러내는 것이라 할 수 있습니다.

1) 의례와 놀이(축제)

원시의례를 놀이의 관점에서 고찰한 학자는 하위징아(Johan Huizinga)입니다. 의례의 놀이요소는 바로 의례가 놀이에서 발전했음을 보여줍니다. 고대인들은 계절과 자연의 변화에서 일어나는 사건들을 경외하며 성스러운 공연을 수행하였습니다. 프로베니우스(Leo Frobenius)의 표현대로 "식물과 동물의 생장과 소멸, 시간과 공간, 계절의 변화, 태양과 달의 운행의 우주의 이행질서를 신성한 놀이 속에서 재현하였습니다. 창조와 소멸의 자연적 리듬의 현실은 고대인의 의식을 붙잡았으며, 또한 이것이 필연적으로 투영된 행위에 의하여 그러한 정서를 어떤 행위 속에서 재현하도록 이끌었습니다." 프로베니우스에 따르면 놀이와 재현은 어떤 것을 표현하는 것인데 그 어떤 것은 우주적 사건에 의하여 '붙들리는 것' 이라고 합니다. 놀이의 극화가 의례라는 사실은 그에게 이차적인 의미를 갖고 있습니다.[1]

하위징아는 자연현상에 의한 '붙들림' 에서 시작하여 의례적 공연에 이르는 과정을 다음과 같이 설명하고 있습니다. "원시사회는 처음부터 질서, 긴장, 운동, 변화, 엄숙, 리듬, 환희 등 놀이의 여러 요소를 갖추고 있었다. 사회발전의 후기 단계에 이르러서야 비로소 놀이는 '생활' 이나 '자연' 속에 표현되는 어떤 아이디어들과 결합하게 되었다. 원시사회의 놀이는 말이 없는 놀이로서 시적인 형태를 취했다. 놀이의 형태와 기능은 그 자체로 독립된 실체였고 목적도 합리성도 없었다. 자신이 사물의 신성한 질서 속으로 들어간다는 느낌, 그것이 놀이에서 최초의, 최고의 지고한 표현을 얻은 것이다. 놀이가 신성한 행위라는 의미는 그 후에 서서히 놀이하기에 스며들었다. 그리하여 의례가 놀이와 결합하였다."[2]

하위징아는 놀이의 특성이 갖고 있는 진정성이 의례의 본질적 특성과 같다고 보았습니다. 그는 의례가 놀이라는 사상을 플라톤으로부터 끌어내었는데 플라톤의 『법률』에 따르면 "하느님만이 최고의 진지함을 행사할 수 있다. 인간은 하느님의 놀이를 놀아주는 자이고 그것이 그의 가장 좋은 역할이다. 따라서 모든 남녀는 이에 따라 생활하면서 가장 고상한 게임을 놀이해야 하고 지금과는 다른 마음을 가져야 한다."[3] 진정성은 목적이 없음에서 비롯된다는 것입니다. 이러한 거룩한 의례와 놀이의 관계는 하위징아가 언급했듯이 로마노 과르디니 신부의 『전례의 정신』에 잘 설명되어 있습니다. 그는 자연물이 스스로 존재의 목적이 없음으로부터 예술 그리고 고아한 전례에 목적이 없음을 밝히고 있습니다. "의례가 '목적' 이 없다는 것은 적어도 단지 목적의 관점에서는 파악되지는 않는다는 것이다. 의례는 어떤 특정한 효과에 도달하기 위해서 적용될 수 있는 수단이 아니라 적어도 어느 정도까지 목적 자체이다. 의례는 외부에 놓여있는 어떤 목적에 도달하는 과정이 아니라 삶에 깃든 세계이다. 이것이 중요하다. 만일 사람들이 이를 간과한다면 사람들은 의례 안에서 어떻게든 놓여있기를 바라지만 본질적이지 않은 각종의 교육적인 의도를 발견하려고 악착같이 노력할 것이다. 엄밀히 말하자면 의례는 '목적' 을 가지고 있지 않다. 왜냐하면 그것은 인간을 위해서가 아니라 신을 위해서 있기 때문이다. 의례 안에서 사람들은 자기 자신이 아니라 신에게 주의를 기울인다. 눈길이 신을 향하여 있다. 의례 안에서 인간이 교육되어야 하는 것이 아니라 하느님의 영광을 보는 것이다." 과르디니는 신성한 의례의 이러한 무목적성을 어린아이의 놀이와 예술가의 창작에서 다시 발견하였습니다. "놀이에서 어린아이는 무엇에도 도달하려고 하지 않는다. 어린아이는 목적을 알지 못한다. 그의 어린 힘이 작용할 때 움직임과 말과 행위의 목적 없는 형태 안에서 어린아이의 삶이 자라는 것이지 완전히 자기 자신이 되려는 것이 아니다."[4] 진정성은 목적이 없이 행위 그 자체가 될 때 나타납니다. 에티오피아의 한 마을에서는 가뭄이 지속될 때 기우제를 위하여 처녀들이 높은 언덕에 올라서 마치 지금 비가 내리듯 기뻐 춤추며 뛰놉니다. 여기에서 춤이 지향하는 목적성을 생각하기보다 위기 속에서 그 춤이 갖는 의미를 생각할 필요가 있습니다. 진정한 기우제의 의례는 의례 자체가 삶의 위기를 극복하는 목적이 되고 있음을 보여주고 있습니다.

의례는 의례자 스스로가 의례의 주체가 되게 합니다. 이점에서 사회적으로 공식화된 축제는 놀이이면서 의례입니다. 축제는 놀이가 공동체 안에서 고조된 형태로 성사, 희생, 성스러운 춤, 경기, 공연, 치유, 신비의례 등을 아우르는 행위라 할 수 있습니다. 모든 문화권에서 일반적으로 행해지는 통과의례는 개인에게는 성장을 위한 고통이자 시련이지만, 공동체에게는 용기를 북돋워 주고 새로운 구성원을 받아들이는 축제입니다. 의례의 진행을 위해 일상으로부터 물러나 공동생활을 새롭게 다짐하고 원로의 말씀을 경청하고 때로는 고통을 함께하며 새로운 구성원을 맞을 준비를 합니다. 힘든 통과의례를 마친 후에는 축하의 연회가 이어집니다. 축제를 자발적이고 역동적인 문화로 만드는 것은 연극적 행위입니다. 동아시아 제례(祭禮)에서도 사람들은 고인이 마치 살아계신 듯 음식을 즐기도록 준비합니다. 그것이 고인을 위한 예입니다. 예에는 이러한 연출이 포함되어있고 축제는 일정한 시기와 장소에서 그 연출을 즐기는 장입니다. 일반적으로 축제에서 가면을 쓰는 까닭은 일상을 벗어나고 새로운 페르소나(persona)를 갖기 위해서 입니다. 이 페르소나들은 생명을 위협하는 세력으로부터 생명을 수호하는 영적 능력을 부여받습니다. 카니발의 축제나 무당의 굿에서 의례와 축제와 놀이는 하나로 어우러집니다.

동양에서 의례는 정해진 신성한 곳에서 진지하게 진행되어 환희와 자유스러운 분위기 속에서 놀이로 끝을 맺습니다. 의례는 공동체의 안정과 번영을 위하여 수행됩니다. 그라네가 잘 보았듯이 고대 중국의 민속에 나타난 노래와 춤은 세상의 운행을 정상적으로 유지하고 자연이 인간에게 축복을 베풀도록 하는 데에 있었습니다. 그러므로 한해의 번영은 신성한 의례를 잘 수행했느냐의 여부에 달려있습니다. 이러한 의례적 이상은 고전에 빈번히 나타나듯 천지인이 화육하고 조화를 이루는 것으로 표현되어 있습니다. 고대 시가를 분석한 후 그라네는 동아시아의 봄과 가을의 축제를 생명의 축제로 다음과 같이 묘사하고 있습니다. “강을 가로지르기도 하고 언덕을 오르기도 하고 좇아가기도 하고 꽃과 나무를 주워 모으기도 하는 많은 경쟁과 다툼의 기회가 있었을 것이다. 그들은 유혹과 도전에 몸을 맡겼다. 그러나 이렇게 만났던 젊은이들의 소요가 무질서 속에서 행해지지 않았던 것도 확실하다. 다툼은 조금도 어지럽지 않았고 도전에는 혼란스런 함성이 조금도 없었다. 동작과 음성은 악기의 음과 잘 조화를 이루었다. 그들은 큰 북을 두드리고 질장구를 울렸으며 그 음률에 맞춰 강의 흐름을 따라서 작은 언덕을 오르고 노래를 부르면서 열 지어 춤을 추었다.”[5] 중국 고대 의례에서 보듯 악이란 예와 떨어질 수 없는 짝 개념입니다. 그러므로 공자는 고대 육예(六藝: 예(禮), 악(樂), 사(射), 어(御), 서(書), 수(數))의 교육과정에 속하였던 예악을 문화적 상징으로 표현하였습니다.

『논어』「선진」 편에 따르면, 공자가 제자들에게 세상이 능력을 알아줘서 정치에 참여할 수 있다면 어떻게 하겠느냐고 질문하자 자로는 위기 속에서도 백성들이 용기를 얻고 방도를 알도록 하겠다하였고, 염유는 풍요롭게 하고 예악을 군자에게 맡기겠다고 하였으며, 공서화는 배우고, 종묘의 일을 보고 제후의 모임에 술심부름을 하겠다고 하였습니다. 그런데 증석은 "봄의 끝머리에 봄옷을 산뜻하게 차려입고 대여섯 청년과 예닐곱 소년과 함께 기수에 들어가 목욕하고 기우제를 지내는 제단 아래서 바람을 쐬고 노래를 읊으며 돌아오고 싶다."라고 하였습니다. 공자는 제자들의 답변 가운데 증석의 말에 동조했습니다. 증석의 답변은 봄의 축제와 의례, 놀이가 어우러진 답변이었습니다. 그의 답변에는 여유와 이상적 삶이 표현되었고 공자 역시 이러한 삶이 진정 사회적 가치가 있다고 보았습니다.

2) 의례와 서사

의례와 서사의 관계에 대해서는 신화 연구에서 의례의 중요성을 간파한 신화의례학파가 중요한 관점을 제공하고 있습니다. 신화의례학파를 대변하는 로버트슨 스미스(Robertson Smith)의 해석에 따르면 신화는 의례에 대한 설명으로 나타나기 시작하는데, 이러한 현상은 의례의 주술적 의미가 잊힌 이후에 발생하게 됩니다. 즉 신화는 의례의 대본으로 의례와 더불어 생겨났다고 할 수 있습니다. 그렇다면 "신화는 실행된 제의, 행해진 것에 상응하는 발화(發話)입니다."[6] 따라서 신화는 레고메논(legomenon: 말해진 것)이며 드로메논(dromenon: 행해진 것)에 대조되거나 관계됩니다. 그러므로 후크(Hooke)는 "의례와 함께 그리고 의례의 본질적인 부분으로서 나타나는 것은 이야기의 낭독이며, 이 이야기의 개요가 의례에서 행해진다. 이것이 신화이며 신화의 반복은 의례의 수행과 동일한 효력을 갖는다."[7]고 하였습니다.

세상과 사물의 기원에 대하여 언급하고 있는 대부분의 신화에서 가장 먼저 발견하는 표현은 의인화입니다. 의인화는 은유의 한 형태로 생명의 기원과 생성 그리고 변화를 이해하도록 돕습니다. 모든 창조 설화는 생명의 근원인 신적 존재를 의인화하여 표현하고 있습니다. 성경의 『창세기』, 헤시오드의 『신통기』, 리그베다의 『창조의 이야기』, 나아가 우리의 『단군신화』 가운데서 쉽게 의인화의 표현을 발견할 수 있습니다. 신적 존재의 의인화는 인식의 한계를 고백하고 경외를 불러일으키는 요인이 되었으며 의례적 행위의 근거가 되었습니다. 또한 의인화는 신적 존재뿐만이 아니라 인간 의식의 추상적 표현과 자연물에 이르기까지 광범위하게 사용되고 있습니다. 이러한 세계이해에 관한 인간의 표상들은 생명의 의미와 가치를 신성하면서도 풍요롭게 하였고 누구나 쉽게 공유할 수 있도록 돕고 있습니다. 의인화가 암시하고 있는 내용은 표현 대상과의 관계를 긴밀하고 복합적으로 유도합니다. 의인화에서 발전된 우화(寓話)나 우언(寓言)은 좀 더 비유적으로 도덕적 가치와 바람직한 삶의 양식을 제시하며 열린 텍스트로서 독자들의 관심에 따른 고유한 해석을 위해 의미를 열어줍니다.

인간과 관계하는 대상의 의인화는 대상에 인간과 동일한 생명성을 부여함으로써 관계의 장을 형성하고 대상이 인간생명에 영향을 미치는 존재성과 역사성을 갖게 합니다. 『창세기』의 뱀과 마찬가지로 문학 작품에 빈번히 나타나듯 의인화는 삶의 가치를 새롭게 유발하고 추상성에 더욱 친밀하게 다가가도록 돕습니다. 서사 과정에서 나타나는 인간 덕성의 의인화는 구약성경에 자주 나타나는데 하위징아가 발견한 대로 『시편』 85장에 자비, 진리, 정의, 평화의 4개념이 의인화되어 입 맞추었다고 표현되어있습니다. 세네카는 프레스코 벽화에 나타난 세 여신 카리테스들의 춤

폼페이의 프레스코화

을 통하여 의인화된 자비(Gratia)가 즐거움을 통하여 표상됨을 잘 설명하고 있습니다. 아씨시의 성 프란체스코는 가난과 결혼하였다고 하여 의인화의 극치를 보여주고 있습니다. 이러한 의인화는 연출의 형태로 놀이이자 의례의 양식을 그대로 재현하고 있습니다. 빙엔의 힐데가르트는 미덕의 의인화를 표출하고, 가장하고, 설명하고, 의미하고, 예시하는 관계라고 하였습니다.[8]

고대에서 의인화가 가장 잘 발전된 형태는 동물과 인간의 융합, 신과 인간의 융합으로 나타납니다. 동물과 인간의 융합은 변신으로 그리고 신과 인간의 융합은 육화로 표현됩니다. 동물과 인간의 융합은 인류사에 가장 먼저 나타난 의인화입니다. 고대인은 토테미즘에 나타나듯 동물의 영험한 능력에 힘입어 생명을 보존하고자 하였습니다. 이 과정은 동물의 탈을 쓰고 사냥하여 생존하는 단계로부터 인간을 넘어서는 동물의 탁월한 능력을 통해 인간을 신성하게 표현하고자 하는 단계까지 보여주고 있습니다. 스핑크스와 같이 영적인 단계를 보여주는 종교적 차원과 일시적인 변신을 보여주는 '늑대인간' 의 형태도 있습니다. 동아시아에서는 12지신상을 통해 생명을 보호하는 동물의 영험한 영역을 인정하고 사람이 태어나는 해, 달, 날, 시간에 이르기까지 영향을 미쳐 성품을 결정짓는 중요한 요소로 받아들이고 있습니다.

이렇듯 고대 시인들의 서사는 연출을 위한 대본처럼 역할을 부여하고 고유한 생명성을 표현하고 의미화하였습니다. 그들의 주술은 연출에 몰입하여 자아 상실의 상태에 이르기까지 하였습니다. 이를 신적 경지에 이르는 방도 가운데 하나로 여겼습니다. 따라서 플라톤이 지적하듯이 시인들은 신적 존재와 소통할 수 있는 경신의 특별한 수단과 지위를 가지고 있었습니다. 하위징아의 말처럼 "고대문화에서 시인들의 언어는 가장 효과적인 표현 수단이었으며 문학적 열망의 충족이라는 비좁은 기능보다 더 넓고 중요한 기능을 발휘했습니다. 시인들의 언어는 의례를 언어로 옮겨놓았고 사회적 관계를 조정했으며 지혜, 정의, 도덕의 수단이 되었습니다."[9]

서사와 의례의 상관성은 선후의 문제라기보다는 내용과 형식으로 서로의 의미를 규정하고 완성시켜줍니다. 한 인간의 생명의 서사는 의례를 통하여 기술된다고 할 수 있습니다. 원시문화의 성년의례에 나타나는 격리, 제례적 상처/시련, 통과의례, 귀환은 생명이 성숙하는 과정을 말해주고 있습니다. 이 서사는 누구에 의하여 써지는 것이 아니라 스스로 써가는 서사입니다. 그러므로 서사에는 개인의 생명력이 나타나 있습니다. 동아시아의 일상적 삶에서 사용하는 '이력' 이라는 말은 바로 발로 쓰는 서사를 말하고 있습니다. 신화에 나타나는 영웅들의 여행 이야기, 샤먼들의 영적 여행은 자아를 찾는 과정이며 회복하는 여행입니다. 조지프 캠벨이 말하듯 이러한 서사를 쓰는 영웅들은 자기 시대의 관습적인 사유로부터 자유로우며, 사변적 사유의 어두움 속으로 모험을 떠나고, 창조적 힘을 발견하여 자신을 변화시키고 이를 타인과 공유하기를 원합니다. 그러므로 붓다와 그리스도는 세상 안에서 자신이 겪은 서사를 공유하기 위해서 돌아옵니다. 부처의 미래불, 그리스도의 부활은 바로 이를 잘 말해주고 있습니다.

자기 서사를 쓰는 일은 자기 발견의 과정으로 문학작품에 잘 반영되어 있습니다. 고대의 『오디세이아』와 『길가메시』에서부터 현대의 제임스 조이스의 『율리시스』와 프루스트의 『잃어버린 시간을 찾아서』에 이르기까지 모두 영혼의 고향을 찾아가는 여정을 그리고 있습니다. 이 여정은 쉽게 목적지에 다다르기 어려운 자기 발견의 여정입니다. 매 단계를 통과해야 할 의례가 그를 기다리고 있습니다. 그리므로 여정 자체가 목적이기도 합니다. 삶의 주기는 자아를 찾는 이 여정 속에서 자연적인 주기를 벗어나 고양된 영적 순환의 주기를 보여줍니다.

동아시아의 고대서사 역시 의례와 깊이 결합하여 있음을 보여주고 있습니다. 『서경(書經)』의 「상서(商書)」편에 탕임금의 소반(小盤)에 새겨진 "진실로 날로 새로워지려거든 나날이 새롭게 하고 또 새롭게 해야 한다"는 명문(銘文)은 생활의례와 자기 서사의 상관성을 잘 말해주고 있습니다. 주나라의 예를 완성함으로써 공자가 경모하게 된 주공의 삶은 그가 천자의 지위에 오르나 선정을 베푼 후 다시 본연의 모습으로 돌아가는 군자의 여정을 잘 나타내고 있습니다. 주공은 백성의 마음을 살피고 그 마음과 하나가 되는 것을 정치의 목적으로 삼았습니다. 그는 예로 정치를 하고 예로 물러났습니다. 그의 서사는 예로 시작하여 예로 끝났습니다. 공자가 주공을 사표로 삼은 까닭이 여기에 있습니다.

주공 묘, 곡부

3. 동서양 의례의 개념

동서양 의례를 좀 더 심층적으로 이해하기 위해서는 무엇보다 개념사적인 접근이 필요하다고 생각합니다. 일반적으로 의례로 사용하고 있는 서양 개념 rite와 ritual은 본래 그리스어 ta hiera의 번역어입니다. 동아시아에서 사용하는 의례(儀禮)는 본래 관제(官制)에 해당하는 주례(周禮) 그리고 교육과 관련된 예기(禮記)와 더불어 생활 습속을 일컫는 말입니다. 의미에 있어서 문화적으로 서로 상당히 근접한 개념이고 적절한 번역이라고 할 수 있습니다. 하지만 그 개념적 기원에 있어서는 뚜렷한 차이를 보이고 있습니다. 이 차이를 살펴보는 것은 개념의 파생과 의미의 심화과정을 이해하는 데 도움이 될 수 있습니다. 우선 의례 개념이 고대 그리스인과 중국인에게 어떻게 발생하였고 어떤 의미가 있는지 살펴보도록 하겠습니다.

1) 타 히에라(ta hiera)와 타 호시아(ta hosia)

그리스 도시국가의 시민들이 도시민으로서의 역할을 수행하는 데 필요한 것은 공적인 일에 적극적으로 참여(*Methexis*)하는 것입니다. 이에 반해 *히에라*(*hiera*)와 *호시아*(*hosia*)는 빈번히 폴리스와 관련된 본질적인 것을 모두 포괄하는 개념으로 사용되었습니다. 이 개념으로 어떻게 시민권을 나타내고 표현하는가가 중요합니다. 폴리스가 신과 인간과의 계약에 의해서 형성되는 것이기에 시민권은 이에 상응하는 관계에 참여하는 것을 의미하였습니다. 공적인 일 이외에도 경신에 참여하는 일이 도시민의 역할로 강조되었습니다.

경신과 관련해서 그리스인들은 헤로도토스의 『히스토리아』에 기록된

대로 군인들이 전쟁에 임하기 전에 점을 치는 의례인 *타 히에라*(*ta hiera*)와 희생제를 바치는 의례인 *타 스파기아*(ta sphagia)를 중요하게 여겼습니다.[10] 또한 *타 히에라*는 점에 국한되지 않고 거룩한 의례를 위한 희생 제물을 지칭하기도 하였습니다. 이때 *타 히에라*는 신들의 힘을 나타내는 신에게 속한 신의 물건을 말합니다. 왜냐하면 그것들은 인간이 신에게 봉헌한 것이기 때문입니다. *히에라*는 사원, 희생, 봉납물과 신의 창조력과 보호에 감사하는 마음으로 신에 받쳐진 제물들입니다. 확장해서 *타 히에라*는 봉헌과 선물의 의례과정을 불러일으킵니다. 그런데 의례와 축제는 항상 특별한 개념인 *테레타이*(*teletai*)와 *헤오르타이*(*heortai*)로 지칭되었습니다. 따라서 신과 인간 사이의 교환으로 인하여 신에 속하게 된 *히에로스*한 것들은 일반적으로 *하그노스*(*hagnos*), *하기오스*(*hagios*), *셈노스*(*semnos*)라고 하는 선천적으로 순수하고 신성한 것과는 구분이 됩니다. 그러므로 *타 히에라*는 로버트 파커(Robert Parker)에 따르면 '종교' 에 가장 가까운 개념입니다. 반면에 *히에라*에 참여하는 것은 폴리스 안에서 폴리스의 그룹 정체성을 정의합니다. *타 히에라*와 *타 호시아*와의 병치는 의례적으로 특별한 의미를 유도해 내게 됩니다.[11]

호시오스(*hosios*)는 인간 행동의 일련의 특별한 기준과 규칙인 *호시에*(*hosie*)를 따르는 그리고 그렇게 함으로써 신을 기쁘게 하는 인간의 행동과 말, 소유를 언급하는 가치 있는 개념입니다. *호시에*는 그 자체로 인간 행동의 규칙을 말하며 특별히 인간이 신에게 갖추어야 할 마땅한 의례에 적용됩니다. *호시에*는 칭찬할 만한 행동의 일련의 규칙이나 법으로 구성되어있습니다. 그리고 *호시오스*가 인간에게 적용될 때 그들은 폭넓은 윤리적, 사회적 그리고 종교적 의미에서 이러한 규칙을 존중합니다.[12]

의례와 관련된 또 다른 개념인 *드로메논*(*dromenon*)은 '행해진 어떤 것' 을 의미합니다. 이 개념은 고대 그리스 종교에서 차용된 것입니다. 동일한 어원인 *드라메인*(*dramein*: 달리다, 뛰다)에서 파생된 행동의 구체적인 내용인 *드라마*(*drama*)는 무대 위에서 재현된 행위를 일컫는 것입니다. 고대 종교에서 나타나는 신비는 *레고메논*(*legomenon*: 말해진 것), *다이크뉘메논*(*deiknymenon*: 보여진 것)과 *드로메논*(*dromenon*: 행해진 것) 이 세 가지를 포함하고 있습니다. 종교적 의례는 자연세계의 신비를 반복하고 재현하면서 시간을 관리합니다. 이를 통해 의례가 가져오는 효과는 '비유적으로 뭔가를 보여주는 것' 이 아니라 행동을 실제로 재생산하는 것입니다.[13] 서사와 의례와 축제의 원형을 여기서 볼 수 있습니다.

그리스의 의례 개념은 종교적 의례 행위와 제물 그리고 의례규칙과 의례자의 의식과 관련된 의미들을 포함하고 있습니다. 후기에는 의례에서 수행하는 종교적 의미가 축소하고 행위와 서사의 연출적 의미가 함께 어우러져 나타나고 있습니다. 신화적 시대가 끝나고 지성적 사유의 시대에 들어오면서 경신의 의미에 변화가 나타납니다. 자연철학자들의 시대에서부터 경신은 사유양식과 밀접한 관계를 맺게 됩니다. 그들은 만물의 근원을 알아내려는 궁구함 자체를 경신으로 여겼습니다. 후에 소크라테스의 친구 카이레폰이 소크라테스보다 더 지혜로운 사람이 있는지를 델피 신전에 가서 퓌티아로부터 신탁을 받으려 한 일이 이를 잘 반영하고 있습니다. "소크라테스가 지혜롭다" 고 한 신탁으로 말미암아 지혜가 무엇인지를 밝혀 신탁을 반증하려고 한 소크라테스는 반성적 삶 자체가 경신례가 되는 새로운 의례의 차원을 열어주었습니다.

2) 예(禮)와 의례(儀禮)

예의 자(字)의 어원적 의미를 살펴보면 시(示)는 신을 모시는 제단이고, 예(豊: 禮의 고어)는 제물이 많은 것을 의미합니다. 『설문해자』에 따르면,

"리(履)이다. 신을 섬겨 지극히 복을 비는 것이다. 示와 豊로 이루어져 있으며, 豊 또한 소리이다."라고 하였습니다. 리(履)라고 하는 것은 사람이 땅을 밟아 길을 내듯이 도를 닦는 의미를 함축하고 있다. 즉 신적 존재를 꾸준히 섬기는 수행을 말하는 것입니다. 신령한 존재에게 지극한 마음으로 복을 비는 행위를 의미하고 있습니다. 『주역』의 리괘가 이를 분명하게 설명하고 있습니다. 「서괘전」에 "만물이 쌓이고 난 뒤에는 예가 있으니, 그러한 이유로 리로써 받아 간다(物畜然後有禮, 故受之以履)."고 하였습니다. 앞에 있는 소축(小畜)괘가 물(物)이 모이는 것을 말했으므로 다음의 리괘는 분별하는 것에 대해 말하고 있습니다. 이 분별에 대하여 괘사(卦辭)에서 "호랑이 꼬리를 밟고 있어도 다른 사람을 탓하지 않으니 형통하다"고 하였습니다. 이렇게 두려워하고 삼가는 분별과 행동이 예이며 예로 말미암아 어떤 재난도 피할 수 있다는 말입니다. 백서(帛書) 『주역』에서는 리를 예로 표현하였습니다. 따라서 고대에는 두 개념이 같은 뜻으로 사용되었음을 알 수 있습니다.

고대 하・상・주 삼대 문화에 나타난 삶의 양식은 위정자가 백성의 삶을 이끄는 가운데 형성되는 '예' 개념의 생성과정을 보여줍니다. 『예기』 「표기」 편에 다음과 같은 표현이 있습니다. "하나라의 도는 하늘의 명을 존숭하였고 귀신을 섬기고 공경하였으나 멀리하였다. 사람들이 서로 친근하였고 녹을 주기를 좋아하고 위세를 뒤로하였으며 상주기를 좋아하고 벌주기를 뒤로하였다. 서로 친하여 존중하지 않음이 있었으며 백성들의 폐단은 게으르고 어리석으며, 사납고 거칠며, 순박하고 꾸밈이 없는 것이다. 은나라 사람들은 귀신을 존숭하여 백성을 이끌고 귀신을 섬겼다. 귀신을 먼저하고 예를 뒤로하였으며 벌을 먼저하고 상을 뒤로하였다. 존숭하였으나 친하지 않았다. 백성들의 폐단은 혼란하고 고요하지 않았으며 이기려하고 부끄러움이 없었다. 주나라 사람은 예를 존숭하여 시행하였고 귀신을 섬겼으나 멀리하였다. 사람들이 서로 친근하였으나 멀리하였고 상벌을 주는데 작위와 서열이 있었다. 친하여 존중하지 않았다. 백성들의 폐단은 이로움을 찾고 교묘해지며 꾸미고 부끄러움이 없었으며 남의 것을 빼앗아 감추었다."[14]

후대에 작성된 것으로 보이지만 삼대문화의 구분에 나타난 예에 관한 내용은 이미 종교적 의미가 사라지고 사회적이며 인문적인 의미가 강조되어 감을 알 수 있습니다. 그럼에도 불구하고 형식적인 측면에서 『예기』에 "제례보다 중요한 것은 없다."[15]라고 했듯이, 제례는 예의 시초이며 발단이라 할 수 있습니다. 이런 까닭에 가례(家禮)나 국조례(國朝禮)에서는 제례를 가장 주된 의식으로 여겼습니다. 제례의 대상 범위는 천지와 조상입니다. 즉 제천(祭天)·제사직(祭社稷)·제산천임택(祭山川林宅)은 상고시대의 자연숭배에서 비롯되었으며, 이는 사람과 자연과의 관계를 표현하고 있습니다. 반면 인륜 관계를 나타내는 조상 제례는 원시시대의 '가례'에서 시작되었습니다. 그런가 하면 종법제 국가가 수립되고 나서 세습왕조에 대한 조상 제례는 국조례로 전환되기도 하였습니다.[16]

예의 의미가 주대에 주공에 의하여 문화적으로 완성되었다고 하는 것은 고대의 경신 행위가 사회적 규범으로 확장되었음을 의미하고 있습니다. 이러한 예의 개념을 철학적으로 성찰하게 된 것은 비로소 공자에 이르러서입니다. 공자는 춘추시대의 혼란이 예악이 무너진 데 있다고 진단하였습니다. 그러므로 예악을 바로잡는 일이 무엇보다 시급하였습니다. 공자에게 예는 바로 인의를 담는 제사 그릇이었으며 그 대상은 신령한 존재가 아니라 사회였습니다. 그러므로 『춘추좌전』에 "효(孝)는 예의 시작이고(文公 2년), 경(敬)은 예를 싣는 수레이며(僖公 11년), 충신(忠信)은 예를 담는 그릇이고, 비양(卑讓)은 예를 실천하는 으뜸이 되는 방법이 된다(昭公 2년). 의(義)의 규범이 되는 것 역시 예이기 때문에(僖公 28년) 예는 모든 덕의 지침이며 윤곽으로 간주되었음을 알 수 있다(僖公 27년)."고 하였습니다. 즉 예는 모든 정치 사회적 관계를 규정하고 유지하는 근본 개념이었습니다.

공자는 예를 중요한 철학적 개념으로 발전시켰습니다. 예는 공자가 유교문화를 이루는 교육의 핵심 원리를 언급한 가운데 자리하고 있습니다. 공자는 "시로 흥하며 예로 서며 악으로 이루는 것이다."[17]라고 하였습니다. 공자는 예로 선다는 언급을 통해서 인간의 서는 행위로부터 예가 시작됨을 밝혔습니다. 선다는 것은 인간의 고유한 행위 가운데 하나로 인간이 나면서 지향한 첫 몸짓이며 반복하는 행위입니다. 선다는 것은 모든 육체적인 움직임 가운데 있다고 할 수 있습니다. 선다는 것은 홀로 서는 것이며 위치를 점하는 일입니다. 그렇다고 고정되고, 정체되어 있는 것을 의미하지는 않습니다. 서서 균형을 유지함은 시시각각 올바른 판단과 행동이 뒤따르는 자립 행위이기 때문입니다. 내적으로는 끊임없이 반성하며 개선하는 인간의 고유한 수행 양식이라 할 수 있습니다. 적극적으로 선다는 것은 사람을 맞으며 세상을 맞이하는 자세입니다. 선다는 것은 세상 안에 서는 것이고, 사람들 사이에 서는 사회의식의 시작이기 때문입니다. 섬은 만남을 이끌고 관계를 성숙시킵니다. 공자는 이 단순한 육체적 움직임으로부터 예의 의미를 도출하였습니다. 인간의 몸가짐을 예를 담고 드러내는 예의 담지체로 파악한 것입니다. 인간의 모든 행위를 실존의 형식으로 나타낸 것입니다. 공자가 빈번히 논어에서 언급한 섬〔立〕은 모두 예에 대한 해석이라 할 수 있습니다. 공자는 요왈(堯曰)편에서 "예를 모르면 설 곳이 없다."고 단호히 잘라 말하였습니다. 서는 것은 전인적인 인격의 표현입니다. 군자의 요건이자 성인(成人)의 상징입니다.

선다는 행위는 교육적으로 동일한 의관, 동일한 행동, 동일한 가치관으로 사람을 규격화하는 것이 아니라 스스로 서도록 자리를 마련하는 일입니다. 자연스러운 몸짓 안에 인격이 담기고 경건함이 깃들게 하는 것입니다. 선다는 것은 손을 모음, 무릎을 꿇음, 엎드림, 바라봄, 나아감, 물러섬 가운데 있습니다. 그러므로 이 단순한 몸가짐에 전인적인 인격 고백을 담을 수 있는 것입니다. 예를 집행하는 사람의 움직임에서 누구나 경건성을 발견하게 되는 것과 마찬가지로 삶의 신비를 담아내게 되는 것입니다. 나아가 모든 예 의식[18]에는 각자가 서야 할 위치가 정해져 있듯이 공자는 의례 행위에 사회적 맥락을 인식하고 자신의 위치를 결정하는 수행적 의미가 내재되어 있음을 인식하였습니다. 예에 참여하는 사람은 매번 자신의 위치가 어디이고 역할이 무엇인지 고려해야 합니다. 이 점에서 공자는 예 의식이 사회 참여의 상징이자 이상적인 사회성 표현의 수행과정으로서 사회의식을 여는 모체로 기능하기를 기대하였습니다. 예 의식 안에는 거룩한 행위로서의 유교 종교성뿐만 아니라 수행을 통한 참여와 교육의 의미가 함께 내재되어 있기 때문입니다. 그러므로 의례에 참여하는 구성원은 자신에게 할당된 본분과 책임을 인식하는 내적인 반성을 동반해야합니다. 이러한 자각의식은 시간과 공간을 질적으로 변화시킵니다. 예는 단순한 행위로 드러나지만 기꺼운 덕성과 명석한 분별력을 기반으로 하고 있습니다. 즉, 도덕적 직관을 요구하고 있습니다. 그러므로 공자가 위정(爲政)편에서 삼십이립(三十而立)을 고백한 대로 사회적 맥락을 알아 적절히 인간이 사회적으로 머무를 위치를 알아 서는 일은 쉽지 않습니다. 선다는 것은 사회적 위치를 정하는 존재의 표현양식입니다. 여기에는 시의에 맞는 행동과 언사 일체가 요구되기 마련입니다. 이것이 예에 내재된 자기 수행적이며 사회 교육적 지향성입니다.

공자는 언어를 예를 실행하는 핵심으로 보았습니다. 왜냐하면 올바른 언어의 사용은 물리적 행위와 마찬가지로 효율적으로 행위를 구성해내며 그 자체가 행위를 확인하기 때문입니다.[19] 서는 행위로부터 시작한 예는 언사를 통하여 그 본의를 나타내게 됩니다. 말함은 바로 섬이 고양된 행위입니다. 정명(正名)은 다름 아닌 말을 바로 세움입니다. 안연이 공자에게 인(仁)의 실천 요목을 가르쳐 달라고 청하자. 공자는 "예가 아니면 보지 말고, 예가 아니면 듣지 말고, 예가 아니면 말하지 말고, 예가 아니면 움직이지 말라."[20]고 하였습니다. 여기에 예와 관련된 유가의 수행적 언어관이 잘 드러나 있습니다. 섬과 마찬가지로 사람들은 적절한 표현 방식을 사회적 상황 안에서 반복적으로 익혀야 합니다. 어떤 대상도 고정되어 있지 않습니다. 자신은 물론 마주하는 사람의 의식이 바뀌거나 대화 상대와 새로운 상황에 놓이기 때문에도 그렇습니다. 말은 같으나 새로운 문맥 속에서 의미를 새롭게 발견해야 합니다. 우리는 어떤 언급이 더 적절한가를 고려해야 합니다. 여기에 의미의 역동성이 있습니다. 공자가 정명을 예 수행의 핵심으로 삼은 것 또한 언어의 사회적 질화(質化)입니다. 공자는 언어를 사회를 조율하는 원리로 삼은 것입니다. 공자는 말하기를, "… 명(名)이 바르지 않으면 말이 순조롭지 못하고, 말이 순조롭지 않으면 일이 제대로 이루어지지 않고 일이 제대로 이루어지지 않으면 예악이 진흥되지 못하고 예악이 진흥되지 못하면 형벌이 적절하지 못하고 형벌이 적절하지 못하면 백성들이 편히 살 수 없다. 그러므로 군자는 명을 바르게 한 다음 반드시 말을 하고 말을 하면 반드시 행하는 법이다. 군자는 구차스럽게 말을 꾸미지 않는다."[21]라고 하였습니다. 부름〔名〕은 명분 즉, 사회적 위치를 자각하게 합니다. 명칭을 부름은 단순히 상대를 지칭하는 행위에 머무르는 것이 아닙니다. 의미의 부름입니다. 사회적 명분을 확인해주는 일이며 인정하는 일입니다. 어린아이가 처음 입을 열어 "엄마!" 또는 "마마!" 하고 부르듯 인간이 무엇을 부름은 관계의 고백이며 나날이 새롭게 불러낼 이름입니다. 공자가 정명론에서 예로든 군(君), 신(臣), 부(父), 자(子)는 모두 관계를 지칭하는 이름입니다. 이름에는 그에 따라 수

한대 화상석, 제남 산동박물관

행해야 할 마땅한〔宜〕 본분〔義〕이 주어져 있습니다. 그러므로 이름을 부르는 일은 의미를 부여하는 일이며 관계를 확인하는 일입니다. "이름을 부르고 정함은 그 안에서 이해를 통하여 삶의 존재 구조와 정의를 정하게 되는 일이므로 이름과 불리는 대상과의 조화는 항상 연관성의 변수 안에서 유동적으로 존재하고 항구히 새로운 결정을 요구합니다. 그러므로 이 결정은 끊임없이 사회에 대한 내면적 해석을 동반하게 됩니다."[22]

2장

종교의례와 생명의식

셰익스피어는 "세계는 하나의 무대이며 모든 사람은 배우에 불과하다."라고 하였습니다. 이 말은 우리 인간의 삶이 마치 연극 행위와 같다는 것입니다. 실로 인간의 삶은 요소와 정황 속에서 마치 어떤 존재로 살아가야 하는 것처럼 극화(劇化)되어 있습니다. 극화되어 있다는 것은 삶의 정황을 적극적으로 구체화하는 것을 의미합니다. 그리고 이러한 삶의 극적인 요소는 상징화되어 문화적 활동으로 나타나게 됩니다. 실제로 연극적인 행위는 문화적 삶에서 중요한 역할을 담당하고 있습니다. 원시 수렵시대부터 인간은 생존과 자연과의 조화를 위해 연극 행위가 필요하였음을 추론할 수 있습니다. 사냥을 나가기 전에 동물의 가죽을 쓰고 춤을 추며 동물의 흉내를 내는 것은 사냥의 좋은 결과를 기대하는 의식 행위였고 사냥에서 돌아와 획득물을 나누며 함께 춤을 추고 기뻐하는 가운데 공동체의 결속을 확인하였습니다.

또한 원시인들은 심한 더위나 추위 · 가뭄 등 재해를 당했을 때 자연의 위력과 화해를 시도하려고 자연신이나 정령에게 도움을 구했는데 이들과의 소통을 위해 고안한 의식과 몸짓을 연극의 원형으로 받아들이고 있습니다. 의례에서 주제가 되는 것은 무엇보다 인간이 두려워하는 죽음입니다. 고대 종교적 연극의 테마로서 신의 살해와 여기에 이어지는 부활이 흔히 취급된 이유를 이와 같은 자연의 고사(枯死)와 재생에 대한 관심으로 설명할 수 있습니다. 그러나 시간이 흐름에 따라 이러한 자연현상에 대한 경외감이 점차 사라지고 그 놀이성이 강조되었습니다.[1] 따라서 놀이성이 강조된 의식 행위에 오늘날 연극의 원형이 내재하여 있다고 볼 수 있습니다. 이렇듯 연극 행위는 공동체 의식과 종교의식으로 발전하여 사회문화와 종교문화의 기틀이 되었으며, 연극을 통하여 삶의 사회적 조건을 이해하는 중요한 문화적 행위로 자리 잡게 되었습니다.

대체로 서양 고전극에서는 '영원한 것', '보편적 인간성', '지속적 가치', '절도와 조화', '고귀한 정신의 미(美)' 등을 발견하는 것을 주제로 삼았지만 동양 고전극은 극적 주제를 개별적인 인간성의 탐구에 두지 않고, 전체적 · 종합적 · 우주적 상징성에 두고 있습니다.[2] 고대 중국문화에서 연행의식은 특별히 공동체 의례를 통하여 발전했는데 이는 동아시아 문화의 특징을 규정짓는 중요한 요소입니다. 관혼상제를 통하여 나타나는 사회의례는 사회적 존재로서 인간의 역할을 제시하고 생명의 가치를 실현하기 위해 책임을 다하게 하는 의미를 담고 있습니다. 2장에서는 사회의례로서 종교의례의 의미와 동서양의 비극을 비교해 봄으로써 의례에 나타난 생명현상을 이해해 보도록 하겠습니다.

1. 사회의례로서 종교의례

사회의례로서 종교의례는 고대 그리스 델피 신전에서 일어난 신탁(神託, Oracle)에서 그 기원을 찾아볼 수 있습니다. 신탁은 도시국가 아테네에서 국가의 전쟁과 같은 큰일을 앞두고 델피 신전에 있는 퓌티아(Phytia)에게 최종적인 결정을 위해 신의 뜻을 물어본 일을 말합니다. 퓌티아는 신의 뜻을 특별한 메시지를 통해 전해줍니다. 고대 중국에서도 은나라 갑골문에 나타난 대로 정인(貞人)이 신탁을 하였음을 알 수 있습니다. 고대의 신탁은 공동체의 생사여탈이 걸린 문제였기에 사회의례로서 행해진 것이었습니다. 점차 사회적 문제에 대한 질문으로 바뀌어 간 것을 앞에서 언급한 소크라테스의 신탁 사건을 통하여 알 수 있습니다. 중국에서도 『역경(易經)』에 나타나듯이 공적인 문제를 이해하기 위한 방편으로 발전해 갔습니다.

헤브라이즘 전통에서는 이스라엘 백성이 하느님의 백성이라는 특별한 선민의식을 통해 종교의례를 발전시켜 나갔습니다. 유대교 전통에서의 종교의례의 특징은 고대 종교에서 공통으로 발견되듯이 희생제입니다. 이 희생제는 아브라함의 이사악 희생제로부터 유래합니다. 이 전통은 모세에 의하여 과월절(過越節, Pasca) 축제로 발전합니다. 유대교 전통을 잇는 그리스도교에서는 미사성제를 통하여 공동체 의례의 의미를 발전시켰습니다. 특별히 그리스도교 의례를 특징짓는 것은 사회의례의 형상을 빵과 포도주의 나눔으로 나타냈다는 것입니다. 낱개의 밀알을 모아 갈아서 반죽하여 구워 생명을 살리는 빵을 이루고 포도송이가 함께 짓이겨져 숙성되어 영을 활성화시키는 포도주를 이루듯 빵과 포도주를 나눔으로써 거룩한 사회적 변모를 이루는 일원이 되도록 초대받는 것입니다.

1) 종교의례와 의식의 변화

종교의례가 사회적 의례로 드러남은 의례가 행해지는 시간과 장소의 질적(質的)인 변화에서 시작합니다. 공적 의례는 때를 정하는 것이 매우 중요했습니다. 국가 의례는 정해진 때가 있고 공동체 의례는 함께 적절한 날을 잡아야 합니다. 날을 잡는 것은 우주의 운행과 조화를 이루는 일이기에 고대로부터 매우 중요하였습니다. 의례를 행하는 시간은 참여자 의식의 흐름을 바꾸는 질화된 시간이기 때문입니다. 시간이 결정된 후에 의례의 장소를 정하게 됩니다. 고대로부터 의례는 일정한 성소에서 이루어

한대 화상석, 제남 산동박물관

졌습니다. 신전이나 성전은 사회적 의례가 행해지는 정해진 장소였습니다. 개별적인 의례를 행하기 위해서는 자리를 정하고 그 장소를 축성한 후에 의례를 수행하였습니다. 이러한 준비 행위는 하나의 무대를 설정하는 것과 같습니다. 무대는 삶의 현장을 압축하고, 정황을 극대화시킵니다. 다음에 예물이 중요합니다. 예물은 의례가 이루어지는데 필요한 모든 물건을 의미합니다. 의식은 정해진 서사구조의 절차에 따라서 진행되었습니다. 서사는 고유한 의례의 내용을 담고 있는 상징체계입니다. 또한 의례과정에서 쓰이는 도구는 공동의 것과 개별적인 것 모두 특별히 성스러운 가치를 갖게 되며 귀중하게 보관됩니다. 무엇보다 중요한 것은 의례에 참여하는 사람들의 마음가짐입니다. 동양에서는 의례가 제대로 이루어지기 위한 마음의 준비로 재계(齋戒)를 중요하게 다루었습니다. 그리고 의식에 참여하는 사람들의 의복과 차림새가 또한 중요하였습니다. 의복은 내적으로 재계의 표현이지만 외적으로 의례 가운데 드러낼 역할을 나타내고 있습니다. 역할을 분명히 하기 위해서 분장을 하기도 하였습니다. 분장은 가면에서 유래하는데 인격(personality) 개념의 어원인 라틴어 페르소나(persona, 그리스어: prosopon)가 연극의 마스크임을 생각해 볼 때 가면과 분장이 역할을 나타내는 도구임을 알 수 있습니다.

사회의례 안에서 가면은 의관으로 대체됩니다. 법복이나 예복처럼 동서양 사회에서 의관을 중시한 것은 사회의례에 대한 당위적이며 적극적인 참여의식 때문이었습니다. 설날 새 옷을 차려입는 설빔이나 경조사에 입는 예복도 같은 의미가 있습니다. 서양에서도 개인의 의복이 종교의례에 중요한 부분을 차지하고 있음은 의복이 신분을 나타내고, 개인이 나들이옷(Sunday best, Sunday clothes)을 종교의례에 처음 선보이는 것을 통해 알 수 있습니다. 의복을 통하여 다양한 사회적 역할을 나타냈습니다. 인간은 육체적으로나 정신적으로 단일한 한 존재이지만 다양한 사회적 역할을 통해 인격을 나타냅니다. 외적인 의복과 치장이 중요한 까닭이 여기에 있었습니다.

의례에 참여하는 사람들의 마음가짐이 중요한 까닭은 의례가 진행되는 동안에 인격적인 교류가 이루어지기 때문입니다. 진정한 자세는 모든 외적 과정에서 나타나지만 내적으로 대상에 대해서 갖는 진실한 태도가 의례를 이룬다고 할 수 있습니다. 의례 종교인 유교에서는 "제사를 지낼 때 조상이 계신 듯이 지내고 신께 제사를 지낼 때 신들이 있는 것처럼 지낸다."[3]고 하였습니다. 보이지 않는 조상과 신이 마치 이 자리에 있는 듯이 제사를 지낸다는 것은 유교 연행(演行, 연극적 행위)의식을 매우 절실하게 표현한 언급이라 할 수 있습니다. 천주교는 미사 가운데 성찬의 전례에서 예수 그리스도의 최후의 만찬을 그대로 재현(anamnesis: 기념, 기억, 동참)하는 거룩한 변화를 인정하고 있습니다. 빵과 포도주가 그 외양(appearances)과 속성(properties)은 그대로 가지고 있으나 봉헌 직후 빵과 포도주라고 하는 물체 안에 참 하느님이시고 참 인간이신 예수 그리스도의 살과 피의 본질을 포함하게 되는 것을 믿는 것입니다.[4]

두 종교의례의 의미는 차이가 있지만 공통으로 연행의식이 잘 드러나 있습니다. 마치 조상과 예수 그리스도가 의례가 행해지는 곳에 계신 것으로 받아들이는 것은 연행의식의 중요한 종교성입니다. 유교는 의례에 참여하는 사람들이 의례가 진행되는 동안에 맡게 되는 고유한 역할을 수행함으로써 공동체 조화의 구심점을 확인하고 사회적 관계를 증진시키는 사회적 의례를 예행하게 됩니다. 개인의 의례는 사회적 의례와 긴밀히 연계되어 확충해 나가는 것이므로 유교가 예를 중시하는 까닭이 여기에 있습니다. 그리스도교는 진리의 말씀을 듣고 빵을 나누는 가운데 형제적 관계를 확인하게 됩니다. 즉 말씀과 성찬의 전례를 통하여 생명의 공동체임을 서로 확인하게 되는 것입니다. 그리고 사회 안에서 복음을 선포하고 실천할 의무를 갖습니다. 이것을 연행의식을 통한 말씀의 실제화라고 할 수 있습니다.

제례의 연행의식이 단순한 연극과 다른 점은 반복성입니다. 연행의식의 반복성은 의례가 부여하고 있는 의미를 심화하고 극대화합니다. 의례에 참여하는 사람들이 습관적으로 의식을 단순히 반복하면서 때로는 지루함에 빠져들기도 하지만 수행을 지속하는 가운데 어느 순간 의례의 의미를 깊이 체험하게 됩니다. 의례에 심혈을 기울이는 것은 사실 진정한 의미에 다다르려는 노력과 다름이 없습니다. 그러므로 이러한 의례 행위는 의무로 행하는 단순한 반복이 아니라 수행과정이라고 할 수 있습니다. 이것이 연행의식의 수행성입니다. 그리고 연행의식이 연극과 다른 점은 예정된 관객이 존재하지 않는다는 것입니다. 참여하는 구성원 모두가 의례의 주체이자 관객이 됩니다. 젊은 사람들과 어린이들에게 의례가 시행되는 장소는 예를 보고 배우는 학습의 장입니다. 그들에게 이 학습의 장이 사회로 확장되어 나아감을 암시하고 있습니다. 그러므로 예를 보고 의례를 수행하는 사람은 서로에게 모범이 되도록 성실하게 최선을 다하는 것입니다. "공자께서 태묘에 들어가 제자들에게 예를 물으셨다." 하였는데 제자들이 의아함에 "묻는 것이 예이다."[5]라고 함은 이를 상징적으로 잘 설명해 주고 있습니다. 또한 성경에 예수가 성전을 정화한 사건과 사도 바오로가 "하느님의 성전은 거룩하며 여러분 자신이 바로 하느님의 성전이다."[6]라고 한 것도 사람이 스스로 의례의 주체로서 삶 자체가 성실히 수행되어야 함을 잘 드러낸 언급이라고 할 수 있습니다.

2) 종교의례의 형식과 내용

종교의례인 전례는 보편적으로 기도와 봉헌과 나눔으로 구성되어있습니다. 고등종교의 전례는 이를 명확히 보여주고 있습니다. 그리스도교의 전례는 이상적으로 구성되어있습니다. 전례는 교회인 신앙공동체를 전제로 이루어집니다. 전례는 신앙공동체에 생명력을 불어넣는 의식입니다. 전례를 통해 교회는 존재할 수 있고 생명력을 유지할 수 있습니다. 무엇보다 전례의 핵심은 기도입니다. 기도는 하느님의 뜻에 인간의 뜻을 일치시키는 일입니다. 교회는 하느님의 뜻을 알고자 성경을 읽고, 교부의 도움을 청하며 침묵 속에서 말씀을 듣기를 청합니다. 교회의 전례서는 이러한 전통을 잘 유지하고 있습니다. 과르디니 신부가 언급한 대로 전례는 계시의 진리가 저장된 보물창고입니다. 계시의 진리에 다가서는 기도의 언어는 일상의 언어가 아닙니다. 일상의 담화에서 이루어질 수 없는 대상과의 대화이기 때문에 특별한 구조로 되어 있습니다. 공동체의 기도 안에 개인의 기도가 자리하며, 공동의 말씀 안에 개별적 메시지를 발견하는 구조입니다. 신앙인은 기도하는 과정에서 정화되어 신비체의 지체임을 깨닫게 됩니다. 기도를 통해 교회는 진리 안에 머물며 살아 숨 쉬게 됩니다. 따라서 모든 개별적 기도는 전례를 지향하고 있으며 전례를 통해 완성됩니다. 이는 개별적 기도가 전례의 바탕이 되도록 해야 한다는 의미가 있습니다.

봉헌은 대속물인 희생의 개념으로부터 유래하였습니다. 무상으로 받은 것을 되돌리는 감사의 의례입니다. 내적 결핍과 죄에 대한 보속의 의례입니다. 가장 온전한 희생은 자기 자신을 바치는 것입니다. 그러나 자비로운 신은 가장 소중히 여기는 것을 대신 바치게 합니다. 희생 제물은 자연물입니다. 여기에 인간과 자연의 내재적 결합이 전제되어 있습니다. 생명의 연대를 발견하게 됩니다. 인간은 사는 동안 자연에 의존하기 마련입니다. 자연은 생명의 샘이며, 지혜의 원천입니다. 자연물을 통한 희생제물은 지체를 바치는 것입니다. 몸이 생명체로 살아 있도록 하는 가축과 곡식은 인간의 손에 길든 자연물입니다. 이 자연물이 없다면 인간은 생명을 유지할 수 없습니다. 인간의 노동은 봉헌과정의 일부입니다. 그러므로 노동은 거룩한 일입니다. 곡식과 번제물을 통하여 생명성의 고양을 확신합니다. 그리스도교 전례에서 빵과 포도주로 대체됩니다. 그리고 궁극적인 자기희생을 준비합니다. 사는 동안의 자기희생은 화해와 용서와 사랑입니다. 행위로 나타난 희생 제물은 그리스도인이 하느님과 맺은 사랑의 계약 표징입니다.

전례에서의 나눔은 희생 제물을 공동체가 함께 나누는 데서 비롯하였습니다. 이 모습이 예수 그리스도의 마지막 만찬에 잘 나타나 있습니다. 나눔에는 결핍의 충족과 고통과 병듦의 치유의 의미가 담겨 있습니다. 카나의 혼인 잔치에서 베푼 기적과 오천 명을 먹이신 오병이어의 기적은 치유의 의미를 잘 드러내고 있습니다. 육적인 회복은 개인에게 일어나지만 영적인 회복은 공동체를 통하여 공동체와 더불어 일어납니다. 기적사회에서 나타나는 나눔은 영적인 치유와 회복의 차원을 보여주고 있습니다. 영적인 치유를 통하여 인간은 고통과 죽음을 극복하게 됩니다. 전례는 인간의 영적 상태를 진단하도록 돕습니다. 치유는 자기 고통과 영적 상태를 제대로 아는 자에게 일어납니다. 페니키아 여인이 믿음으로 딸을 치유한 사건과 하혈하는 여인에게서 일어난 기적이 이를 증언하고 있습니다. 이방인 여인과 하혈하는 여인은 공동체로부터 소외된 사람들입니다. 이 여인들에 대한 치유는 이들 뿐 아니라 배타적 공동체에 대한 치유가 함께 이루어지고 있습니다. 이 치유는 죽음을 너머서 맞이해야 할 부활의 신비에 다가가는 생명의 만찬을 준비하는 일입니다. 그러므로 성찬례는 빵을 영함으로써 위로는 하느님과 옆으로는 형제와 아래로는 자연물과 하나를 이루는 나눔의 성사인 것입니다. 이 점에서 그리스도교의 전례는 영원한 생명을 경험하는 의례로 나타납니다.

2. 비극의 연행성과 철학적 함의

아리스토텔레스의 『시학』에 의하면 그리스의 비극은 디오니소스를 찬양하는 합창곡인 디티람보스 지도자들의 즉흥적 연기에서 비롯되었다고 합니다. 술과 풍요의 신인 디오니소스를 찬미한 춤과 노래인 디티람보스는 즉흥적 이야기와 후렴부로 이루어져 있는데 아리온(Arion, 기원전 625~585)에 의하여 영웅적 주제에 관한 문학적인 글로 변하게 되었습니다. 아리온이 비극의 기원과 연관이 되는 것은 그의 배우들이 '트라고이도이(tragoidoi)'라 불리었고 그의 노래가 "트라기콘 드라마(tragikon drama)' 라고 불리었기 때문입니다. 이것이 드라마의 기원으로 추측되며 후에 테스피스에 의하여 프롤로그와 대사가 추가됨으로써 비극의 형식을 갖추게 된 것으로 봅니다.[7]

고대 그리스에서는 도시국가의 정치적인 모임과 축제에서 신을 공경하는 의례를 통하여 도시민이 공동체적 존재라는 의식을 함양하여 왔는데 기원전 6세기경에 디오니소스 신을 위한 축제에서 신전에서 상연될 비극의 경연대회가 시작되었습니다. 기원전 5세기 초에 처음으로 비극 시인들의 이름이 거론되기 시작하였으며 이 비극에서는 인간의 운명과 신화가 전달하고자 하는 중심 메시지에 대해서 체계적으로 질문이 제기되었습니다. 이러한 비극의 성격은 서양 고전극의 성격을 규정하게 되었습니다.[8]

1) 행위적 모방과 재현의 철학적 인식

고대 그리스에서는 모방(Mimesis, Imitation)개념의 시원을 플라톤에 두고 있습니다. 플라톤은 『국가론』 10편에서 제작자는 실재를 모방하나 시인은 현상을 모방하므로 그만큼 진리로부터 멀리 떨어져 있다고 하였습니다. 플라톤은 시인을 자신이 모방하려는 대상에 정통하지 못하기 때문에 올바른 지식과 의견을 가질 수 없다고 비판하였습니다. 나아가 호메로스 같은 비극 시인들은 모든 기술을, 그리고 훌륭함과 나쁨에 관한 모든 인간사 그리고 신들의 일까지 알고 있는 것처럼 사람을 속인다고 비난하였습니다.[9] 그러나 아리스토텔레스는 시인을 최고의 교사로 여겼습니다. 시는 참과 거짓의 사실 문제에 대해서 말하는 것이 아니기 때문이었습니다. 아리스토텔레스는 시의 모방성보다 시가 삶에 미치는 영향성에 더 관심이 많았습니다. 아리스토텔레스는 『시학』에서 인간을 다른 인간과 사물과 행동을 모방하고 그로부터 지식을 얻으며, 모방된 것을 보고 기뻐하는 천성적인 모방적 존재라고 하였습니다.(1448b1-8) 인간에게는 상상의 능력이 있어서 현실을 재구성하여 일상생활에 직면한 현실을 보다 더 만족스러운 상태로 만들 수 있다고 보았습니다. 그러나 인간의 상상은 모방을 소재로 하여 변형되어 나타나기 때문에 아주 새로운 창의적 모방은 불가능하다고 생각했습니다.

아리스토텔레스는 서사시와 비극과 희극 그리고 대부분 피리나 현금을 연주하는 음악을 모두 모방의 여러 형태로 보았습니다. 다만 이들이 모방의 수단 · 대상 · 방식의 세 부분에 있어서 서로 다르다고 하였습니다. 수단을 살펴보면, 기술과 색채나 형상 등 사물의 모양을 모방하거나 리듬과 말과 선율 등 목소리를 모방하기도 합니다. 춤의 기술은 리듬을 통하여 성격 · 감정 · 행동을 모방합니다. 또한 말을 사용하는 기술에 있어서 일정한 운율을 사용하거나 여러 가지 운율을

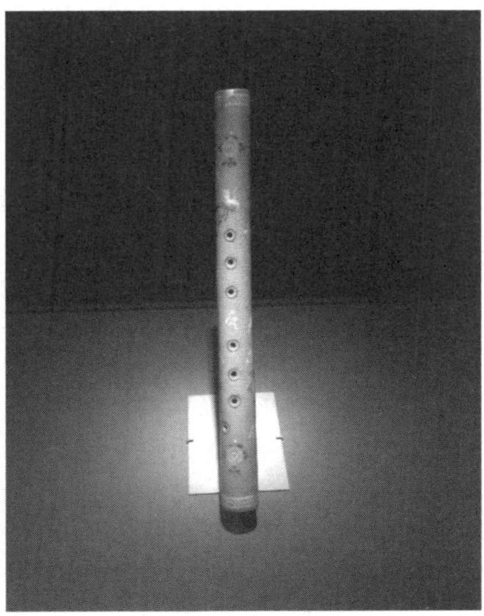

청자상감피리(국립중앙박물관)

함께 사용하기도 합니다. 따라서 시적 기술은 리듬 · 선율 · 운율을 모두 사용하거나 일부를 사용하게 됩니다.[10] 여기서 우리는 시가 모든 예술의 수단을 망라하고 있음을 알 수 있습니다. 종합예술로서 시는 다양한 모방 수단을 결합하여 삶의 정황을 표현하고 있습니다.

아리스토텔레스는 모방을 시와 시의 대상을 표현하는 관계에서 보았고 이 점에서 시학을 모방의 기술이라고 하였습니다. 모방 기술자인 시인은 어떤 사람의 행동을 모방하는데 사람들을 보통보다 못나게 나타내면 희극이 되고, 잘나게 나타내면 비극이 된다고 하였습니다.(1448a2; 12) 아리스토텔레스는 모방의 대상으로 사람의 행동을 강조하고 있습니다. 여기서 행동은 어떤 목적을 이루기 위한 행동입니다. 따라서 이러한 행동은 윤리와 밀접한 관계가 있습니다. 또한 그만큼 정치적이라 할 수 있습니다. 시는 사상이나 정신에 관한 논의가 아니라 행동의 모방입니다. 여기서 그리스의 비극이 윤리적 지향성을 지니고 있음을 발견할 수 있습니다. 미적 모방을 통한 윤리의식의 고양을 의미합니다.[11] 이는 동양윤리에 나타난 군자와 소인의 구별과 비교해 볼 만합니다. 마지막으로 아리스토텔레스는 재현 방식에 따라서 호메로스의 시처럼 이야기와 극적 제시를 번갈아 가면서 나타내는 것과 처음부터 한목소리로 나타내는 것과 행위자를 모두 극적으로 제시하는 방식으로 나누었습니다. 또한 드라마(drama)는 행위자들의 모방이라는 뜻에서 왔으며 희극(komoideia)은 광대들이 시골을 찾아다니며 공연한 데서 유래하기도 합니다.[12]

아리스토텔레스가 모든 인간 행동의 목적은 어떤 좋음(good)에 있다고 한 것처럼 이러한 모방의 목적은 궁극적으로 즐거움에 있습니다. 그는 『시학』에서 여러 차례 시적 즐거움에 대하여 언급하고 있습니다. 즉 모방은 지식과 인지와 깨달음을 주는데, 실제적 삶의 두려움을 제거하는 즐거움, 논리적 구성에서 느끼는 즐거움 그리고 듣기 좋거나 볼거리와 같은 감각적 즐거움에 대하여 언급하고 있습니다. 특별히 아리스토텔레스가 주목하고 있는 것은 비극의 모방을 통해서 느끼는 연민과 두려움의 즐거움입니다. 연민과 두려움은 일상에서는 전혀 즐거움이 아닙니다. 그러나 비극을 통하여 느끼는 연민과 두려움은 이해와 지식의 즐거움이 됩니다. 비극을 보는 관객은 비극적 요소에 관심을 기울입니다. 그러다가 자신에게 내재된 비극의 요소를 발견할 때 연민과 두려움을 느끼게 됩니다. 이해를 통하여 작품과 관객의 간극이 좁혀지면서 새로운 인식의 차원에 들어섭니다. 그리고 극을 통하여 인간 행동의 보편성을 파악하게 됩니다. 인간 행동의 보편성을 깨닫게 되는 것이 바로 철학적 인식에 도달하는 것입니다.[13]

2) 연민과 카타르시스에 나타난 의식의 변화

모방은 인간 본성의 중요한 표현 요소입니다. 사람은 표현하기에 앞서 모방을 배우게 됩니다. 그러나 완전히 동일한 모방은 존재할 수 없습니다. 모방하려는 주체의 이해 정도에 따라 다르게 나타나기 때문입니다. 따라서 모방 행위에는 인격성이 담기게 됩니다. 인격성이 담긴 모방은 일종의 소통행위입니다. 소통은 모방의 연쇄를 일으킵니다. 윤리적 효과를 기대할 수 있는 중요한 요소가 공감을 통한 소통에 있습니다. 아리스토텔레스가 말한 연민은 관객의 내적 모방이라 할 수 있습니다. 아리스토텔레스는 '연민' 에 대하여 『수사학』에서 다음과 같이 말하고 있습니다.

"연민은 파괴적 또는 고통스러운 악이 어떤 사람에게 부당하게 발생하는 것을 볼 때, 또한 그러한 일이 우리와 우리 친구들에게도 일어날 수 있으며 또 일어날지도 모를 때 생기는 괴로운 감정이라고 정의할 수 있습니다. 연민을 느끼기 위해서 우리는 분명히 어떤 악이 우리나 우리 친구들에게 일어날 수 있음을 생각할 수 있어야 합니다."[14]

비극에서 연민과 두려움은 이성적 판단에 의하여 조절됩니다. 비극의 관객이나 독자는 극의 진행, 곧 인물들의 행동으로 빚어진 사건들이 분명히 이해될 수 있는 이유와 귀결의 법칙에 따라 연결됨을 이해하면서 인물의 의도와 실제의 차이를 확인합니다. 그리고 그러한 사태를 초래하는 인물의 결정적 도덕적 성품을 판단하며 인생의 예측할 수 없는 운수의 기복을 깨닫게 됩니다. 따라서 비극적 카타르시스는 연민과 두려움 등 자연스러운 정서의 올바른 함양, 곧 윤리적 인식과 지적 인식을 동시에 가능하게 합니다.[15] 아리스토텔레스의 비극은 인간이 실존적으로 불행에 노출되어 있음을 공감하고 인식하게 합니다. 그리고 누구나 그 불행의 주인공이 될 수 있음을 자각하게 합니다. 그러한 마음의 대비가 바로 정화인 카타르시스입니다. 카타르시스를 통해서 개인에게 신화의 궁극적인 현재화가 일어납니다. 카타르시스는 자아 해석의 직관적 인식이 절정에 다다른 상태입니다. 하지만 카타르시스는 시적 모방의 중요한 구조적 요소로서 결과나 효과만을 의도하지 않습니다.

연민과 두려움은 실존적 삶의 해석에서 나타나는 감응입니다. 프로이트는 포보스, 즉 연민과 떨림은 솟구치는 충동을 강제로 억압하는 데서 생긴다고 하였습니다.[16] 나아가 이러한 내적 감응은 극에 나타난 모순된 힘의 긴장을 통해서 나타납니다. 그러므로 비극의 해석은 객관에 머무르지 않습니다. 비극적 요소의 해석은 관객에게 비극의 부단한 내면화를 요구합니다. 이 과정에서 작품의 비극적 요소와 독자나 관객의 관계는 변증법적인 해석을 구도화합니다. 도덕적 자아가 고양되는 과정에서 비극의 새로운 차원을 인식합니다. 공적 공간에서 이루어지는 비극의 상연은 사회적 삶에 대한 자의식을 일깨워 모순된 삶의 구조를 파악하고 그 부조리를 열정으로 끌어안을 수 있는 계기를 부여합니다.

그리스 비극의 사회적 역할을 중시한 니체는 『비극의 탄생』에서 카타르시스를 분석하면서 괴테를 인용하여 병리적, 도덕적 차원을 넘어 심미적 차원에 들어설 것을 촉구하고 있습니다.

> 무대에서 일어나는 사건에 의하여 동정감과 공포감이 폭발되고 완화된다고 일컬어지고, 선하고 고귀한 원리의 승리에 접할 때, 그리고 도덕적 세계관 때문에 주인공이 자기를 희생하는 행위에 접할 때, 우리는 황홀한 감격을 깨닫게 된다고 일컬어지기도 한다. 대부분의 사람들은 바로 이것을, 단지 이것만을 비극의 작용이라고 한다. 나도 그것을 확신한다. 그러나 거기서 나오는 결론도 또한 명백하다. 즉 이러한 사람들은 그들에게 해석해 주는 미학자와 함께 최고의 예술인 비극에 관하여 무엇 하나 경험하는 것이 없는 것이다. 아리스토텔레스의 카타르시스라는 그 병리학적 감정폭발에 관하여 문헌학자들은 이것을 의학적 현상에 해당시켜야 할 것인지 도덕적 현상에 해당시켜야 할 것인지 잘 모르고 있지만 카타르시스에 관한 괴테의 다음과 같은 주목을 끄는 말이 있다. 「활발한 병리학적 관심사가 아닌 한 실제로 나는 어떤 비극적 상황을 찾아내기보다 오히려 이것을 피했던 것이다. 최고의 파토스적인 것도 고대인의 경우에는 다만 심미적인 유희에 지나지 않았다는 것, 이것이 아마 그들의 장점이 아니었던가? 우리들의 경우 비극작품을 만들어내기 위해서는 자연의 사실성에 협력하지 않으면 안 되기 때문」이라고.[17]

니체는 그리스 비극 안에서 아폴론적인 이성과 디오니소스적인 감정의 통합을 보았습니다. 심미의식은 도덕적 차원을 넘어설 때 등장합니다. 니체는 철학적 전통에 따라 도덕을 이성적 차원에 귀속시켰습니다. 궁극적으로 비극을 통해서 고양된 인간의 삶이 갖는 이성과 감정이 조화된 순수한 심미적 차원을 밝히려 하였던 것입니다.

3. 굿의 연행성과 실존적 의미

고대 중국문화에서 연극의 전통은 『시경』에 보이는 민간의 계절적 축제와 종교적 제례에서 찾아볼 수 있으며 공자 이후에는 유학의 예학사상으로 변모하였음을 알 수 있습니다. 따라서 중국의 고대연극은 아리스토텔레스에 의하여 체계가 잡힌 "시학(詩學)"에 비교하자면 "악론(樂論)"으로 체계가 주어졌으며 그 전통은 20세기까지 기본 이념으로서 계속 유지되었습니다. 이 악론은 중국 고래의 예악을 공자가 집대성한 것으로 알려져 있으며, 한대 초기에 『예기』의 「악기(樂記)」편에 잘 정리되어 있습니다. 악기의 '악' 이라는 것은 좁은 의미의 음악을 말하는 것이 아니라 일정한 이상(理想)에 따라 철학적으로 통합 구성된 예능론입니다. 바꿔 말한다면 그것은 정치적 또는 윤리적인 이상이 연극적으로 조직되고, 움직임을 이끄는 악장(樂章)은 어떤 의미를 상징적으로 표현한 것입니다.[18] 중국 고대 문화의 의례의 연극적 요소를 잘 나타내는 12지신이 있습니다. 후한 시대에 12지(支)를 나타내는 동물로 분장한 12명의 관원들이 궁중제례인 렵제(獵際)에까지 등장하여 의식을 흥겹게 하였으며,[19] 능에 세워진 12지신상은 바로 동물의 탈을 쓰고 수호신의 역할을 하는 것입니다.

1) 상징적 모방성

동아시아 문화권에서 그리스의 비극과 비교해 볼 만한 연행성을 잘 나타낸 문화현상은 무속입니다. 무속은 시베리아를 중심으로 동북아시아에서 발전한 샤머니즘과 밀접한 연관이 있는 원시 종교로 동아시아 종교적 심성의 바탕을 이루고 있습니다. 무속은 그리스의 비극에 비견할 만하게 원형적인 연행성을 잘 간직하고 있으며 현재까지 동아시아 종교문화에 지대한 영향을 미치고 있습니다. 이를 잘 논증하듯, 말리노브스키는 『문화의 과학적 이론』에서 "무술(巫術)은 하나의 정연한 동작이다. 그것은 실용적 가치를 지닌 것으로 목적에 도달하는 도구이기도 하다. 현대종교에서 볼 수 있는 수많은 의식과 윤리는 기실 무술에서 근원하는 것이다."[20] 라고 하였습니다.

실로 무속은 인류의 가장 오래된 문화현상 가운데 하나이며 그것의 내용은 대단히 방대하고 복잡합니다. 고대의 점복(占卜), 기우(祈雨), 구역(驅疫), 원몽(圓夢), 사신(祀神) 등의 활동을 모두 무술의 범위에 넣을 수 있습니다. 이 밖에도 풍년을 기약하고 사람이 죽었을 때도 무당을 불러 망령을 위로하였습니다. 이렇게 다양한 역할을 담당하였고 그 방법도 복잡하기 이를 데 없었으나 대체로 제사(祭祀), 가무(歌舞), 저주(咀呪), 엽승(厭勝, 주문의 일종) 등으로 정리할 수 있습니다. 무당은 사람과 신을 매개하여 신의 힘으로 현실적 삶의 한계를 해결하는 반신적인 매개자입니다. 그러므로 『국어』 「초어」에 무(巫)와 격(覡)은 품격이 순정하여 지혜가 남다른 사람이며 신의 강림을 밝히는 자라고 하였습니다.[21]

유교문화가 성립된 이후에는 유교문화에 유입되어 종교의례의 한 부분을 담당하게 됩니다. 무속은 민중종교로서 민중들의 삶에 지속적인 영향력을 미치게 됩니다. 유교와 무속의 연원적 연관성은 『주례』에 잘 나타나 있습니다. 『주례』의 육관 가운데 춘관(春官)은 제사를 맡는 관직인데 춘관의 사무(司巫)는 중사(中士)의 지위로 모든 무당을 관장하며 큰 가뭄과 큰 재난 및 제사와 상례를 주관하였습니다. 무당 가운데 남무는 망사(望

祀)[22]와 망연(望衍)의 제사를 관장하며 여무는 세시(歲時)[23], 푸닥거리(祓除), 흔욕(釁浴), 등 민속의례를 관장하는 직무가 주어졌습니다.[24] 이는 은대에서 점치는 일과 재앙을 제거하는 일을 주로 담당하였던 무당의 역할이 인문적인 주(周)문화에서도 제한적으로 수용되었음을 잘 보여줍니다. 즉 무당이 담당한 의례적 역할이 종교적인 분야에서 공식적으로 인정되고 지속되었음을 나타내고 있습니다. 『논어』에 나타난 무에 관한 유일한 언급에서 공자는 남방 사람의 말을 인용하여 "사람이 항구함이 없으면 무당(巫)이나 의원(醫)이 될 수 없다."[25]고 하였습니다. 이는 무당과 의원이 갖추어야 할 마음의 자세와 신성한 사회적 역할을 인정한 중요한 언급이라고 할 수 있습니다. 또한 『중용』에도 "흰 칼날도 밟을 수는 있지만 중용은 어렵다."[26]고 하여 중용의 덕을 무술(巫術)과 비교한 대목은 일상에서 무술이 차지하고 있는 종교적 의례의 비중을 가늠케 합니다.

후한시대에 나타난 도교는 무속의 종교성을 그대로 이어받아 발전하였습니다. 도교의 중요한 의식과 도술 방법, 즉 재초(齋醮), 축주(祝呪), 부록(符籙)은 모두 사신, 저주, 엽승의 무술을 발전시킨 것입니다. 재(齋)와 초(醮)는 고대의 신에게 제사 드리고 복을 기원하는 성의를 다하는 경건한 무격의식에서 유래한 것입니다. 장자가 말하는 심재(心齋)는 도와 일치하는 마음의 재계로 무격의 수행적 자세를 철학적으로 설명한 것입니다. 『예기』「제법」에도 "재라는 것은 정명(精明)이 지극함으로써 신명(神明)과 교유하는 것이다."라고 하였습니다. 이렇듯 재는 무의에서 파생된 의식으로 후에 도교에서 태어난 이후에 저지른 자신의 허물을 자연에 있는 신에게 직접 고백하는 수과(首過)로 공식화됩니다. 초는 도사들이 제사를 지내는 의식으로 도사는 한 번은 천지 성신 · 산천의 신을 대신하여 인간들에게 신탁을 전하고 또 한 번은 인간을 대표하여 신에게 머리를 조아려 배례하는 것이 초의 시초입니다.[27]

고대 사람들은 저주에 찬 주술을 사용하여 사악한 잡귀나 잡신을 물리치고 상서롭지 못한 것을 없애버리고, 간절한 바람을 나타내는 주술을 통하여 현실의 바람을 실현하고자 하였습니다. 고대인은 귀신도 인간처럼 금기와 약점이 있다고 믿었으며 그것을 알 수 있다면 신의 힘을 빌려 제압할 수 있다고 보았습니다. 그 금기가 바로 주술입니다. 『좌전』 양공 17년에 "송나라는 아주 작은 나라로 저(詛)와 축(祝)이 있었다."고 하였는데 이는 송나라에 고축(告祝)을 맡은 무당이 있음을 말해주는 것으로 주로 치병을 담당하였습니다. 그리고 이러한 주술은 신령이 비밀스럽게 인간에게 전수한 것이라 믿었습니다.[28]

부록(符籙)은 부적으로 잘 알려진 문자나 물품을 통해 신력을 사용하는 법술입니다. 초나라 사람들은 복숭아나무가 사악한 귀신을 몰아낸다고 하여 문에 걸어두었습니다. 복숭아나무 탕을 새해 아침에 끓여 음복하는 것, 복숭아나무 판에 오색으로 부적을 그려 문에 걸어놓는 것을 말합니다. 후대에는 재료가 다양해지고 글자가 오묘해지면서 신이 록을 가진 자를 보호한다는 믿음이 도교에 생기게 되었습니다. 이것이 오늘날 부적입니다.

도교로 이어진 무속의 연행성은 방법에 있어서 다양성을 보였지만 그 원형을 동일하게 유지하였습니다. 제사, 가무, 축주는 모두 연행의식을 내포하고 있습니다. 다양한 연행의식은 목적은 다르지만 그 형식을 공유하고 있습니다. 무당이나 도사가 행하는 연행의식은 상징적 모방 행위입니다. 자신의 몸이나 물건에 세계상의 상징을 부여하고 그 관계를 파악하고자 합니다. 상징과 세계상이 일치하기 위하여 항구성이 요구됩니다. 세계상과 일치될 때 일어난 일의 의미를 알고 다가올 일을 대비할 수 있습니다. 유교에서 중시하는 주역은 이러한 상징적 모방행위가 고차원적으로 발전된 것이라 할 수 있습니다. 주역의 괘는 세계의 상을 모방한 상징입니다. 칼 융이 말한 바와 같이 역은 일종의 집단 무의식으로 세계상을 반영하고 있습니다. 역은 상황에 대한 윤리적 당위성을 합리화시키고 의미화합니다. 공적인 일에 한정되었던 역은 점차 민중에게까지 파급되어 점의 형태로 일상의 의례가 되었습니다. 그러나 점의 본래적 의미는 사회적 정황에 대한 해석과 사회적 역할의 회복에 있었습니다.

도교에서 채초, 축주, 부록 등으로 분화되었던 의례는 무속 안에서 종합적으로 전승되고 있음을 확인할 수 있습니다. 무당의 주된 사회적 수행과제였던 굿은 민중의 생활의례로 정착하면서 원시 연행의식을 잘 보존하고 있습니다. 오늘날 굿[29]이 제사, 가무, 해원이나 축원으로 종합적으로 구성된 것을 보면 이를 잘 알 수 있습니다. 굿은 그리스의 비극과는 달리 공적인 드라마의 형태로 수행될 뿐만 아니라 개인이 처한 삶의 정황을 고백하고 액운을 풀거나 축원을 위한 하나의 사적 드라마이기도 합니다. 사적 드라마로서 굿은 인간의 생명성에 대한 보편화하기 어려운 특수성을 발견하게 합니다. 비극이 사회적 삶을 위한 윤리적 당위성을 지향하는 것과는 차이가 있습니다. 굿은 개인이 당면한 구체적 삶을 주제로 합니다. 모방할 수 없는 삶이 현재화되어 있습니다. 그러므로 더욱 실제적이며 역동적입니다. 관객은 가족과 생활공동체로 국한되어 있습니다. 따라서 관객은 비극적 상황을 객관화하기 어렵습니다. 비극에 연계되어있고 함께 역경을 해결하지 않으면 안 됩니다. 카타르시스를 넘어 구체적인 해결책을 찾고자 합니다. 이 과정에서 연행은 격화되고 자아를 잃는 엑스타시스에 이르게 됩니다. 이것이 바로 굿의 실존적 아이러니입니다. 여기서 카타르시스와 다른 해원(解冤)과 난장(亂場)이 굿의 성격을 규정한다고 할 수 있습니다.

2) 해원(解冤)으로서 살풀이와 사회적 치유

살풀이는 무속의식(巫俗儀式)에서 액(厄)을 풀어낸다는 뜻인 곧, 살(煞)을 푸는 춤으로 일명 도살풀이라고도 합니다. 굿의 마지막 차례에 행하는 살풀이는 예로부터 집안이나 동네의 액이나 살을 푸는 춤을 추는 형식으로 뒷전이라 하는 굿의 마무리 의식입니다. 대개 살아있는 사람을 위해서 행하거나 씻김굿과 같이 죽은 이의 모든 원을 풀어주고 극락 가는 길을 깨끗이 닦아주는 의미에서 행하기도 합니다.[30]

살풀이로 잘 알려진 해원은 화해의 의식입니다. 살아있는 사람에게 다가올 액운을 미리 풀어 예방하고, 처하여 있는 살을 풀어내는 연행의식입니다. 죽은 사람의 살을 풀어주어 삶을 완결지어 주는 의미가 있습니다. "씻김굿에서는 고푸리라는 상징적인 몸짓을 통해 고통과 희망과 평화를 융합시킵니다. 희색천의 고는 잔혹한 삶이 한 사람의 가슴속에 얽어놓은 좌절과 회한의 쓰라린 엉킴을 상징합니다. 죽은 자에게 이 몸짓은 죽음이 쓰라린 고통과 좌절이라는 삶의 매듭을 풀 것이라는 희망을 불러일으키며 성사적으로 그리고 어느 정도는 주술적으로 이러한 풀이 곧 해방을 이루고자 합니다."[31] 죽음은 진정한 해체이며 삶의 새로운 차원으로 나아가는 넘어감입니다. 산 자들이 죽은 자의 매듭을 푸는 것은 산 자들이 풀어주는 것이라기보다는 죽음으로 고가 풀렸음을 확인하는 행위입니다. 이러한 의식은 죽은 사람을 위로하는 일이며, 나아가 살아있는 사람들에게 고통의 의미가 무엇인지 직시하고 성찰하게 합니다. 고통을 안고 가는 삶은 비극적입니다. 그러나 누구도 고(苦)로부터 자유로울 수 없습니다. 고 자체가 삶이기 때문입니다. 인간이 삶에서 필연적으로 당면하여야 할 고통을 마주하는 모습을 통해 사람의 개별적 실존이 드러납니다. 무당은 연행을 통하여 죽은 자의 고통을 마지막으로 계시합니다. 무당의 고통 계시를 통하여 산 자는 죽은 이와 진정한 마지막 해후를 하게 됩니다.

여기서 의뢰자와 무당과 고를 짊어진 사람의 역할이 이중성을 갖게 됩니다. 무당은 자신을 완전히 비우는 종교적 체험의 단계에 들어서면 죽은 이를 대리하여 현현하고 의뢰인을 대리하여 위로할 수 있습니다. 이러한 이중적 연행성은 굿의 특징을 이룹니다. 이 점에서 무당은 발타살(Balthasar)이 묘사한 예언자와 같이 "믿음 안에서 자신을 내세울 어떤 의도도 없애버린 자, 자기 자신을 신을 위한 재료로서 내어놓는 자"로 살아가게 됩니다.[32]

무당이 작두를 타면서 신탁을 전달하는 의식은 인간이 처한 위기와 고통을 극대화하는 연행으로 신의 현존을 인식하게 하고 궁극적으로 위기가 극복될 것을 현시합니다. 고통에 처한 자는 고통을 직시함으로써 자신이 단순한 피해자가 아니라 신의 현존을 깨닫게 하고 개인의 고통을 넘어서 단순히 이러한 처지에 놓인 사람에 대해 공감함으로써 사회적 고통에 눈을 돌릴 수 있는 계기를 마련합니다. 무당은 이미 자신의 신병(神病)을 통해 이러한 개인의 고통을 사회적 고통으로 승화하여 해결하는 종교적 차원을 경험하였습니다. 이제 의뢰인의 고통이 한 개인의 고통이 아니라 무당 자신의 고통과 깊게 연관되어 있으며 사회적 관계 안에서 이를 해소해야 함을 확신시킵니다. 고통을 통해 신의 현존을 체험한 무당은 고통과 위기를 해결할 연행을 구성합니다. 이미 존재하고 있는 스토리가 아니라 한 개인의 삶으로 구성된 살아있는 텍스트로 고유한 플롯을 작성합니다.

인생은 누구에게나 한 편의 드라마입니다. 굿을 통해 드라마가 공개되고 친인척과 마을 공동체는 드라마와 직간접으로 관계를 맺고 있음을 확인합니다. 공감의 질적 차이가 이 점에서 비극과 다릅니다. 무당은 이미 정해진 골격인 플롯에 의해서 굿을 진행하지만, 개인의 삶이 플롯의 살을 이루어 연행 정서를 북돋웁니다. 굿은 드라마 속의 고통에 모든 이가 연관성이 있음을 밝히기에 또한 그 고통을 함께 풀어내는 과정이기도 합니다. 한 개인의 고통을 통해서 의뢰인과 구경꾼 자신의 고통이 외재화됩니다. 여기서 비극과 유사점이 발견됩니다. 연행하는 무당은 굿을 통해 비극을 정감적으로 재현합니다. 의뢰인과 구경꾼은 비극적 요소를 해석하고 인식합니다. 누구도 비극적 삶의 조건을 임의로 거부할 수는 없습니다. 관계로 인한 비극의 사회적 의미를 이해할 때 비로소 삶의 고유성이 드러납니다. 고통은 사회적 매듭에 기인합니다. 고풀이로서 굿은 매듭을 없애는 것이 아니라 매듭의 진실을 규명합니다. 삶이 주는 진실은 모든 이의 구체적 삶 속에서 현상적으로 외재화를 통해 체인(體認)됩니다. 이 점에서 굿은 계시에서 실존 인식으로 넘어가는 과정입니다.

굿은 또한 치유의 과정입니다. 두려움의 본질을 제대로 인식함으로써 비극적 상황을 극복할 수 있습니다. 넋들이와 같이 넋을 되찾는 과정에서 비극의 본질을 바라보게 하는 굿은 두려움과 고통을 해소하는 기제를 갖추고 있습니다. 무당 스스로 넋이 나갔다가 되돌아오는 극심한 무병의 고통을 통해 개인에게 닥친 불행으로 넋이 나간 사람이 넋을 되찾을 수 있는 치유의 권위를 갖추게 됩니다. 굿을 통해 마음의 안정을 찾도록 도울 수 있는 것입니다. 이는 천주교의 병자성사와 유사합니다. 그리스도인에게 예수 그리스도의 십자가의 고통은 모든 고통을 대변해 주며, 부활은 고통의 궁극적 해소를 예고합니다. 연행의식을 통해 고통의 원인을 구체화하고 공동체가 함께 해원의 생명력을 확인합니다. 이 과정에서 상징물이 생명성을 회복하는 중요한 기능을 합니다. 무당은 생명의 상징인 물을 통해 넋을 불러옵니다. 넋이 생명과 정체성의 주체이기 때문입니다. 인간의 몸은 치료를 통해서 낫지만 정신은 사회적 치유과정이 필요합니다. 굿은 연행의식을 통한 사회적 치유의 과정입니다. 죽은 자의 넋을 위로하기보다는 산 자의 상실한 넋을 위로하는 것입니다. 죽은 자를 위한 동양의

쌍검대무, 신윤복(ⓒ간송미술문화재단)

의례는 사실 모두 산 자를 위한 의례입니다. 굿은 산 자의 넋을 위해 죽은 자의 넋을 불러오는 연행입니다. 무당에 의해 불려온 죽은 자의 넋은 무당의 몸을 입고 산 자와 관계를 회복합니다. 산 자는 자신이 죽은 후의 위안과 의례를 미리 경험합니다. 이 과정에 참여하는 모든 생명은 치유되고 질적으로 변화됩니다. 굿에 참여하는 사람들도 유사한 고통으로 공감하며 치유를 받게 됩니다. 따라서 굿에 참여하는 모든 이가 고통의 원인을 구체화하고 함께 해원의 생명력을 확인하게 됩니다.

굿이 절정에 이르러 무당이 신명나게 되면 엑스터시와 더불어 지금까지와는 다른 역동적인 춤사위와 사설을 들려줍니다. 무당의 신명의 상태에서 '타자의 말'을 자기의 목소리에 실어 발언하고 자신의 몸을 빌려 '타자의 뜻'을 연기합니다. 이는 하나의 신경증이나 정신분열로 비춰집니다. 그런데 이것이 무당의 일탈이자 이상입니다. 여기서 감각의 난조

(亂調)를 넘어 의식의 실조(失調)가 일어납니다. 그리고 무당의 실조는 참여한 모든 이가 함께하는 야단 굿판으로 이어집니다. 마을 굿판에 수반된 놀이판이 난장판입니다. 난장판에서 사람들은 규범과 체제를 역행하고 무질서와 야성과 변조가 판을 치게 합니다. 이 시간에 기존 체제의 윤리와 문화는 전복됩니다. 탈춤은 이 난장의 연장에서 연출된 놀이입니다. 여기서 모든 의식의 경계가 무너지고 자아의 풀이가 실현됩니다. 이 열광의 도가니 속에서 '신지핌' 이란 명분으로 모든 세속적 제약과 규범은 무너집니다.[33] 이 한순간의 격정은 카니발입니다. 고통으로부터 풀려나려는 것은 자유를 향한 몸부림입니다. 사회적, 문화적, 규범적 억압에 대항하여 자유를 성취하고 의식을 억압한 매듭을 풀어냅니다. 삶의 조건, 사회체제에 대한 도전이기도 합니다. 집단적인 실조로부터 개인의 무의식을 표면화하여 치유가 일어납니다. 난장은 모순된 삶을 끌어안을 수 있는 역동적인 힘을 부여합니다. 여기서 진정한 치유가 일어납니다. 진정한 자유는 고통을 벗어나는데 있지 않고 고통을 삶의 조건으로 수용하는 데 있습니다. 축제가 끝난 다음에 다가오는 깊은 관조와 평정 속에서 고통의 원인을 자기 내면에서 확인하게 됩니다.

3장
생명이란 무엇인가?

1. 생명현상과 의례로서 생로병사

생로병사[1]는 인간이면 누구나 겪는 삶의 여정입니다. 석가는 이 여정의 무상함을 극복하기 위해 고집멸도(苦集滅道)의 사성제(四聖諦) 가르침과 이에 이르는 팔정도(八正道)의 길을 제시하였고, 예수는 현세적 삶의 한계를 극복하고 하늘나라에 이르는 진복팔단(眞福八端)의 길을 가르쳤으며, 공자는 "나의 도는 하나(仁)로 일관되어있다."라고 하였습니다. 이러한 말씀처럼 인류의 스승은 도와 일치된 삶을 궁극적 가치로 삼아 인간의 길을 제시하였습니다. 종교 문화적 관점에서 생로병사에 대한 이해는 한편으로는 극복의 대상이고 다른 한편으로는 인간으로서 당연히 겪어야 할 생명현상이자 과정으로 수용해야 함을 보여주고 있습니다. 하지만 영원한 삶을 추구하는 종교적 열망이나 열반에 이르고자 하는 염원이나 도와 일치하고자 하는 희구는 모두 생로병사의 과정을 통해서 다가갈 수 있을 뿐입니다. 실제로 삶의 여정인 생로병사는 인간이 의지로 선택한 일이 아니라 인간됨으로써 필연적으로 당면하게 되는 삶의 조건이자 보편적 생명현상입니다. 따라서 삶의 가치는 자연스러운 이 현상을 어떻게 이해하고 받아들이느냐에 달려있다고 볼 수 있습니다.

생로병사 각각의 삶의 과정은 서로 필연적인 인과관계를 맺고 있습니다. 누구나 태어나면 생리적으로 나이를 먹고 병이 들고 죽기 마련입니다. 문제는 인간으로서 어떻게 태어나고, 어떻게 나이를 먹고, 어떻게 병들고, 어떻게 죽어 가느냐 입니다. 이 '어떻게'의 방법에 사회적 관습으로서의 생명의례가 자리 잡고 있습니다. 인간의 사회문화적 행위로서 의례는 인간됨의 정체성과 생명문화를 구성하는 요소로서 그 기능이 있습니다. 나아가 인간은 의례를 통해서 생로병사를 삶의 주기로만 보지 않고 계기로 보고, 생리적인 현상으로만 보지 않고 의식 현상으로 심화하면서 일상에서 압축적으로 전 과정을 경험하며 살아간다고도 할 수 있습니다. 매일 매일 의식하게 되는 새로운 삶과 노화와 고통과 죽음은 다른 생명체에서 찾아볼 수 없는 인간 삶의 본질을 잘 나타내고 있습니다. 인간은 이 삶의 과정을 사회적 행위를 통하여 계기로 삼고 의미화합니다. 이렇듯 삶을 의미화하는 사회적 행위를 의례라고 할 수 있습니다.

의례가 다른 문화적 요소와 갖는 상관성으로부터 미리 추론할 수 있는 것은 생명현상이 의례와 더불어 직관적 의식작용을 통해 나타난다는 것입니다. 의례는 차이를 통하여 다양성 안에서 조화를 나타내고 생명의 아름다움을 표현합니다. 정해진 절차에 따라 의례 안에 내재된 서사구조와 상징들은 성스러운 가치로 생명의식을 고양시키며, 의례를 통하여 인간의 생명성은 거룩한 표징을 갖추게 됩니다. 나아가 의례의 반복성은 삶의 의미를 심화시키고 현재화합니다. 이러한 의식작용은 베르그송(Henri-Louis Bergson, 1859~1941)이 말하는 "생명의 약동"(élan vital)에 따른 것이라 할 수 있습니다. 의례과정은 연행성(演行性)을 통해 삶을 극화하고 사회적 역할을 수행하는 가운데 생명성을 약동시킵니다. 생명의 약동은 연속적인 의식의 흐름 안에서 시간과 공간의 질적인 변화(質化)를 통해 창조적 진화를 약속합니다. 여기서 의례가 추구하는 윤리적 지향성에 다다를 수 있습니다. 궁극적으로 의례는 관계적 생명을 확인하고 도덕적 삶을 이끌며 인간생명을 미적으로 승화시키는 생명문화의 바탕이 됩니다.

생로병사를 생명의 보편적 현상이라고 할 때 생명현상에 대한 동서양의 문화적인 이해의 차이를 살펴보는 것은 생명문화를 구성하는 요소와 원리를 이해하도록 돕습니다. 같은 개념을 사용한다하더라도 문화적 맥락에서 이해의 구조가 다르기 때문입니다. 이 점을 살피는 것이 동서양 생명의례의 차이를 이해하는 첫걸음이 될 것입니다.

1) 삶의 주기로서 생로병사

생로병사는 계절과 같이 자연의 순리를 나타내는 삶의 조건이자 현상입니다. 그러나 사람은 이 생명의 조건에 단순히 굴복하며 운명으로 받아들이며 살아가지 않습니다. 대부분 신화는 이 생명의 주기를 극복하는 이야기로 이루어져 있습니다. 일상에서도 사람들은 영웅들이 생명의 조건을 극복하듯이 변화의 계기에 특별한 의미를 부여하며 극복해 나아갑니다. 이렇게 특별한 의미를 생성하는 과정에 의례가 자리하고 있습니다. 의례는 고통의 의미를 깨닫게 하고 고통 너머에 있는 궁극적 자유에 다다르게 합니다. 불교에서 고통의 원인은 갈애(渴愛)에 있으며 결과적으로 윤회[2]를 가져옵니다. 갈애를 벗어나는 것이 괴로움의 소멸이며 이는 팔정도를 통하여 도달 할 수 있습니다. 불교에서 인간의 일생은 업에 의해 모태에서 태어나는 생유(生有), 태어나서 죽음에 이르기까지의 본유(本有), 죽는 순간의 사유(死有), 다시 태어나기까지의 중유(中有)의 네 단계로 표현합니다.[3] 또한 고대 그리스의 경우에도 플라톤『국가』10권에 나타난 대로 에르가 겪은 사후세계의 윤회에 관한 경험담은 죽음과 고통을 극복하려는 그리스인들의 생명관을 잘 반영하고 있습니다.(614b-621d)[4] 또한 생로병사의 이면에 자리 잡고 있는 윤회는 고대 인도유럽의 공통된 생명의식을 잘 반영한 개념이라고 할 수 있습니다.

근동 연구가인 훅(Hooke)과 그의 동료 연구에 따르면 죽음을 극복하는 주제는 신화와 종교에 잘 표현되어있습니다. 이집트, 바빌론, 가나안의 종교는 의례를 통해 공동체의 복지를 유지하는 신으로서의 왕의 죽음과 부활의 극을 재현하였습니다. 일련의 파종과 수확의 의례를 통해 왕은 굴욕을 당하고 상징적으로 죽어서 지하의 세계로 하강했다가 다시 혼동의 세력을 무찌르고 지상에 질서를 다시 세우는 과정이 연출되었습니다. 이러한 죽음과 살아남의 모델은 근동의 신왕(god-king)의 신화뿐만이 아니라 고대 그리스의 디오니소스의 풍요와 출산의 축제 안에서도 재현되었으며 이는 신화와 드라마에 영향을 미쳤습니다. 테어도어 가스터(Theodore Gaster)는 비극시인 테스피스(Thespis) 연구에서 죽음과 재생의 신의 모티브를 규칙적으로 전체 세계질서를 새롭게 하고 재활시키는 모든 의례 안에 내재된 계절적 패턴을 포함하는 주제로 해석하였습니다. 이 계절적 패턴 안에는 고행과 정화를 나타내는 비움(kenosis)의 의례와 활력과 환호의 채움(plerosis)의 의례가 포함되어있습니다. 이러한 죽음과 소생의 계절적 패턴은 문명의 가장 초기 형태의 지층에 귀를 기울이도록 하는 인간 경험의 통일성을 잘 드러내고 있습니다.[5]

시간성과 생명성의 문제가 함께 논의되는 것은 문명사회의 공통된 관심사로 그리스에서는 크로노스 신화 안에서 처음 발견됩니다. 농경의 신인 크로노스가 아버지 우라노스를 제거하고 왕위를 차지하였습니다. 그가 든 낫에는 수확과 죽음의 의미가 중의적으로 함축되어있습니다. 크로노스는 자식을 삼킴으로써 노화와 죽음을 극복하려는 의지를 드러냅니다. 그러나 그의 아들 제우스가 시간의 지배자인 아버지 크로노스를 추방함으로써 영원한 시간성을 획득하게 됩니다. 또한 구체적인 시간성은 계절의 주관자인 제우스의 누이동생이자 배우자인 데메테르를 통해 그 의미가 정착됩니다. 데메테르는 올림포스의 열두 신 가운데 하나로 계절의 변화와 결혼의 유지를 관장하였습니다. 곡식의 성장을 통하여 계절의 변화를 인식할 수 있듯이 데메테르는 가이아와 같이 대지에서 자라는 곡식의 어머니로서 유대를 통하여 수확을 이루고 생명을 유지할 수 있다는 구체적인 삶의 의미를 잘 드러내는 신이라 할 수 있습니다. 고대 그리스와 로마의 농경 축제가 데메테르와 연관되어있음은 이를 잘 설명해주고 있습니다.[6] 신화가 반복해서 암시하듯이, 신은 영원한 생명성만으로 만물이 존재할 수 없음을 보여줍니다. 대지의 생성과 변화를 일으키는 생식과 사랑 안에서 모든 존재는 시간성을 갖게 됩니다. 그러므로 대지로서 가이아는 생명의 변화를 통해 시간성을 부여하는 바탕이 됩니다. 이를 통해 모든 존재는 새로운 생명으로의 전환을 이루어내게 됩니다. 영원한 생명이라는 개념처럼 시간성과 생명성은 의존적이기보다는 상호적입니다.

2) 삶의 덕목으로서의 원형리정(元亨利貞)

어린이를 새싹에 비유하거나 노년을 황혼에 비유하듯이 동양에서도 생로병사를 봄, 여름, 가을 겨울 계절을 통하여 표현합니다. 계절의 변화는 시간성을 부여하며 성장과 노화의 과정을 확연히 인식하게 합니다. 또한 반복되는 계절의 패턴은 죽음 이후 새로운 생명에 대한 기대와 확신을 제공하기도 합니다. 따라서 계절에 대한 축제와 의례는 노화와 죽음이 단지 소멸이 아니며 생명현상의 일부분으로 이해되었으며 후세대로 이어지는 새로운 탄생을 위한 필연적 과정으로 받아들였음을 알 수 있습니다. 『역경』에서 계절을 나타낸 십이벽괘(十二辟卦)[7]를 살펴보면 고대 중국인들의 계절에 대한 분석이 매우 철저하였음을 알 수 있습니다. 가을 끝을 의미하는 박괘(剝卦)와 겨울의 시작을 의미하는 곤괘(坤卦) 그리고 이어지는 복괘(復卦)는 생명의 마지막이 어떻게 새로운 생명으로 이어지는지를 잘 보여주고 있습니다. 박괘의 맨 윗자리에 있는 효인 상구(上九)에 석과 불식(碩果不食)이라는 효사(爻辭)가 나옵니다. 새 생명을 이룰 씨알이 보존됨을 말하고 있습니다. 박괘와 복괘를 이어주는 곤괘는 마지막 양(陽)을 붙들지 않습니다. 그렇게 하여 양효(陽爻)가 양효되게 하는 것이 바로 곤의 역할입니다. 완전히 내어 줌으로써 새로 품을 수 있습니다. 그러므로 지뢰복괘(復卦)는 새로운 생명의 생성을 의미합니다. 내어준 양을 다시 씨알로 품고있는 형상입니다. 이것이 바로 "곤도의 순함이며 하늘의 변화에 따라 행하는 것"(坤道其順乎, 承天而時行)입니다. 복괘의 맨 아래 자리하고 있는 초구(初九)는 자연의 순환으로 싹이 돋아났음을 보여주고 있습니다. 따라서 그 순환을 어기지 않음이 길함(不遠復无祗悔元吉)을 나타낸다는 효사가 나옵니다.

사계절은 『역경』의 「문언전」에 나타난 대로 원형이정(元亨利貞)으로 하늘(天)의 순환적 덕목을 잘 나타내고 있습니다. 이는 만물이 생겨나서 자라고 완성되는 과정을 말하고 있습니다. 공자 역시 천을 언급하였을 때 "사시가 운행되고 모든 만물이 거기서 난다."(四時行焉, 百物生焉)라고 하였습니다. 인간은 자연의 보편생명과 그 순환의 원리를 같이함으로써 자연의 덕목을 좇아 인의예지(仁義禮智)의 덕을 함양하게 됩니다. 그러므로 "천지의 큰 덕은 생(生)이고 성인의 큰 보화는 위(位)이다."[8]라고 하는 것입니다. 여기서 위는 그 본분을 다하는 것입니다. 즉 생성과 변화는 모든 존재가 순응해야 할 삶의 조건입니다. 여기에 완전한 소멸이란 존재하지 않습니다. 모든 존재자는 새로운 변화를 통해 자기 존재성을 지속시킵니다. 그리고 생명체는 변화를 통하여 자기완성을 도모합니다. 그러므로 노자는 "도는 만물을 낳고, 덕은 이를 기르며, 물은 모습을 갖추게 하고 세는 이를 이루게 한다. 그러므로 만물은 도를 존경하고 덕을 귀하게 여기지 않음이 없다."[9]라고 하였습니다. 『역경』은 요약하기를 "변하면서도 변하지 않는 것, 그 변하지 않는 것이 대역이다."(易而不易, 不易而大易)라 하는데 여기서 그 변하지 않는 것을 생명성이라 할 수 있습니다.

동아시아적 사유에서 변화를 중시하는 까닭이 여기에 있습니다. 그리고 인간의 삶에서 변화에 계기를 부여하는 것이 통과의례입니다. 반 겐넵(Arnold van Gennep)이 잘 밝혔듯이 통과의례는 인간의 생활은 비슷한 시작과 끝의 연속적 단계로 출생, 사회적 사춘기, 혼인, 아버지가 되는 것, 죽음으로 이루어져 있는데, 이런 하나하나의 사건 속에서 의례가 행해집니다. 이때 행해지는 의례의 양상은 개인이 어떤 명백한 지위에서 또 다른 명백한 지위로의 통과를 가능케 하기 위한 일생의례와 천체의 변화, 즉 달, 계절, 해의 변화 등 시간과 관련된 세시의례 그리고 한 지역에서 다른 지역의 영역을 통과하는 영역의례로 세분될 수 있습니다.[10]

이렇게 통과하는 의미에서 의례는 본질적으로 모두 생명의례입니다. 변화의 계기와 의미를 파악하려는 전통은 점을 치는 행위로부터 발전하여 왔습니다. 점은 삶의 정황을 파악하고 궁극적으로 변화와 관계에서 어떻게 조화를 이루어 낼 것인가를 모색하는 과정입니다. 따라서 점을 치는 행위는 개인적으로 가장 고양된 수행적 의례입니다. 『역경』은 "지(知)는 높이는 것이고 예(禮)는 낮추는 것이니, 높이는 것은 하늘을 본받는 것이고, 낮추는 것은 땅을 본뜨는 것이다. 천지가 위를 베풀어 역이 그 가운데에서 행해진다. 그러므로 성품을 이루고 보존하는 것이 도의의 문이다."[11] 라고 가르치고 있습니다. 『중용』의 가르침대로 변화와 관계를 올바로 인식함으로써 인간은 자기의 본성을 다하고 궁극적으로 만물의 화육에 참여하게 되는 것입니다.[12]

2. 전통적 유교 생명관

이제 전통적인 인간생명에 대한 의식 차원을 살펴볼 차례입니다. 인간의 생명은 문화적 삶에 상응하여 문화 안에서 의미를 갖게 됩니다. 문화적 존재로서 인간생명의 의미는 자연생명, 사회생명, 도덕생명의 차원과 관점에서 이해할 수 있습니다. 인간생명은 의례와 축제와 서사의 문화의 원리적 상징을 통하여 의미가 확장되고 심화된다고 할 수 있습니다. 또한 다양한 문화적 패턴 속에서 나타나는 생명현상은 삶의 고유한 실재와 가치를 나타냅니다. 동아시아 문화전통 속에서 살아가는 우리가 전통적으로 이해된 생명의 차원과 현상을 다시 살펴보는 것은 생명문화의 정체성을 이해하고 새롭게 정립하기 위해서입니다.

1) 보편적 자연생명

자연생명은 살아있는 모든 생명체가 그 존재성을 유지하려는 보편적 본질입니다. 이 점에서 자연생명은 다양한 생명현상의 바탕이며 원동력입니다. 하지만 자연생명은 독립되어 있지 않고 상호의존적입니다. 어떤 생명체도 스스로 생명을 유지할 수 없기 때문입니다. 자연의 먹이사슬은 이러한 상관적 관계를 잘 설명해줍니다. 그러나 자연의 먹이사슬은 일방적이지 않습니다. 생명체 사이의 관계를 조절하고 균형을 유지해줍니다. 이 생명체들 사이에 인간이 존재합니다. 자연, 즉 하늘과 땅 사이에 있는 인간은 말 그대로 사이 존재입니다. 천 · 지 · 인은 인간이 상관적 존재임을 잘 나타내는 원형적 개념입니다. 인간은 다른 존재와 달리 문화를 창조하지만 그렇다고 자연을 벗어나는 것은 아닙니다. 인간의 능력은 자연을 재창조하지만 자연의 조건에 종속되어있습니다. 인간은 문화 속에서

인생의 행로, 구스타브 비겔란(1869~1943, 오슬로)

자연을 모방하고 자연을 투사합니다. 이 점은 인간이 자연생명 속에 서로 깊은 연관성을 맺고 있음을 잘 반영하고 있습니다.

문자적으로 '생명'은 본래 '성명(性命)'에서 유래하였습니다. 성명은 인간생명의 지향성을 잘 나타내고 있습니다. 또한 생명은 인간의 본성에 내재된 절대적 언명을 의미하고 있습니다. 살아있는 모든 존재는 하늘의 부름을 받았습니다. 그 가운데 인간은 특별한 소명을 부여받았습니다. 하늘의 부름은 인간을 둘러싼 삶의 조건에 부응하는 관계성을 인격적으로 표현한 것입니다. 인간의 삶은 그 부름에 응답하는 과정이라고 할 수 있습니다. 여타의 존재는 주어진 환경대로 자연스럽게 살면 되지만 인간에게 자연스러운 삶은 단순한 생존의 의미로 한정되지 않습니다. 인간은 자연과 사회 안에서 고유한 삶의 의미를 문화적으로 구체화하지 않으면 안 됩니다. 이 내재적 소명을 '천명'이라고 합니다. 그러므로 인간은 누구나 천명을 받고 태어나 자연적 차원에서 사회적 차원으로 생명의 의미를 고양하게 됩니다.

『역경』에 "천지가 있고 나서 만물이 있고, 만물이 있고 나서 남녀가 있으며, 남녀가 있고 나서 부부가 있다."라고 한 언급에서 '천지'는 삼라만상의 근원이며, 모든 생명의 원천으로 나타나 있습니다. 천지에 모든 생명이 연원할 때 자연은 하나의 '보편생명' 안에 있게 됩니다. 이때 방동미(方東美)가 말하듯이 자연은 우리에게 보편생명의 흐름으로 자신을 드러내고, 자연 본래의 가치가 만물에 가득 차 있는 무변광대한 세계가 됩니다. 또 "천지의 덕은 끊임없이 낳아주는 것이다."라고 했을 때 '낳아주는 것'은 관계 안에서 자연을 풍요롭게 하는 것이고 새롭게 하는 것입니다. 낳고 낳는 가운데 변화가 나타나게 되며, 변화는 자연에 새로움을 더하는 것을 의미하게 됩니다.

이러한 생명의 생성 변화 과정을 철학적으로 표현한 것이 도입니다. "한번 음하고 한번 양하는 것을 일컬어 도라 하고 이를 계승하는 것을 선이요, 이것을 이루는 것이 성품이다." 그러므로 『역경』의 언급대로 끊임없이 낳고 낳는 가운데 "만물은 자기 본성을 완성하게 되고 도의에 들어서게 된다."는 것을 이해할 수 있습니다. 여기서 보편생명의 유기적 관계성과 규범적 지향성을 발견하게 됩니다. 인간생명은 만물과 생명을 공유하고 그 안에서 고유한 도의적 성품을 드러냅니다. 『시경』에 "하늘이 모든 사람을 낳았으며 만물에는 하늘이 부여한 도리가 있다."고 한 언급은 인간의 사명과 만물의 내재적 질서를 잘 설명하고 있습니다. 창조적 생성 과정과 내재적 질서 안에서 고대 동아시아인들의 생성론과 가치론의 결합을 파악할 수 있습니다. 존재하는 것은 관계를 생성하는 것이고 그 과정에서 고유한 내재적 가치를 포함하게 됩니다. 이것이 보편적 자연생명의 의미입니다.

2) 규범적 사회생명

모든 생명체는 보편적 자연생명의 차원에서 다른 생명체와 관계하며 자기 생명성을 유지합니다. 인간도 다른 생명체에 의존하여 생명을 유지하는 종속영양생명체입니다. 하지만 인간은 생명을 유지하는 데에만 머무르지 않고 관계적 생명을 통하여 덕성을 추구하는 데까지 나아갑니다. 따라서 인간의 삶에서 사회적 관계는 생명의 사회적 차원을 나타내는 데 있어 매우 중요한 의미를 지니고 있습니다. 이렇듯 인간이 다른 존재와의 관계, 특별히 다른 사람과의 의례적 관계를 통하여 생명의 의미를 나타내는 것을 생명의 규범적 차원이라 할 수 있습니다. 이 규범적 차원을 동양에서는 예로 표현합니다. 『논어』에 "예로 선다."고 하는 공자의 말씀은 생명의 사회적 의미를 잘 함축하고 있습니다.

예는 본래 희생을 바치는 의례에 연원하기에 생명과 밀접한 연관성을 갖고 있습니다. 공자는 예를 통하여 인간의 자연생명이 지향해야 하는 바를 분명히 밝혔습니다. "생명의 본질은 정직함이다. 정직하지 않게 사는 것은 요행히 죽음을 면하고 있는 것이다." 정직하게 사는 것은 인간에게 사회적으로 요구되는 규범입니다. 사람이 살면서 삶의 규범적 의미를 깨닫지 못한다면 그것은 단지 목숨만을 부지하는 것이 되고 맙니다. 인간생명의 의미는 사회적 삶 안에서 필연적으로 구체화되어야 합니다. 하지만 사회적 생명의 의미를 깨닫는 것은 간단치가 않습니다. 사회적 관계란 우리가 원하는 대로 주어지는 것이 아니기 때문입니다. 공자도 사랑하는 제자 안회와 백우의 죽음을 대하면서 인간의 숙명적인 자연생명의 한계성 앞에서 스스로 하늘의 뜻이 무엇인가 물었습니다.

실로 인간은 묻는 존재입니다. 인간의 질문 가운데 생명에 관한 질문은 가장 실존적이라 할 수 있습니다. 공자도 제자들로부터 생명에 관한 질문

공자의 주유천하, 곡부

을 받았습니다. "(자로가 말했습니다.) 감히 죽음에 대해 묻겠습니다. (공자께서 말씀하셨습니다.) 삶도 모르는데, 어찌 죽음을 알겠느냐?" 귀신을 섬기는 것에 대한 질문 다음에 나타난 죽음에 관한 자로의 질문에서 공자는 죽음의 의미가 삶 속에 있음을 가르칩니다. 죽음은 삶의 경계가 아님을 밝혀줍니다. 실로 살아있으나 사회적으로 죽은 삶은 살아있다고 하기 어렵습니다. 살 가치가 없기 때문입니다. 살아있으나 죽은 삶과 죽었으나 살아있는 삶의 생명현상에서 삶과 죽음으로 분리되어있지 않습니다. 그러므로 삶을 안다는 것은 바로 생명의 사회적 의미를 인식하는 것입니다.

공자는 제자들이 자연생명에 머물지 말고 사회생명으로 나아가도록 깨우칩니다. 사회생명으로 나아가는 길에서 깨달아야 할 가치가 의로움입니다. 공자는 의로움을 위하여 자연생명을 포기할 수 있다고 가르칩니다. "이익을 보면 의로움을 생각하고, 위태로움을 보면 목숨을 내주어라." 그러나 사회생명의 의미를 깨닫기는 쉽지 않습니다. 공자 스스로 나이 오십에 이르러 사회생명의 의미를 깨우쳤다(五十而 知天命)고 고백하였습니다. 이 고백에서 알 수 있는 것은 모든 인간은 사회적 소명의 차원에서 사회생명을 부여받았으며, 인간의 자연생명은 궁극적으로 사회생명 안에서 그 본래의 의미를 갖게 된다는 것입니다.

나아가 맹자는 사회생명을 가능하게 하는 마음의 근거를 밝혔습니다. 맹자에게 관계를 구성하는 실체는 다름 아닌 마음의 성향입니다. 이미 공자가 언급한 '성상근'(性相近)의 '성'은 마음의 보편적인 도덕적 성향(性)으로서 사람의 마음이 선천적으로 도덕적이라는 의미를 내포하고 있습니다. 그러므로 인간의 자연생명은 도덕적으로 성장하고 완성될 수 있는 인간성의 본질입니다. 그러므로 맹자의 관심은 생명 자체에 있는 것이 아니라 마음의 도덕성(性)과 생명력(氣)에 있습니다. 고자와의 대담은 바로 그의 생명담론이 성과 기를 주제로 함을 잘 보여주고 있습니다. 맹자가 말하는 모든 사람에게 내재되어있는 '남의 고통을 차마 그냥 보고 지나치지 못하는 마음'(不忍人之心)이 바로 인간의 선천적인 마음의 도덕적 성향입니다. 이 마음의 성향은 자기 생명에 대한 관심에서 머무르지 않고 다른 사람의 생명에 대한 관심으로 자기생명의 의미를 확충하는 사회적 생명의 기호입니다. 그러므로 의로움은 인간의 사회생명의 본질로서 인간을 사회적 존재로서 살게 하고, 개인의 자연생명이 사회적 의미를 갖게 하는 원동력입니다. 실로 전통적인 사회생명관은 생명이 사회적 관계 안에서 고유한 의미가 있으며, 다양한 사회적 생명이 의로 조화를 이룰 때 이상사회가 우리 앞에 실현됨을 잘 가르쳐 주고 있습니다.

3) 초월적 도덕생명

공자의 가르침에 따르면 이상적인 생명관은 생명으로 말미암아 현실을 살아가는 주체가 되게 하고, 살아있는 의미를 찾게 하며, 생명이 지향하는 바를 좇아 지극한 선의 경지에 도달하도록 수행하는 것을 근본으로 삼는 것입니다. 그러므로 공자는 "아침에 도를 듣는다면 저녁에 죽어도 좋다." 고 하였습니다. 얼마나 간절한 바람입니까? 또 "도(道)에 뜻을 두고, 덕(德)을 바탕으로 하고, 인(仁)에 의지하여, 예(藝)로 향유하라." 고 하였습니다. 이를 통해 공자의 사회적 생명관은 궁극적으로 도와 일치하는 도덕생명을 지향하고 있음을 알 수 있습니다. 도와 일치한다는 것은 진리 안에 삶으로써 생명이 본래의 의미를 발현케 하는 것입니다. 그러므로 도덕생명은 윤리적인 차원을 넘어서 생명의 본질을 고양하고, 형이상학적인 의미에 다다르게 한다는 점에서 초월적 도덕생명이라 할 수 있습니다.

인간은 누구나 고유한 도덕적 본성을 갖추고 있으며 도덕적 본성의 함양을 통하여 도덕생명의 의미를 구현하고 완성할 수 있습니다. 공자의 도덕적 생명관은 맹자에 이르러 그 의미가 발전적으로 나타납니다. 맹자가 "만물이 모두 나에게 구비되어있다." 라고 하는 것은 인성이 모든 생명에 참여하고 모든 생명 안에서 완성됨을 의미합니다. 『중용』에 마음의 "중화를 극진히 하면 천지가 제자리에 서고 만물이 자라게 되는 것이다." 라고 한 언급이 생명의 도덕적 성향(性)과 생명력(氣)의 성취를 잘 말해주고 있습니다. 이 생명의 성향은 자기생명에 대한 관심에 머무르지 않고 다른 생명에 대한 관심으로 자기생명의 의미를 고양시키는 것입니다. 그 생명의 기운이 다름 아닌 호연지기(浩然之氣)입니다.

'기' 란 내적으로 생명의 원천인 천으로부터 부단히 생명성을 부여받아 몸과 마음이 조화를 이루고, 외적으로 사회적 생명을 유지하게 하는 힘입니다. 공자의 살신성인(殺身成仁)과 견위수명(見危授命)을 잇는 맹자의 도덕적 사회생명관인 사생취의(舍生取義)는 인간이 생명이 지향해야 할 궁극적 가치를 잘 가르쳐주고 있습니다. 맹자의 철학을 잇는 『중용』에 나타난 도덕생명의 완성에 관한 언급은 생명에 내포되어있는 창조성을 잘 나타냅니다. "오직 온 천지에서 지극히 성실한 자만이 자기의 생명을 극진히 완성할 수 있다. 자신의 생명을 극진히 발휘할 수 있는 이는 또한 남의 생명도 극진히 완수할 수 있다. 남의 생명을 완수할 수 있는 이는 더 나아가서 만물의 생명을 극진히 완수할 수 있다. 만물의 생명을 극진히 할 수 있는 이는 천지의 화육을 도울 수 있다. 천지의 화육을 도울 수 있으면 그는 천지에 참여할 수 있다." 여기서 참여(參)란 방동미의 번역처럼 관계의 완성으로 인간이 천지와 함께 공동의 창조자가 되는 것입니다. 실로 동아시아 고대인들이 추구한 완전한 생명성은 단순한 이상이 아니라 여전히 우리를 자유롭게 하고 생명의 역동성을 회복하여 사람을 사람답게 하는 아름다운 가르침입니다.

3. 혼백과 귀신론

생명을 주관하는 주체로서 영혼에 대해 이야기를 할 차례입니다. 동서양이 공통적으로 보여주는 영혼에 대한 관점은 복합 영혼론입니다. 아리스토텔레스에게서 나타나는 영혼론은 그리스 신화에서 유래합니다. 의식의 주체로서 영혼의 활동은 인간의 의식과 밀접하게 관련되어있습니다. 서양의 영혼론은 식물혼, 동물혼, 영혼의 3단계를 보여주고 있습니다. 반면에 고대 중국의 혼백론은 정신의 혼과 육체의 백으로 이루어져 있습니다. 동서양의 영혼론은 모두 고대인들의 복합 영혼의 원형을 보여주고 있습니다. 동아시아에서 사자(死者) 의례의 주된 숭배 대상이 되는 혼백은 조상숭배의례의 중심을 이루는 주체라 할 수 있습니다. 송명대 이후 인격적인 측면이 약화하고 이기론과 결부된 귀신론으로 발전하게 됩니다.

1) 조상숭배와 혼백론

동아시아인에게 혼백이나 귀신은 상장례와 제례와 관련된 종교적 차원에서 이해되었습니다. 고대 중국인들의 조상숭배의식은 위로는 왕족으로부터 아래로는 평민에 이르기까지 귀신과 관계를 유지하는 삶의 중요한 의례 속에서 귀신에 대한 특별한 인식을 갖고 있었습니다. 동아시아 문화에서 조상은 단순히 죽은 자들의 영명한 세계에 머무는 혼령이 아니라 생명의 근원으로 살아있는 후손들과 유기적 관계를 지속적으로 유지하고 있으며, 삶과 죽음의 경계를 넘어서 가족의 구성원으로서 가족의 역할을 지속적으로 담당하고 있습니다. 벤야민 슈월츠의 지적처럼 갑골문에 빈번히 나타나는 조상숭배에 대한 기록은 신화적 차원에서 이미 사회적 관계의 지평이 현실적인 삶을 넘어서 통시적으로 확장되어 있음을 보여줍니다. 따라서 고대 중국인의 조상숭배는 단순히 사자(死者)의 세계를

문묘에 배향한 제자상, 곡부

숭배하는 것이 아니라 혈족의 관계를 통하여 조상들의 영혼이 아직 태어나지 않은 후손에게까지 그 생물학적인 생명의 연속성[13]과 덕의 영향력이 미치고 있음을 의례를 통하여 확인하는 것이었습니다. 따라서 고대 중국인들에서 혼백의 회귀처는 단순히 신화적 차원에서 혼백이 돌아가 머무는 장소가 아니라 살아있는 사람들과 계속해서 관계를 유지할 수 있도록 하는 점에서 중요하게 다루어졌습니다.

조상숭배와 관련된 중국 종교의 특성은 후에 주나라의 종법제도에서 보듯 예를 중심으로 발달한 고유한 중국 문화에 중요한 역할을 담당하였고 사회질서 확립에 기여하였습니다. 신화적 차원에서 의식을 잘 지키지 않은 후손에게 화가 미칠 수 있다는 예(禮)의 범주가 존재하지만 중국 신화는 여타 문화의 신화에서 나타나는 것처럼 신과 인간이 독립적이고 예측불허한 인격체로서 고정된 '역할행위'를 하면서 상호 간에 대립하는 삶의 측면을 보여주지 않습니다. 서구의 신화들은 산 자와 죽은 자의 역할을 통합하고 정의하는 조상숭배의 내재적 질서를 보여주지 않지만 고대 중국인들은 조상들의 영혼이 신령한 곳에 머무르면서 최고의 신과 직접 교통하며 인간과 신령한 세계를 연계한다는 생각을 가졌습니다. 이는 모든 조상이 신성한 힘을 갖고 있으며, 평범한 인간조차 이러한 신성한 힘을 갖고 신령한 세계에 참여할 수 있음을 암시한 것이었습니다.[14]

신화적 사유에서 죽음과 관련하여 이해하였던 혼백은 점차 생존하는 사람에게 혼백이 어떻게 생겨나며 어떤 기능을 하는지에 관심을 기울이게 되었습니다. 이렇게 혼백이 사람의 생성과 사람과의 관계에서 이해된 언급은 『좌전』 소공(召公) 2년에 처음 나타납니다. 자산(子產)이 정나라의 정국을 맡고 있을 때 자대숙(子大叔)이 그에게 억울하게 죽은 백유(伯有)가 귀신이 되어 해를 끼칠 수 있는가 묻는 대목에서 처음 혼백이 언급됩니다.

그럴 수 있습니다. 사람이 생겨나면 맨 먼저 작용하는 것을 백이라고 하고, 백에서 생겨난 후 작용하는 양기를 혼이라고 합니다. 사람이 양생을 위해 좋은 물질을 많이 취하면 혼백이 강해집니다. 그래서 혼백이 아주 강하게 되면 신령스런 경지에 이를 수 있습니다. 보통 사람들도 비명에 횡사하면 그 혼백이 다른 사람 몸에 붙어서 사람들에게 해를 입힙니다.[15]

전통적인 이해에 따르면 고대 중국인들은 영혼을 상이한 두 요소, 정신의 영인 혼(魂)과 육체의 영인 백(魄)으로 구분하였습니다. 혼과 백이 서로 조화를 이루어 육체에 생명력을 넣어주고 정신이 온전한 상태를 유지할 때 인간이 살아있다고 보았습니다. 그러나 사람이 죽으면 혼백은 육체를 떠나게 됩니다. 고대인들은 사람이 살아있을 때 혼은 행동을 지시하는 정신적이고 지적인 힘을 부여하고, 백은 몸이 제대로 움직일 수 있도록 육체의 각 부분에 힘과 운동을 불어넣는 기능을 한다고 보았습니다. 그리고 사람이 죽게 되면 혼백은 사람의 육체로부터 분리되고 혼과 백은 다시 제각각 본래의 자리로 돌아간다고 생각했습니다. 백이 본래의 자리로 가지 않고 살아있는 이들의 세계로 돌아오는 것을 귀(鬼) 또는 귀향의 의미에서 귀(歸)라고 하였습니다.[16]

고대 중국인들은 혼백이 제자리로 돌아갈 때 혼은 양(陽)의 본성이 있어서 하늘로 향하고 백은 음(陰)의 본성이 있어서 땅으로 향한다고 생각하였습니다. 혼이 향하는 목적지는 불사의 존재인 신선들이 사는 선향(仙鄕)으로 옥천에서 갈증을 풀고 명산을 두루 다니면서 영초를 캐며 산다고 생각했습니다. 한편 육체를 떠난 백은 황천(黃泉)으로 향하게 되는데 순조롭게 잘 가도록 도와주고, 도착해서 이미 그곳에 와 있는 수많은 다른 백들과 뒤섞이지 않도록 생전의 신원을 상징하는 물건들을 부장품으로 넣어주었습니다. 마이클 로이(Michael Loewe)는 내세를 이루는 선향을 네 가지로 구분하는데, "동해의 이상향을 통해서 접근하는 것이 하나이고, 우주의 근저를 이루는 전체적인 존재 구조의 관점에서 설명하는 것이 두 번째 방식이다. 세 번째는 동해의 이상향과 평행하는 것으로 서왕모(西王母)가 지배하는 신비스러운 서방세계에 대한 관념이다. 마지막은 막연하기는 하나 지하의 관리들이 다수 존재하는 황천의 관념인데 백은 이곳으로 추방된다는 것이다."[17]라고 하였습니다.

이를 부연해서 설명해보면 가운데 동쪽의 선향이 중국인의 불사신앙과 관련된 가장 오래된 이상향입니다. 중국인들은 그곳에서 불로장생을 맛볼 수 있으며, 여기에 다섯 개로 이루어진 섬들은 「제(帝)」가 다스리며 이곳에서 사람은 재생할 수 있게 된다고 보았습니다. 이 가운데 가장 잘 알려진 것이 봉래(蓬萊)입니다. 봉래섬의 생물은 모두 순백색을 띠고 영원한 삶을 누립니다. 용감한 항해자들이 접근하지만 신비롭게 사라지기에 접근하기 어렵습니다. 이곳에 사는 사람은 모두 신선으로 밤낮으로 이 섬에서 저 섬으로 왕래한다고 합니다.[18]

또 다른 선향이론은 서왕모(西王母)의 세계에서 찾는 것입니다. 서왕모는 해가 지는 곳에 있는 곤륜산(崑崙山)에서 신선이 사는 마을인 선향(仙鄕)을 주재하였으며 속세의 왕들을 상대하다가 동왕공(東王公)을 배우자로 삼았다고 합니다. 서왕모는 복희와 황제와 같이 우주와 인간의 창조와 관련되어 있습니다. 그녀는 시작도 끝도 모르는 무시간적인 존재였고, 스핑크스와 같은 인수잡형(人壽雜型)으로 만물의 순환을 유지하는 생명력을 상징하는 「승(勝)」이라는 관을 쓰고 굴속에서 살고 있습니다.[19] 이와 연관된 좀 더 발전된 영혼의 불멸 이론을 『회남자』에서도 들을 수 있습니다.

> 사람은 형체가 바뀌어도 마음은 손상되지 않으며 몸은 죽어도 정(精)이 없어지지 않는다. 나병환자는 형체가 일그러져 있어도 마음이 변하지 않으므로

행동에 변화가 없고, 광인은 형체가 불구는 아닌데 형체는 멀리 달리고자 하므로 누가 그의 행동하는 바를 알겠는가? 형체는 마멸되어도 신(神)이 변하지 않는 자는 불변하는 정신으로써 변화하는 형체에 응함으로 천만 번 변한다고 하더라도 다하는 곳이 없다. 변화하는 것은 무형으로 복귀하고 변화하지 않는 것은 천지와 함께 생존한다. ……그러므로 생명을 낳는 자는 죽지 않고 그 태어난 생명만 죽는다. 만물을 변화시키는 자는 변화하지 않고 그 변화된 만물만 변화한다.[20]

이 두 가지 신화적 사유는 플라톤의 『국가론』에 나타난 영혼론과 유사하게 육체는 변화하고 소멸하더라도 정신은 불변하는 중국인들의 영혼불멸 사상을 잘 설명하고 있습니다. 그러나 중국인의 영혼관은 기원전 50년경 전한시대에 우주가 유기적으로 결합되어 있고 작용한다는 원리적인 철학적 사유가 발전하면서 서양과 달리 사후 세계에 대한 관심으로부터 멀어져 현세적인 천지인의 상호 작용에 관심을 기울이는 음양이론으로 발전하였습니다. 변하는 세계에서 변하지 않는 내재된 원리를 찾으려는 철학적 사고에서 혼백에 대한 문제를 음양이론으로 해석하려는 경향이 나타났습니다.[21] 그럼에도 불구하고 선향에 머무는 혼백에 대한 지배적인 고대인의 사고는 의례를 통하여 살아있는 사람들에게 지속적으로 권위를 갖고 혈족을 유지하게 하고 나아가 국가를 형성하는 데 중요한 역할을 담당하였습니다. 또한 개인에게는 혼백이 의례에 합당한 존재로서 인간의 본분을 다하도록 이끈다는 점에서 고대 철학에서부터 철학적 사유의 핵심을 이루는 심성의 문제로 발전해나갔습니다.

2) 마음의 본질로서 혼백

철학적 사유의 초기 단계라고 할 수 있는 상징의 차원에서 혼백은 사람의 맑은 마음 상태를 나타내게 됩니다. 혼백이 마음의 본질이라는 것과 관련된 기록이 있습니다. 소공 6년에 송나라 군주가 소자(昭子)에게 향연을 베풀다가 서로 붙들고 우는 장면을 보고 마음의 맑은 상태(精爽)가 제대로 나타나지 않음을 보고 죽음이 가까이 왔음을 언급한 내용은 혼백이 마음을 어떻게 지배하는지를 잘 보여주는 대목입니다.

> "슬퍼할 때 즐거워하고 즐거워할 때 슬퍼하는 것은 다 마음을 잃은 노릇이다."라고 한다. 마음의 정상(精爽)은 바로 혼백인데, 혼을 잃고서 어떻게 오래 살 수 있겠는가?[22]

이러한 초기 문헌은 살아있는 동안 혼백이 사람에게 미치는 작용과 역할을 사람의 마음에서 찾았다는 것을 보여줍니다. 그러므로 노자는 "혼백을 싣고 하나로 껴안아 떨어지지 않을 수 있을까? 기를 모으고 부드러움을 다하여 갓난아이가 될 수 있을까? 마음을 깨끗이 하여 흠이 없게 할 수 있을까? 감관을 열고 닫는데 유순할 수 있을까?"[23] 하고 물었습니다. 노자는 혼백을 완벽히 하나로 껴안아 일치를 이루어 생명성을 완전하게 드러낸 어린아이의 모습을 도(道)와 일치된 이상적인 삶으로 표현하고 있습니다. 『회남자』에도 혼의 기원과 지극한 상태에 다다르는 경지에 대한 언급이 있습니다.

> 하늘의 기운은 혼이 되고 땅의 기운은 백이 된다. 따라서 이 혼백을 현방(玄房: 허정한 상태)으로 돌이켜, 각자의 거처에 있게 하여 각기 지킬 것을 잃지

않으면 위로 태일에 통한다. 또한 태일의 정(精)은 천도에 통한다.[24]

한비자는 『도덕경』 60장을 주석하는 가운데 귀신과 혼백이 덕에 어떻게 작용하는지를 다음과 같이 설명하고 있습니다.

> 대체로 귀신이 들렸다고 하는 것은 혼백이 사람에게서 빠져나가 정신이 광란하게 되는 것을 말한다. 정신이 광란하게 되면 덕이 없어진다. 이와 반대로 귀신이 들리지 않으면 혼백이 빠져나가는 법도 없고 혼백이 빠져나가지 않으면 정신이 광란하게 되지 않는다. 정신이 광란하지 않은 것을 덕이 있는 상태라고 한다. 군주가 선정을 베풀어 백성이 덕을 쌓고, 귀신이 정신을 혼란시키지 않으면 백성은 덕을 잃지 않는다. 그래서 노자는 "군주와 백성 그리고 사람과 귀신이 대립하는데 이 두 존재가 서로 해치지 않으면 덕은 각자 그 자리에 있다"고 한 것이다. 이 말의 의미는 덕이 위와 아래로 번창하면 두 덕이 함께 백성의 것이 된다는 것이다.[25]

한비자는 전통적인 혼백론을 좇아 귀신이 들린 것을 바로 혼백이 제자리를 지키지 않았기 때문이라고 해석하였습니다. 혼백이 빠져나가 정신이 광란하게 된다고 본 점에서 혼백과 정신은 밀접한 관계를 맺고 있습니다. 이 점에서 혼백은 자기 정체성을 갖게 하는 근거이며 정신을 통해 덕을 행할 수 있게 하는 바탕이 됩니다. 정신이란 의식 활동을 말합니다. 외적인 존재인 귀신이 혼백의 자리에 들어와 정신을 혼란시킬 수 있음을 밝히고 있습니다. 『예기』에 공자가 재아와 나누는 대담에서 좀 더 발전된 혼백론으로부터 발전된 귀신 이론이 등장함을 볼 수 있습니다.

> 재아가 말했다. "제가 귀신이란 말에 대해서 들었는데 무슨 뜻인지 잘 모르

겠습니다." 공자가 대답했다. "〔혼〕기는 신이 왕성해서 생긴 것이고 백은 귀가 왕성해서 생긴 것이다. 그러므로 귀와 신을 합해야만 뜻이 지극해지는 것이다." 무릇 생명이 있는 것은 반드시 죽기 마련인데 죽으면 흙으로 돌아간다. 이것을 귀라고 한다. 골육은 땅에 묻혀 흙이 되고 기는 하늘에 올라가 밝고 맑아지게 된 그 향취가 사람의 마음을 슬프게 한다. 이것이 만물의 정기요. 신의 드러남이다. 이러한 만물의 정기를 바탕으로 가장 지극한 것을 일컬으니 그것이 귀신이다. 이것을 만민이 섬겨야 할 법도를 삼으니 뭇 백성들이 두려워하며 따랐다.[26]

여기에서 기와 백은 귀신의 원리적인 움직임으로 표현하고 있습니다. 귀신은 더 이상 신화적 차원에서 언급하지 않고 변화와 순환의 유기적 세계관에서 혼백에게 나타나는 현상으로 새로운 의미를 부여하고 있습니다. 인간의 육체 안에서 활동하던 혼과 백은 육체를 떠나면 더 이상 혼과 백으로 있지 못하고 신과 귀로 변합니다. 따라서 함께 있는 혼백에게는 개별성이 있으나 분리된 귀신에게는 개별성의 의미가 점차 희박해지는 것을 볼 수 있습니다. 이러한 혼백론은 혼과 백에 차별성을 두지 않고 인간의 생명에 작용하는 두 영혼의 차원으로 이해할 수 있습니다.

이로 말미암아 "인간은 하늘과 땅의 덕이며, 음과 양의 교합이며, 귀와 신의 화합작용을 통하여 생겨나며 오행의 가장 빼어난 기이다. …… 그러므로 인간은 하늘과 땅의 마음이며 오행의 완전한 단서"[27]로서 그 고귀함과 존엄성을 획득하게 됩니다. 알프레드 포르케(Alfred Forke)가 말하듯 인간은 우주의 중심이자, 세계영혼의 조직입니다. 즉 세계영혼이 생각하고 느끼는 것이 그 안에서 표현됩니다.[28] 그러므로 "성인은 하늘과 땅과 함께 셋(參)을 이루고, 귀신을 도우며, 그들의 도움으로 나라를 다스린다."[29]고 할 수 있는 것입니다. 이로부터 혼백론이 귀신론으로 발전하고 마침내 도덕적 행위의 근거가 되는 심성론으로 발전할 수 있는 단초와 계기들을 발견할 수 있습니다. 이것이 생명의 주체인 고대 중국 혼백론의 특징입니다.

4. 영혼론과 생명의식

역사적으로 살펴볼 때 동서양의 공통된 영혼에 대한 이해는 첫째, 인간의 근원적인 생명 작용으로 바라본 것입니다. 두 번째는 불변하는 자아의 본질이 내재되어있다는 것이고, 세 번째는 이 자아가 육체와 분리되어 불멸한다는 사고입니다. 이와 관련한 영혼의 문제가 고대 그리스 신화에서는 죽음으로 말미암아 하데스에 갇힌 영혼이 소크라테스에 이르러 죽음과 더불어 진리 안에서 영원한 자유를 얻는 단계로 발전합니다. 신화적 차원에서 철학적 차원으로 발전해 가는 그리스 영혼론을 살펴보겠습니다.

1) 그리스 영혼론의 두 전통: 호메로스와 오르페우스교

서양의 초기 영혼론을 이해하기 위해서 호메로스의 『일리아스』와 『오디세우스』를 살펴볼 필요가 있습니다. 플라톤 이후 철학적 개념으로 정착하게 된 '영혼' (프쉬케: psyche)은 호메로스에게는 매우 한정적인 의미만을 갖고 있었습니다. 호메로스에게 프쉬케는 '숨 쉬다' 를 뜻하는 프쉬코(psycho)에서 유래하듯이 인간이 살아있는 동안 생명을 유지하도록 단지 호흡을 담당하고, 다른 영혼들이 그 밖의 기능을 담당하는 것으로 한정했습니다. 즉 누우스(nous)는 시각과 연계하여 논리를 담당하고, 튀모스(thymos)는 정신적 · 육체적 반응 능력과 연계하여 용기를 담당하고, 프레네스(phrenes)는 육체적인 힘을 담당하고, 카르디아(kardia)는 심장과 연계하여 감정을 책임졌습니다.[30] 그런데 호메로스는 사람이 죽은 후에 프쉬케에 특별한 의미를 부여하고 있습니다. 이를 『일리아스』에서 볼 수 있는데 아킬레우스가 헥토르를 죽였을 때 그의 영혼이 신체를 떠나 하데스에 내려갔다고 묘사하고 있습니다.(『일리아스』 22, 361-363)[31] 여기서 하데스는 죽은 혼백들이 머무는 죽은 자들의 '보이지 않는 세계' 를 의미합니다. 이 환영과 같은 세계에서 영혼들은 삶을 예찬할 뿐입니다. 여기서 다른 영혼의 작용이 죽음으로 인한 육체의 소멸과 함께 사라지는 것과는 달리 프쉬케는 사람이 살아있을 때는 생명성을 부여하고, 죽은 다음에는 육체를 떠나 불멸성을 유지하고 있습니다.[32] 호메로스는 철학자들이 사용하는 포괄적인 영혼 개념을 아직 사용하지 않고 있으나 프쉬케의 생명의 원리와 불멸성에 대한 설명과 그 밖의 영혼의 기능을 통해 원형적인 영혼론을 이해하도록 돕습니다. 따라서 기능적인 측면에서 호메로스는 다섯 영혼에 대해서 설명하고 있는 것입니다. 이 점은 호메로스가 영혼에 부여된 의식 활동의 영역을 중시한 것으로 이해됩니다. 호메로스에게 기능적으로 나타난 원형적인 영혼론은 철학자들에 의해서 프쉬케에 통합되어 운동과 인식론적인 체계를 갖추게 됩니다. 콘포드(Conford)가 지적했듯이 아리스토텔레스의 영혼론은 사실 호메로스에서 유래합니다. 호메로스가 크게 두 영혼을 상정했듯이, 이 두 종류의 영혼 구분은 철학적 영혼론에서 첫 번째 영혼인 에이돌론(eidolon) 또는 프쉬케는 인지를 가능하게 하는 인식 주체로서의 영혼입니다. 핏속에 존재하는 두 번째 영혼인 튀모스(thymos)는 힘과 운동의 원리로서의 영혼입니다.[33] 이 두 영혼은 상호 보완적 의미를 내포하고 있습니다.

아리스토텔레스는 '영혼을 갖고 있는 것' 과 '영혼을 갖고 있지 않은 것' 의 차이를 운동과 감각에 두었습니다.(『영혼론』 DA 403b 26) 이는 현대

생물학적인 의미에서 뇌의 존재 여부와 흡사합니다. 그런데 자연철학자들은 스스로 운동하며 운동하게 하는 원동자를 영혼이라고 하였습니다. 데모크리토스는 영혼을 불 또는 뜨거운 것이라 하였습니다. 그는 또한 모든 종류들의 씨앗들의 혼합물이 자연 전체를 구성하는 원소들이라고 하였습니다. 데모크리토스는 영혼과 지성을 단순히 동일시했습니다. 이 원자론자들은 영혼이 생물에게 운동을 제공한다고 믿기 때문이었습니다. 엠페도클레스는 영혼이 모든 종류의 원소들로 구성되어 있으며 그 각각의 원소가 영혼이라고 생각하였습니다. 그리고 이 원소를 통하여 〔알과 콩이 유사하듯〕 유사한 것이 유사한 것에 의해 알려지듯 대상의 인식이 가능하다고 보았습니다.(DA 404b 8-12) 예외적으로 헤라클레이토스는 제1원리를 영혼이라 하였는데 이것은 가장 비물질적인 것입니다.(DA 405a 25) 이렇듯 철학자들이 영혼을 운동, 감각, 그리고 비물질 세 가지로 구분하여 이것들을 제1원리로 생각하였듯이 원리들을 물질적이라고 말하는 사람들과 비물질적이라고 말하는 사람들 그리고 그것을 종합하여 제1원리를 두 가지 모두로 생각하는 사람들이 있습니다.(DA 404b 32-405a 2) 이를 통해서 추론할 수 있는 것은 제1원리와 관련하여 영혼을 물질적인 관점에서 파악하여 육체와 긴밀한 관계를 보여주는 전통은 호메로스의 영혼 이해와 연관성을 보여준다는 점입니다. 호메로스의 영혼이 인간 영혼의 기능에 국한되어있지만 영혼을 물질적인 측면에서 이해하려고 한 점은 호메로스가 영혼 이해의 한 가지 전통에 깊은 영향을 미쳤음을 알 수 있습니다.

또 다른 그리스 영혼론의 전통은 오르페우스 신화와 관련이 있습니다. 이들은 한 가지의 영혼과 관련지어 무엇보다 자아에 관심을 보인 철학자들입니다. 이들은 기원전 5~6세기에 활동한 피타고라스와 엠페도클레스입니다. 이 두 철학자의 사상은 오르페우스교의 신비주의와 결합되어 있습니다. 디오니소스를 숭배하는 오르페우스교는 영혼 불멸과 영혼 윤회를 믿었습니다. 정결한 혼은 영원히 신들과 함께 기거하며 불결한 혼은 신들 곁에 머물면서 인간이나 짐승 또는 더 비천한 존재로 환생할 기회를 기다린다고 믿었습니다. 즉 영혼은 윤회 과정을 통하여 정화되거나 더럽혀지고 더욱 불결해질 수 있습니다. 그러나 윤회하는 가운데 변하지 않는 영혼의 속성이 있는데 이 영혼의 속성은 자아를 나타내고 있습니다.[34]

오르페우스 신화에 따르면 인간은 디오니소스를 잡아먹은 죄과로 제우스의 번갯불에 맞아 불타버린 티탄족의 재로 만들어졌다고 합니다. 따라서 인간은 티탄적인 본성과 디오니소스적인 본성을 함께 갖게 되었습니다. 티탄적인 본성을 나타내는 육체는 처음부터 죽음을 향한 성향을 가지고 있고, 디오니소스적인 본성을 가진 영혼은 신적이기 때문에 불멸하여 수많은 신체를 거쳐 정화된 후에 풀려나게 됩니다.[35] 이 신화는 인간의식의 감성적인 측면과 정신적인 지향성을 잘 설명해주고 있습니다. 육체는 소멸하지만, 영혼은 불멸하는 인간 본성의 원리적인 측면을 대변합니다. 여기서 티탄과 디오니소스는 육체가 정신을 지배하려 하듯이 대립적인 구조를 보여주며 티탄은 욕망의 의미가 강하게 드러납니다. 반면에 디오니소스는 창의적이고 역동적인 정신을 나타냅니다.

콘포드에 따르면 새로운 종교운동인 오르페우스교는 디오니소스와 그를 따르는 공동체로의 복귀였으나 이상적 인물을 오르페우스로 정함으로써 디오니소스는 올바른 정신 상태에 있는 아폴로화 됩니다. 이것이 이 종교가 디오니소스로부터 아폴로로 이행하는 과정에 있음을 보여주는 점입니다. 또한 오르페우스교에 영향을 받은 신비주의 전통에서 선과 악, 빛과 어두움의 두 원리의 근본적인 대조를 발견하게 됩니다. 이 이원론은 영혼의 본성상의 이원론에 상응합니다. 이 이원론은 결국 피타고라스, 파르메니데스, 엠페도클레스와 플라톤에게서 확인됩니다.[36]

오르페우스교에는 영혼이 정관(靜觀, theoria)의 상태에 이르는 일련의 제의적 행위들이 있었습니다. 생명의 신인 다이몬이 주술사들의 무도와 비극을 통하여 수난과 부활의 극적인 표상을 거치며 관중들도 이 죽음과 부활의 순환과정에 동참하게 됩니다. 여기서 사람들은 제의를 통하여 세계생명에 참여하고 영혼의 안정을 얻게 됩니다. 피타고라스는 이러한 정관의 상태에 새로운 의미를 부여하였습니다. 그는 이 열정적인 파토스적 정관을 이성적이고 냉정한 로고스적인 지혜 추구(philosophia)의 정관으로 변환시켰습니다.[37] 따라서 피타고라스 교도들은 디오니소스 대신 그들의 주신(主神)을 지성과 지혜의 신인 아폴론으로 삼았습니다. 이들은 영혼의 정화를 위하여 오르페우스교보다 더 엄밀한 수행을 요구하였습니다. 영혼의 정화가 지적 수양, 즉 수학적 훈련을 통하여 이루어진다고 보았고, 이를 위해 금욕을 통한 절제와 음악교육을 시행하였습니다.[38] 잘 알려진 그의 교설은 디카이아르코스에 따르면 다음과 같습니다. 첫째, 영혼은 불사의 존재로서 다른 종류의 살아있는 존재로 변형되며 윤회한다. 둘째, 존재하는 것은 무엇이나, 어떤 원형의 순환과정 속에서 거듭 태어나므로 절대적으로 새롭지 않다. 셋째, 이 과정에서 새롭게 태어나는 모든 존재자들은 친족으로 취급되어야 한다.[39]

오르페우스 신화에서 죽은 에우리디케가 하데스가 지배하는 지하세계로 내려가듯 죽음의 순간 영혼은 지하세계로 내려갑니다. 그 까닭은 지하가 모든 생명의 원천이기 때문입니다. 초목은 대지에서 솟아 나오고, 그로부터 동물과 인간의 영혼이 나옵니다. 그들이 죽으면 씨앗이 대지 속에 보관됩니다. 동일한 영혼물질이 사람, 동물, 식물에도 갈 수 있습니다. 이러한 생각은 윤회의 기초를 제공해 주었습니다. 정의의 수레바퀴는 모든 존재에게 공정한 기회를 제공해줍니다.[40] 그러나 다시금 오르페우스교에 힘입어 대지에서 천상으로 초점이 이동하며 자연 속에서 느끼는 생생한 정서적 체험 대신 빛의 세계에 들어서게 됩니다. 피타고라스는 이 죽음의 길을 지혜 추구의 길로 변환시켰습니다. 죽음은 더러운 육신의 정서들과 욕정의 죽음이고 지성이 해방을 얻음이며 가장 높은 하늘로 비상하여 신을 따르는 유일한 길이 됩니다.[41]

2) 두 영혼론의 종합으로서 플라톤의 영혼론

인간의 영혼은 호메로스가 그의 서사에서 묘사하듯 죽음 앞에 속수무책인 환영이 아닙니다. 소크라테스는 죽음이 영원한 자유와 진리의 세계로 들어가는 문임을 밝힙니다. 플라톤은 『파이돈(*Phaedon*)』에서 소크라테스가 완전한 지혜를 얻기 위해서 육체라는 감옥을 벗어나기 위해 죽음을 의연히 받아들이는 과정을 묘사하고 있습니다.

> 우리가 언제나 무엇을 순수하게 알려고 한다면, 우리는 몸에서 해방되어야만 하며 사물들을 그 자체로 혼 자체에 의해서 바라보아야 한다는 것이네. 그리고 우리가 열망하는 바의 것이며, 사랑하는 사람들인 바의 것인 지혜(phronesis)는 이 논의가 보여주듯, 우리가 죽게 되었을 그때가 돼서야, 우리의 것이 되네, 살아있는 동안은 아닌 것 같네. 만일에 몸과 함께는 아무것도 순수하게 알 수가 없다면 다음 둘 중에 하나일 것이기 때문이네. 전혀 앎을 얻을 수 없거나 아니면 죽어서나 가능하거나, 그때에는 혼은 몸과 떨어져 그 자체로만 있게 될 것이네.(Pha. 66d-e)[42]

소크라테스에게 죽음은 완전한 진리에 머무르기 위한 필연적인 과정입니다. 소크라테스의 선택은 죽음을 터부시한 신화적 세계관의 극복을 의미합니다. 소크라테스에게 하데스는 죽어서 가는 다른 곳이 아니라 현세적 삶입니다. 이 현세적 삶으로부터 다시 본래 영혼의 본향인 이데아의 세계로 돌아가기 위해 철학적 삶이 요구됩니다. 소크라테스는 하데스를 진리를 지향하지 않고 죽음을 두려워하는 방황하는 영혼들이 머무르는 곳으로 해석했습니다. 정화된 영혼만이 이데아의 세계에 다다를 수 있습니다. 그러므로 살아있는 동안 이러한 육체와 영혼의 갈등 구조는 영혼 안에서 극복하여야 하는 것입니다.

플라톤 또한 『크라튈로스』에서 오르페우스 종교와 관련하여 영혼의 본성을 어원적으로 설명하고 있습니다. 육체와 함께 있을 때 영혼은 육체가 삶을 영위하는 원인이 됩니다. 숨을 쉬고 활력을 갖게 합니다. 또한 아낙사고라스가 말하듯 이렇게 모든 것들의 본성에 질서를 갖게 하고 유지시키는 것을 지성이나 혼이라 합니다.(Krat. 399e-400a) 플라톤은 사람들이 혼이 육체 안에 매장되어 있어서 '무덤' (sema)이라고 하거나, 자신을 육체를 통하여 표시하기 때문에 '표지' (sema)라고 한다는 이야기를 소개합니다. 그러나 플라톤은 오르페우스 종교의 입장을 좇아 육체는 혼이 빚을 다 갚을 때까지 자기 자신을 보존하기(soizetai) 위해 갇혀 있는 '감옥' (soma)이라는 점을 강조합니다.(Krat. 400c)[43]

플라톤은 이러한 육체와 영혼의 갈등 관계를 해소하기 위하여 자신의 영혼론을 전개합니다. 『국가론』 4권에서 영혼을 크게 이성과 욕망의 두 요소로, 그리고 다시 그 사이에 이성을 돕는 보조자의 역할로 기개를 넣어 세 부분[44]으로 되어있으며, 이성과 욕망의 중재적인 역할을 부여함으로써 영혼이 서로 복합적으로 작용하고 있음을 밝히고 있습니다.

> 따라서 우리가 이것들을 두 가지 다른 것들로 보고, … 헤아리게 되는 부분(to logistikon)은 이성적 부분이라 부르는 반면, 사랑하고 배고파하며 목말라하거나, 또는 그 밖의 다른 욕구들과 관련하여 흥분상태에 있게 되는 부분은,

> 어떤 만족이나 쾌락들과 한편인 것으로서 비이성적(alogiston)이며 욕구적인 부분(to epithymetikon)이라 부른다 해도 결코 불합리하지 않을 걸세(439d) … 실상 분노(orge; to thymoeides)는 욕구와는 별개의 것으로 때로는 욕구들에 대항해서 다툰다는 것을 암시해주고 있네.(Pol. 440a) … 나쁜 양육으로 인해 타락되지만 않는다면, 본성상 헤아리는 부분을 보조하는 것으로 말일세.(Pol. 441a)[45]

플라톤은 영혼의 경험(pathe)과 형식(eide)을 인간의 삶 속에서, 이성에는 '헤아리는 부분'과 '지혜를 사랑하는 부분'을(to philosophon, 581b), 욕망에는 '음식, 수면, 성욕과 같은 욕구적인 부분'과 '돈과 소유를 사랑하는 부분'을(philochrematon, philokerdes, Pol. 580d-581a), 기개에는 '승리를 좋아하고 명예를 좋아하는 부분'을(philonikon, philotimon, Pol. 581a-b) 배정하여 셋으로 나누었습니다. 플라톤은 영혼의 세 가지 성향을 국가에 나타나는 훌륭한 덕(arete)과 유비적으로 결합시켰습니다. 또한 올바른 사람으로 제 일을 하기위해 영혼의 헤아리는 부분과 격정적인 부분이 조화를 이루도록 하기 위하여 시가와 체육, 즉 말과 학문 그리고 화성과 리듬으로 순화시킬 수 있음(Pol. 441e-422a)을 밝혔습니다. 이러한 구분이 의미하는 것은 오직 영혼의 '헤아리게 되는 부분'이 조화를 이끄는 영혼의 '옛 본성'이자 '진정한 본성'(Pol. 611d)으로 영혼의 가장 높은 부분이고 신적인 것과 영원한 존재와 관계한다는 것을 논증하고자 하는 것입니다. 이를 통해 플라톤은 영혼의 불멸성(Pol. 608c-611a)으로 나아가게 됩니다.

영혼론이 플라톤 철학의 핵심을 이루고 있음은 그가 영혼론으로부터 그의 존재론, 인식론 우주론 그리고 윤리학을 이끌어내기 때문입니다. 『파이돈』에서 단일하고 불멸하는 영혼이 『국가』에서 4권에서 삼분되었다가 10권에서 통일되며, 『티마이오스』에서는 우주의 본성과 영혼의 본성과의 연관성을, 『파이드로스』와 『법률』에서는 윤회와 영혼의 불멸성으로부터 자체적 운동의 근거로서 영혼의 형상(Idea)을 나타내고 있습니다. 플라톤은 영혼의 분석을 통하여 궁극적으로 인간의 영혼이 피타고라스교의 신화적 차원을 벗어나서 영혼의 능력(dynamis)이 무엇인지 인식하고, 상기(anamesis)를 통하여 이데아의 세계에 가능한 한 가까이 접근하여 완전하게 된다고 보았습니다.[46] 그럼에도 불구하고 기개와 욕구는 사멸하는 영혼의 부분이며 이성은 불멸하는 영혼의 부분이라는 점에서 피타고라스교의 이분법적인 전통을 계승하고 있다고 해야 할 것입니다.

플라톤은 『파이돈』에서 영혼이 불멸하는 까닭을 인식론적으로 밝히고 있습니다.(69e-107b) 이 증명은 세 단계로 이루어지는데 첫째, 윤회설과 상기설. 둘째, 영혼과 이데아와의 유사성. 셋째, 가설에 의한 증명입니다. 여기서 플라톤은 영혼의 불멸성과 단일성 자기동일성을 견지하고 있습니다. 『파이드로스』에서는 생명과 운동의 개념을 통하여 이를 증명합니다.(245c-246a) 플라톤은 여기서 영혼의 불멸을 '영원히 운동하는 것(aeikineton)' 이란 개념으로부터 증명하고자 합니다. 김윤동에 따르면 파이돈에서의 운동 이론이 파이드로스에서는 현상계와 이데아의 세계가 운동을 통하여 매개되고 있습니다.[47] 이 두 이론의 한계는 『국가』의 윤리적인 측면이 보완되어 해결되는 것으로 보입니다. 플라톤은 "혼은 그 어떤 나쁜 것에 의해서도, 그것이 그 특유의 것이든 또는 다른 것에 속하는 것이든 간에 파멸하지 않음으로 이것은 필연적으로 언제나 있는 것임이 명백하네. 그런데 그것이 언제나 있는 것이라면 그것은 죽지 않는 것이네" (Pol. 610e-611a)라고 하며 불멸성을 강조하였습니다. 이것은 인간 안에 있는 '진정한 본성으로서' 신적인 것으로 불리게 됩니다. 여기에 '이성' 만이 불멸한다는 의미가 함축되어있습니다.

『국가』 10권에서 죽었다가 살아난 에르가 들려주는 사후 세계에 대한 이야기(614b-621b)는 영혼의 윤회과정이 지하의 세계와 천상의 세계로 양분되어 있음을 보여줍니다. 이 이야기에 나타나는 천상과 지하라는 선한 영혼과 악한 영혼의 두 회귀처는 플라톤에 이르러 오르페우스교와 피타고라스교의 영혼관이 종합되는 과정에서 생성된 것으로 보입니다. 불멸하는 영혼의 윤회는 현세적 삶에 대한 책임과 그에 따른 보상과 처벌이 따른다는 것을 의미하고 있으며 윤회과정 속에서 영혼의 정화가 이루어짐을 보여주고 있습니다. 정화를 거친 인간은 다시 새로운 삶을 위한 선택을 하지 않으면 안 됩니다. 마지막에 놓인 에르 이야기는 현세적 삶이 어떤 경우이든 자신이 선택하고 책임져야 할 삶이라는 것을 보여줍니다. 삶의 매 순간이 영혼의 선택과 같이 올바른 본성을 따른 분별력 있는 선택이어야 함을 일깨우고 있습니다.

4장
생명의 원천으로서 사랑

모든 생명이 태어나는 원초적인 힘은 사랑이라고 할 수 있습니다. 사랑은 정의하기 어려운 신비로운 삶의 현상입니다. 사람마다 사랑에 대한 감정과 체험이 다르기 때문이기도 합니다. 그럼에도 가장 많은 시가의 주제는 사랑이라 할 수 있습니다. 이를 통해 확인할 수 있는 것은 사람은 사랑 없이는 살 수 없다는 사실입니다. 따라서 인간의 언어에 담긴 사랑의 흔적을 통해 사랑이 무엇인지 추론해 보는 것도 사랑을 이해하는 하나의 방법이 될 수 있습니다.

1. 생명의 지향성과 사랑의 의례

서구적인 관점에서 사랑은 크게 욕망으로서의 사랑과 욕망에 의존하지 않는 사랑 그리고 이타적인 사랑으로 나누고 있습니다. 욕망으로서의 사랑은 욕망에 뿌리를 두고 있는 사랑으로 관능적, 쾌락적, 성적인 사랑입니다. 로마 신화에서 사랑의 여신 비너스를 베누스라고도 하는데 원래는 채소밭의 여신으로 그리스 신화의 아프로디테와 같이 모든 종류의 사랑이 아니라 성적인 사랑, 남녀 사이의 사랑을 상징합니다. 그리고 비너스의 아들 큐피드는 라틴어 큐피디타스(cupiditas)에서 유래하는데 이는 강한 욕망이라는 뜻입니다. 또한 로마의 위대한 시인 루크레티우스도 사랑에 관한 유사한 관점을 나타내었는데 그는 사랑을 매도하고 혹평하며

"사랑의 올가미에 끌려들어 가지 않도록 조심하는 것이 이 올가미의 한가운데에 붙잡힌 상태에서 비너스의 강력한 굴레를 벗어나거나 부수고 나오는 것보다 더 쉽다."고 결론지었습니다. 지그문트 프로이트 역시 이러한 관점을 잇고 있습니다. 프로이트는 모든 사랑은 성적인 사랑이거나 승화된 성적인 사랑이라고 하였습니다. 프로이트는 "우리가 사랑이라고 부르는 것의 핵심은 성적인 결합을 목표로 하는 성적인 사랑이다. 우리는 이것을 한편으로는 자기애와, 다른 한편으로는 부모와 자녀에 대한 사랑, 우정, 인류 전체에 대한 사랑 및 추상적인 이념에 대한 헌신과 구별하지 않는다."라고 하였습니다. 즉 그는 사랑을 본능적인 성 충동의 표현으로 파악하였습니다.

사랑에 대한 두 번째 이론은 욕망에 의존하지 않는 사랑입니다. 이 관점에서 사랑은 성욕과 전혀 다를 뿐 아니라 성적 욕망과 분명히 구분되는 다른 종류의 사랑도 있다는 것입니다. 이 이론은 아리스토텔레스의 윤리학에 잘 표현되어 있는데 그는 욕망에 기반을 둔 우정은 진정한 사랑이 아니라고 하였습니다. 아리스토텔레스가 말하는 진정한 사랑은 자녀에 대한 부모의 사랑 또는 조국에 대한 애국자의 사랑 같은 것입니다. 이러한 사랑은 신에 대한 사랑 또한 성적인 사랑, 관능적 사랑과 구분됩니다. 이를 토대로 일반적으로 사랑을 나누어 보면 사랑에는 세 종류가 있습니다. 첫 번째는 관능적, 쾌락적, 성적인 사랑입니다. 이는 그리스어의 에로스(eros)에 해당하고 라틴어로는 아모르(amore)로 에로틱이란 개념이 여기에서 유래했습니다. 두 번째로는 우애, 형제애, 인류애인데 이는 그리스어 필레오(phileo)로 라틴어 아미키티아스(amicitias)에 해당하며 amicable이 여기서 유래했습니다. 세 번째 자애로운 사랑 또는 신의 사랑은 그리스어로 아가페(agape)라고 하고 라틴어로는 카리타스(caritas)라고 하며 charity의 어원이 됩니다.

그렇다면 진정한 사랑은 이타적이라 할 수 있습니다. 사랑이 근본적으로 이타적이며 주려는 것이라면, 욕망은 근본적으로 이기적이며 받으려는 것입니다. 그러나 육적인 욕망과는 분명히 다른 욕망도 가능하지 않을까요? 사람을 사랑하게 되면 그 사람의 행복을 빌어주게 되고 그에게 이익이나 도움을 주기를 바라며 좋은 것을 해주고 싶어 합니다. 이것도 하나의 욕망이지만 이기적인 욕망과는 다릅니다. 그런데 우리는 다른 사람과 자신의 행복을 모두 바라는 마음이 어떻게 양립할 수 있는가 하고 의문을 가질 수 있습니다. 여기서 자기애와 건강한 자존심이 다른 사람에 대한 진정한 사랑의 기초이며 척도임을 알 수 있습니다. 건강한 자기애를 가져야 다른 사람에 대해 진정한 사랑을 베풀 수 있기 때문입니다. 실로 누군가를 사랑할 때 사랑하는 사람에게 이익을 주고 싶기도 하고, 그 사람에게 사랑도 받고 싶어 하고, 정신적으로도 결합하고 싶기도 합니다. 이 점에서 사랑의 욕구는 삼중적이라고 합니다.[1]

동아시아 유교 전통에서 이상적인 인간관계를 나타내는 근본개념은 인(仁)입니다. 인은 인간관계 안에서 이루어지는 사랑으로 관계에 따라 달리 표현됩니다. 부부간의 사랑은 애(愛)이고, 부모의 자식 사랑은 자(慈)이고, 자식의 부모 사랑은 효(孝)이며, 신하의 임금 사랑은 충(忠)이고, 형제간의 사랑은 제(悌)이고, 친구 간의 사랑은 우(友)로 표현하였습니다. 더 구체적으로는 부부간의 사랑은 분별(分別)을 통해서, 부모와 자식 간의 사랑은 친(親)함을 통해서, 신하와 임금 사이의 사랑은 의(義)를 통해서, 형제간의 사랑은 차서(次序)를 통해서, 친구 간의 사랑은 신의(信義)를 통해서 가능하다고 보았습니다. 이것이 바로 삶의 기본적인 윤리를 이루는 오륜입니다. 즉 오륜은 사랑의 질서를 말하고 있습니다. 덧붙여 말하자면 노자는 인간에 대한 사랑을 자(慈)로 표현하였고 자연에 대한 사랑은 아낀다는 의미의 색(嗇)으로 표현하였습니다. 하지만 사랑은 쉽게 표현하기 어려운 생명의 지향성입니다.

사랑의 의례는 순수하고 인격적인 표현이자 몸의 아름다움을 나타내는 의례입니다. 동물이 사랑을 위해서 가장 아름다운 모습을 보이듯 사람도 아름다움을 통해 사랑에 대한 신의를 표현합니다. 몸과 마음의 일치를 추구하는 사랑의 의례는 고유한 관계를 나타내고 서로 확인합니다. 공식적인 사랑의 혼례는 누구도 침해할 수 없는 서약임을 나타냅니다. 사랑의 의례는 두 사람만의 고유한 관계가 이루어 낼 삶의 여정을 위한 생명의 역동성을 암시하고 있습니다. 부부의 사랑은 육체적인 사랑에서 희생의 사랑에 이르는 사랑의 모든 면모를 포함하고 있습니다. 고대 서사를 통해 사랑의 깊은 의미에 다가갈 수 있기를 기대해 봅니다.

2. 생명의 서사인 사랑

사람을 사람답게 하는 것은 무엇일까요? 의심할 여지없이 사랑입니다. 사람은 사랑하지 않고서는 살 수 없기 때문입니다. 인간의 사랑은 관계양식으로 동물처럼 생식을 위한 육체적 관계나 어미가 새끼를 양육하는 상태로 제한되지 않습니다. 인간의 모든 의식과 무의식의 활동을 지배하는 것이 사랑입니다. 즉 사랑은 사람을 사람이게끔 하는 인격적 관계의 양식입니다. 고독과 외로움은 사랑의 결핍을 의미하고, 질투와 애증은 사랑의 부조화 상태를 말해줍니다. 음운학적으로 우리말의 사람, 사랑, 삶이 한 뿌리에서 나왔다고 추론할 수 있듯이 영어의 love, leave, lief, 독일어의 leben(살다), lieben(사랑하다), loben(존경하다)도 음운학적으로 볼 때 유사성을 갖고 있습니다. 이는 사랑이 인간관계의 근간을 이루고 있음을 잘 보여주는 예입니다. 실로 사람은 사랑으로 말미암아 태어나고, 사랑 때문에 만나고, 사랑 속에서 살아가며, 사랑 가운데 죽어갑니다. 이 세상에 같은 사람이 없듯이 같은 사랑은 없으며, 사람들은 누구나 고유한 사랑을 간직하고 살아갑니다. 또한 사람들은 수많은 사랑의 양식을 '사랑' 이란 하나의 개념으로 표현하듯 시간과 공간을 초월해 사랑에 관한 보편적 의미를 공유하려 합니다. 이를 잘 표현한 것이 고대 사랑의 서사들입니다. 서사는 가장 오래된 사랑의 속삭임들입니다.

고대로부터 인간이 서술해온 사랑의 서사는 생명에 관한 고유한 메시지를 잘 전해주고 있습니다. 사랑은 생명의 근원적 성향으로 인간 본질을 이루고 있습니다. 길가메시, 창세기, 향연 등에 나타난 사랑의 서사는 인간이 추구하는 사랑의 본질이 무엇인지, 사랑과 생명의 관계가 어떠한지, 남성과 여성의 사랑의 방식과 차이를 잘 보여주고 있습니다.

1) 길가메시 서사

가장 오래된 사랑의 이야기인 메소포타미아의 길가메시 서사는 이상적 사랑의 방식과 사랑과 생명의 관계를 보여주고 있습니다. 창조자 아루루(Aruru)가 처음 창조한 인간은 엄청난 힘과 에너지를 지닌 길가메시입니다. 그는 우룩의 지도자가 되어 도시민을 위해 헌신하는 영웅으로 그려지고 있습니다. 하지만 공적인 일에만 열정을 가져 도시민을 혹사시키고 있는 길가메시에 불만을 느낀 도시민들은 신들에게 어떤 조치를 취해줄 것을 간청하였습니다. 신들은 사람들의 간청을 듣고 여신 아루루에게 길가메시에게 잘 맞는 비범한 잠재력과 포부를 가진 짝을 만들어 달라고 요청하였습니다. 아루루는 천상의 신을 본 따서 진흙으로 엔키두(Enkidu)를 창조하였습니다. 야생적으로 살아가는 엔키두는 동물처럼 사납고 강하여 사람들에게 위협이 되었습니다. 이를 가장 먼저 알아챈 한 사냥꾼의 아버지는 아들에게 창녀를 데리고 가서 그를 유혹하면 그가 동물의 무리로부터 벗어날 수 있을 것이라고 충고하였습니다. 사냥꾼은 길가메시를 찾아가 허락을 얻어 창녀가 엔키두를 유혹하게 하였습니다. 그리하여 사냥꾼의 계획대로 유혹당한 엔키두는 여자를 알게 되어 인간의 영역으로 들어오게 되었습니다. 그리고 여자를 통하여 그는 인간적으로 성숙하게 되었습니다. 그러자 여인은 그를 문명세계로 인도하기 위해 다음과 같이 노래하였습니다.

> 나는 엔키두 당신을 바라봅니다. 당신은 마치 신과 같아요!
> 왜 당신은 짐승들과 함께 사막을 배회하나요?
> 이리오세요. 내가 당신을 넓은 길을 가진 우룩으로 인도할게요.
> 성스러운 신전으로, 아누의 거처로.
> 엔키두, 일어서요, 내가 당신을 아누의 거처인 에안나로 데려갈게요.
> 그곳에선 길가메시가 모든 의례를 관장하고 있답니다.
> 당신 역시 그를 대신해서 그렇게 할 수 있을 거예요.
> 자, 당신이 그 자리에 앉아요![2]

엔키두가 그녀의 제안을 받아들이자 그녀는 자신의 옷 하나를 벗어 그에게 입히고 목자들의 천막으로 안내하였습니다. 그렇게 엔키두는 문명사회에 들어오게 되었습니다. 며칠 후 엔키두는 길가메시의 결혼식 소식을 듣고 그녀와 함께 우룩으로 향하였습니다. 우룩에서 결혼식 행렬을 거느리고 장인 집에 들어가려던 길가메시는 길을 가로막는 엔키두를 만나 큰 싸움을 벌이게 되었습니다. 싸움은 격렬하였으나 힘에 부친 길가메시가 무릎을 꿇고 말았습니다. 그러나 엔키두는 길가메시의 품위 있는 태도에 감탄하여 존경하는 마음으로 그의 왕권을 인정하였습니다. 이로 말미암아 길가메시는 엔키두를 자신의 형제로 받아들여 함께 우룩을 다스리게 되었습니다. 이후 도시를 위협하는 괴물 후와와를 길가메시와 엔키두가 함께 힘겹게 제거한 후 우룩으로 돌아와 평온한 나날을 보내게 되었습니다. 그때 우룩의 여신 이슈타르가 길가메시의 늠름한 모습을 보고 구애하였습니다. 길가메시는 그녀가 옛 애인을 배반하였고, 그녀로부터 사랑받았던 것들이 버림받아 곤경에 처해있음을 알기에 이를 거절하였습니다. 화가 난 여신 이슈타르는 하늘의 황소를 우룩의 땅에 보내어 백성들을 살해하였습니다. 길가메시와 엔키두는 이에 대항하여 하늘의 황소를 죽여 그녀를 물리쳤지만 여신을 이겼다는 우월감에 결국 엔키두도 병들어 목숨을 잃게 되었습니다. 길가메시는 친구의 죽음 앞에 두려워 떨며 불멸의 비밀을 알아내기 위하여 여행을 떠나게 되었습니다. 길가메시는 방주를 만들어 영원한 생명에 이른 우트나피쉬팀을 찾아갔습니다. 그는 인간과 짐승의 목숨을 구한 대가로 영원한 생명을 누리고 있었습니다. 하지만 그것은 길가메시가 찾던 영원한 생명이 아니었습니다. 그가 찾던 방도는 어디에도 없었습니다. 그는 우룩으로 돌아와 자신 삶의 자리를 다시 돌아보았습니다.[3]

길가메시 신화는 우리에게 인간의 삶에 귀 기울이는 신의 사랑과 인간 사랑의 두 가지 유형을 보여주고 있습니다. 창조 여신 아루루의 자비로운 모습과 이슈타르 여신의 탐욕적인 모습이 대조를 이루고 있습니다. 인간이 갖는 짝의 하나는 자연적인 짝인 남성과 여성의 애정이며 다른 하나는 사회적인 짝인 우정입니다. 영웅의 두 가지 양태도 길가메시와 엔키두를 통해 나타내고 있습니다. 길가메시가 인간과 신의 영역 사이에 머무는 존재라면 엔키두는 인간과 동물의 영역 사이에 머무는 존재입니다. 이는 인간의 양면성을 그대로 보여줍니다. 엔키두는 여인의 인도를 받아 문명사회에 들어올 수 있었습니다. 또 우트나피쉬팀의 아내의 도움으로 고향에 돌아올 수 있었습니다. 여인에게서 받은 옷은 문명의 상징입니다. 신화에서 여성의 역할은 두 여인이 보여주듯 본능적이지만 연민이 가득하고 창조적이고 예지적입니다. 그러나 길가메시와 엔키두가 보여주듯 남성은 경쟁과 명예를 추구하면서도 죽음을 두려워하고 사랑보다 우정을, 그리고 생명을 더 소중하게 여깁니다. 여성이 사랑을 통하여 생명의 한계를 극복하려 한 반면 남성은 의지적으로 생명의 한계를 극복하려 합니다. 여행 마지막에서 그가 가까스로 얻은 '노인이 어린이가 되는' 가시 많은 풀을 결국 뱀에게 빼앗기듯이 신화는 생명이 의지적으로 극복할 수 없음을 보여줍니다. 같은 근동 신화이지만 창세기는 또 다른 사랑과 생명의 서사를 전해줍니다.

2) 아담과 하와

하느님이 흙으로 빚어 만든 아담과 그의 갈빗대로 만든 하와가 평화롭게 머무는 에덴동산에서 어느 날 간교한 뱀이 한 여인에게 다가가 말을 겁니다. 하느님이 그들에게 동산의 어떤 나무에서도 열매를 따 먹어서는 안 된다고 한 것이 사실인지 과장되게 묻습니다. 여인도 과장되게 한 나무는 만지지도 말라고 하였다고 아담에게서 들은 말을 전합니다. 그러나 뱀은 그 열매를 너희가 먹어도 결코 죽지 않으며 오히려 그 열매가 그들에게 신과 같은 지혜를 갖게 할 것이라고 유혹합니다. 여인은 뱀의 간교함에 넘어가 선악과와 영원한 생명을 맞바꾸게 됩니다. 두 남녀가 얻은 지혜는 부끄러움이었습니다. 하느님이 저녁 산들바람 속에서 동산을 거니는데 그들이 피하니 "너 어디 있느냐?" 하고 물으십니다. 아담은 선악과를 먹은 것이 여인 탓이라고 변명합니다. 여인은 뱀의 꼬임에 넘어갔음을 고백합니다. 하느님은 뱀을 저주하여 기어 다니게 하며 여인과 뱀의 후손들 사

하와의 유혹, 미켈란젤로(바티칸 시스티나 성당)

이에 끊임없이 갈등을 예고합니다. 아담으로 인하여서는 땅을 저주합니다. 그는 그 땅에서 먼지로 돌아갈 때까지 고통스럽게 땀을 흘려 일하게 되었습니다. 여인에게 내린 벌은 아이를 낳는 고통이며 남편을 주인으로 섬기는 것입니다. 그녀는 남편으로부터 하와라는 이름을 받았습니다. 그 이름의 뜻은 '모든 살아있는 것의 어머니' 라는 뜻입니다. 하느님은 그들이 생명나무의 열매까지 따 먹을까 봐 에덴동산에서 내쫓으셨습니다.[4]

이 원죄설화는 인류의 육체적인 삶이 아담에게서 비롯되지만 지성적인 삶은 여성과 관련이 있음을 부정적인 방법으로 보여줍니다. 뱀과의 대화에서 하와는 지혜에 관심을 보입니다. 하느님처럼 선악을 알게 된다는 말에 하와는 죽음을 무릅쓰고 지혜를 구합니다. 지혜가 영원한 생명을 잃게 되는 죽음보다 더 귀한 것으로 여겨졌습니다. 그리고 그것을 짝과 나누고자 하였습니다. 그녀의 시도는 실패로 돌아갔습니다. 그녀가 구한 지혜는 고작 부끄러움이었습니다. 그러나 그녀는 자신에게 내려진 벌로 고통 가운데 살아가면서 이제 악이 무엇인지 알게 되었습니다. 여인과 뱀 사이에 서로 상처를 입힐 것이라는 이야기는 여인이 죄악과의 끊임없는 갈등을 힘겹게 이겨낼 것을 예고하고 있습니다. 하느님이 하와에게 내린 벌은 고통스럽게 새 생명을 낳는 것입니다. 그것은 죽음을 이겨내는 유일한 방법입니다. 아담은 뱀의 유혹 과정에서 "내 뼈에서 나온 뼈요, 내 살에서 나온 살"이라는 사랑의 찬사는 간곳없이 수동적인 방관자이자 동조자로 나타나 있습니다. 여인 홀로 유혹을 감당하고 서 있습니다. 오히려 선악과를 나눈 죄로 아담을 주인으로 섬기게 됩니다. 그리고 아담은 그녀에게 하와라는 이름을 지어줍니다. 그리고 하느님은 이제 이들이 더 이상 생명나무의 열매를 따 먹을 수 없도록 천사들이 불 칼을 들고 길목을 지키게 하셨습니다.

아담과 하와는 한 인간의 양면성을 보여줍니다. 육체와 정신의 갈등과 조화를 드러냅니다. 사람은 분별하지 않고 살 수 없습니다. 그러나 선악을 완전히 구분할 줄 아는 것은 신의 영역입니다. 하지만 인간도 불완전하게나마 신과 같이 선악을 알고 있다는 것을 성경은 말해주고 있습니다. 그것은 영의 능력이며 인간의 한계입니다. 인간이 아는 선악의 정도는 스스로 생명을 위태롭게 합니다. 그러므로 궁극적으로 선과 악을 단정하는 것은 인간의 일이 아닙니다. 인간은 분별하지 않을 수 없으며 단정해서도 안 되는 파라독스한 삶의 조건에 놓여있습니다. 인간이 분별하는 선과 악이란 늘 자기 관점에 서 있습니다. 한 인간 안에서도 육체의 기호(嗜好)와 정신의 기호는 갈등을 빚기 마련입니다. 원죄의식이란 바로 인간이 실존적으로 피할 수 없는 삶의 조건에서 나타나는 제한된 의식구조입니다. 선이란 생명을 주는 것이고 악이란 생명을 빼앗는 것입니다. 아담의 생명성은 하와의 활동에 달려있습니다. 아담은 자기 의지와 관계없이 하와로 말미암아 제한된 생명성을 갖게 됩니다. 이제 존재하는 모든 것이 생명성을 지속하게 되는 것은 하와가 낳아주기 때문입니다. 여기서 낳는다는 것은 육체뿐만이 아니라 인간 의식 안에서 낳는 것을 의미한다. 인간의 재창조가 시작되었습니다. 그것은 원죄에서 비롯되었습니다. 어찌 보면 원죄는 바로 인간의 첫 창조입니다. 한편 간교한 피조물 뱀의 정체를 밝히는 것 또한 인간입니다. 이것은 또한 인간에게 내재된 자기모순의 고백입니다. 신에 의해서 주어진 삶을 사는 것이 아니고 인간 스스로 삶을 규정하고 자기를 형성해나가는 것입니다. 인간은 주어진 영원한 삶을 포기하고 고유하고 제한된 삶을 선택하였습니다. 불완전과 죄로부터 얻어낸 인간 안에 내재된 신성(神性)입니다. 신이 만물을 창조하듯이 인간은 만물의 의미를 밝히고 생명을 불어넣어 그 안에 내재합니다. 인간이 제한된 삶을 두려워하지 않는 것은 사랑하는 생명 안에 살아있기 때문입니다. 하와가 만물의 어머니가 될 수 있음은 이러한 까닭입니다.

3) 에로스 신의 서사

고대 그리스 서사를 전해주는 플라톤 저작 가운데 『향연』은 사랑의 서사를 잘 전해주고 있습니다. 희극시인 아리스토파네스의 네 번째 이야기를 통하여 전해지는 인간 창조에 대한 에로스 신의 이야기는 인간이 에로스 신의 능력을 제대로 깨닫지 못하고 있음을 밝히고 있습니다. 에로스는 신들 가운데 누구보다 인간에게 우호적인 분으로 인간의 조력자이자 치유자로 인간에게 가장 큰 행복을 부여하였습니다. 인간의 형태는 등과 옆구리가 둥글어 전체가 구형이었으며 네 개의 팔과 다리 원통형의 서로 반대 방향을 향해있는 두 얼굴과 두 귀와 두 개의 치부를 갖추었습니다. 원하는 방향대로 빠르게 움직였으며 달릴 때는 여덟 개의 팔과 다리로 바닥을 디디며 재빠르게 굴러갔습니다. 인간의 성은 세 개였는데 남성은 해의 자손이었고, 여성은 땅의 자손이었으며, 남성과 여성을 둘 다 가진 인간은 달의 자손이었습니다. 이들은 부모를 닮아서 구형이었고 힘과 생각이 대단하여 신들을 공격하게 되었습니다. 그래서 제우스와 다른 신들은 궁리 끝에 인간을 둘로 자르기로 하였습니다. 제우스는 인간을 둘로 자르면서 아폴론에게 머리를 돌리고 자른 곳을 묶어 치료하도록 하였습니다. 주름을 편 곳은 가슴이 되었고 묶은 흔적은 배꼽으로 남았습니다.

그런데 그들의 본성도 둘로 잘렸기 때문에 각각의 반쪽은 자신의 남은 반쪽을 그리워하면서 줄곧 만나려 들었습니다. 떨어진 반쪽은 서로 팔을 얼싸안고 한데 뒤엉켜 한 몸으로 자라기를 욕망하다가 결국에는 떨어져 아무 일도 하지 않다가 굶어서 죽어갔습니다. 반쪽 가운데 어느 한쪽이 죽게 되면 다른 쪽을 찾다가 남과 여가 서로 뒤엉키게 되면서 멸망해가고 있었습니다. 이를 본 제우스가 불쌍히 여겨 치부를 앞쪽에 옮겨놓고 남성을 통해 여성이 생식하도록 해주었습니다. 남자가 여성을 만나 한데 뒤엉킴이 일어날 때는 자식을 낳아 그 종족이 계속 생겨나게 되고 남성이 남성을 만날 때는 함께하는 포만이 있게 되어 한숨 돌리고 일로 돌아가 여타의 삶을 돌보게 하였습니다. 그러므로 오래전부터 내내 서로에 대한 사랑이 인간들에게 나면서부터 들어있게 되고 그것은 옛 본성을 함께 모아주며 둘에서 하나를 만들어 내어 인간 본성을 치유하려 노력하였습니다. (『향연』, 189d-191d)[5]

아리스토파네스가 전해하는 전승에 따르면 인간은 태생적으로 잃어버린 자기 짝을 찾게 되어있습니다. 자기 짝을 찾는 것은 완전함의 본래 모습으로 돌아가는 것이며, 갈라진 불완전한 반쪽이 멸망함을 극복하는 길은 남녀의 결합으로 생식을 통해 그 소멸을 막는 것입니다. 이 서사가 전하는 바는 인간의 욕망은 결핍을 채우는 것이고, 이 결핍은 육체와 본성의 완전함을 추구하는 것이었습니다. 따라서 갈라진 반쪽을 찾는 일은 실로 인간에게 고통스러운 일임을 암시합니다. 또한 이 신화에 따르면 동성애 경향은 자연스러운 것이며 점차 이성에 대한 사랑으로 변해감을 보여줍니다. 나아가 인간의 사랑은 완전한 사랑 자체인 에로스로 말미암은 것이기에 단지 육체적인 것에서 머무르지 않고 본성의 온전함을 찾아가는 일이 됩니다. 즉 사랑을 통해 본래 에로스가 만든 대로의 신적 경지에 이를 수 있음을 나타내고 있습니다. 그러나 인간에게 이 일치의 시간은 일시적이기에 여타의 삶에 전념해야 하는 운명에 놓여있습니다. 오히려 이 여타의 삶 안에서 그 온전함을 실현해야 할 의무가 있음을 말해줍니다. 그럼에도 사랑은 인간의 상태를 유지하고 그 즐거움이 인간의 삶에서 중요한 역할을 하고 있음이 드러나 있습니다. 소크라테스가 소개하는 여인 디오티마는 에로스의 새로운 모습을 알려줍니다.

아프로디테가 태어났을 때 신들이 잔치를 열었는데 여러 신 가운데 포로스(방도)가 넥타르에 취하여 제우스의 정원에 들어가 잠이 들었습니다. 그때 방이 없이 구걸하고 있던 페니아(곤궁)가 포로스에게서 아이를 만들어낼 작정으로 그의 옆에 동침하여 에로스를 임신하게 되었습니다. 그래서 에로스는 아프로디테의 생일날에 생겨났기 때문에 심복이 되었고 아프로디테가 아름다웠기 때문에 아름다운 것을 사랑하는 자가 되었습니다. 하지만 그는 어머니의 본성을 갖고 있어서 늘 결핍과 함께 살며 아버지를 닮아서 아름다운 것과 좋은 것을 얻을 계책을 꾸몄습니다. 그런데 그가 갖추고 있는 방도는 조금씩 새어나갔습니다. 그래서 에로스는 아예 방도가 없지도 않고 부유하지도 않고, 또 지혜와 무지 사이에 있게 되었습니다. 지혜는 아름다운 것들에 속하는데 그 아름다운 것에 관한 사랑이

포옹(드레스덴박물관)

에로스입니다. 따라서 필연적으로 에로스는 지혜를 사랑하는 자일 수밖에 없습니다. 에로스가 이렇듯 자기에게 좋은 것을 사랑하는 자는 그것이 자기 것이 되기를 사랑하는 것이며, 거기서 행복하게 될 것입니다. 이에 따른 사랑의 기능은 몸에 있어서 그리고 영혼에 있어서 아름다운 것을 출산하는 것입니다. 일정한 나이에 이르면 우리 본성은 출산하기를 욕망하는데 이 일은 신적인 것입니다. 이는 죽을 수밖에 없는 생물 안에 있는 불사적인 것입니다. 이일은 조화롭지 않은 상태에서는 일어날 수가 없습니다. 그러므로 그 출산에서 칼로네(아름다움)가 모이라(운명)요, 에일레이튀아(필요할 때 오는 자)입니다. 이 때문에 임신한 상태에서 아름다운 것에 가까이 다가서면 인자하게 되고 즐겁게 이완되며, 자식을 출산하고 낳지만 추한 것에 가까이 다가가게 될 때는 뚱하고 고통스러워 움츠리게 되어 태아를 낳지 못하고 버거운 상태로 있게 됩니다. 그렇기 때문에 임신하여 이미 터질 듯 부풀어 오른 자는 아름다운 것에 관한 격렬한 흥분으로 가득 차게 됩니다. 이 점에서 사랑은 아름다운 것 속에서의 출산에 대한 것입니다.(『향연』, 203b-207a)

디오티마가 소크라테스에게 전해주는 이야기는 사랑의 본질과 기능에 관한 것입니다. 사랑은 근원적으로 결핍을 해소하려는 욕망에서 오는 것이지만 궁극적으로 아름답고 좋은 것 안에 머무르려는 본질을 가지고 있습니다. 이 본질을 이루기 위해서 영혼과 육체의 아름다움의 출산이 사랑의 기능으로 작용합니다. 이 출산을 죽음의 경계를 넘어서는 신적인 것으로 묘사함으로써 인간에게 부여된 신성을 에로스 안에서 찾고 있습니다. 사랑이 단순한 끌림이 아니라 좋은 것 안에서 그 좋은 것을 지속시키는 힘으로 고통을 무릅쓴 출산을 통해 영혼이 사리 분별과 덕으로, 육체가 새 생명으로 나타남을 보여주고 있습니다.

3. 자유로서의 사랑

서구 12세기를 대표하는 두 지성인의 사랑 이야기는 사랑과 자유의 관계를 설명하기에 충분합니다. "악은 실체가 아니라 결여다.", "보편개념은 지성 안에만 있다."라는 명제로 우리에게 잘 알려진 피에르 아벨라(Pierre Abelrard 1079~1142)는 귀족계급에 속한 소시민으로서 최초의 교수가 되었을 뿐만이 아니라 인간으로서 자신의 가치를 추구하는 놀라운 생애를 살았습니다. 그는 탁월한 변증론으로 당시 파리에서 가장 고명한 교사인 샹포의 기욤의 논리를 이겨내고 학문적으로 최고의 자리에 올랐습니다. 그러나 당대의 학자들은 신학자가 아닌 그가 신학을 모르고 단지 철학만을 알 뿐이라고 인정하지 않았습니다. 아벨라는 저명한 신학자인 앙셀름에게 신학을 배우고자 하였으나 그의 학문에 대한 열정을 충족시키지 못하였습니다. 그는 다시 파리로 돌아와 자신의 학문에 열중하였습니다. 그런데 서른아홉의 중년 나이까지 사랑이란 책을 통해서만 알고 있었던 그에게 자신 학문의 권위를 무너뜨리는 사건이 일어났습니다. 그의 동료인 퓔베르에게 매우 지성적인 열일곱 살 난 질녀가 있음을 알게 되었습니다. 아벨라는 그녀가 지성뿐만이 아니라 용모가 뛰어나다는 사실을 알고 그녀를 가르치겠다고 퓔베르에게 제안하였습니다. 친구는 너무나 고마워서 숙식 제공을 조건으로 선뜻 동의하였습니다.

두 사람은 만나자마자 첫눈에 반하였고 깊은 사랑에 빠졌습니다. 두 사람의 관계가 발각된 후에 아벨라는 집을 떠나야 했으나 두 사람의 관계는 깊어만 갔습니다. 급기야 엘로이즈가 임신하자 아벨라는 그녀를 수녀원에 숨겼습니다. 그리고 친구 퓔베르에게 결혼으로 자신의 행위를 보상하겠다고 약조하였습니다. 그러나 당시에 여성이 더 이상 남성의 예속물이 아니라는 의식이 생겨나서 귀족들 사이에 결혼은 불신의 대상이 되었습니다. 엘로이즈는 아벨라의 학문과 교수 지위에 문제가 생길 것을 염려하여 결혼을 반대하였습니다. 그러나 아벨라는 엘로이즈를 위하여 비밀리에 결혼할 것을 결정하였습니다. 결혼 후 상황이 여의치 않자 아벨라는 엘로이즈를 수녀원에 숨겨둔 채 자신의 일에 열중하였습니다. 그러나 퓔베르는 결혼은 파기된 것이고 자기가 농락당했다고 생각하여 하인들을 시켜 그를 찾아가 거세하였습니다. 아벨라는 절망감과 수치심에 수도원에 은거하며 지냈으며, 엘로이즈도 아들을 인척에게 맡기고 수녀회에 입회하였습니다.

아벨라의 상처가 아물면서 그는 수도자로서 지적 작업을 통하여 내면의 힘을 되찾아 최초의 신학 논고를 저술하게 됩니다. 그러나 그의 성공을 시기한 수도자들이 그의 책을 검사한 끝에 여생을 수도원에서 보내야 한다는 판결을 내렸습니다. 하지만 그의 은신처가 제자들에게 발견되어 그를 중심으로 학교 촌이 형성되기에 이르렀습니다. 이를 시기하고 그를 박해하는 자들이 많아지자 아벨라는 한때 이교도가 될 생각까지 하였습니다. 반대자들은 그를 독살하려고 하였으나 다행히 피할 수 있었습니다.

아벨라와 엘로이즈

그는 이탈리아에서 추방당한 브레시아의 아르노와 합세하여 적들에 대항하는 전선을 형성할 수 있었습니다. 그러나 클레르보의 베르나르를 비롯한 성직자들은 아벨라를 이단자로 몰아갔습니다. 아벨라는 교황청에 상소하여 자신의 입장을 밝혔으나 교종은 그를 정죄하여 책은 불살라지며 곤경에 처하게 되었습니다. 다행히 존자 피에르가 그와 베르나르를 화해시켜 로마로부터 파문 철회를 얻어내었습니다. 그 후 그는 생 마르셀 수도원에서 여생을 보냈습니다.[6]

아벨라가 고통의 시기에 쓴 『나의 불행한 이야기』가 엘로이즈에게 알려지면서 그녀는 아벨라의 사랑을 확인하고 편지로 서로의 사랑을 지속하게 되었습니다. 둘이 나눈 사랑의 편지는 지성과 열정을 넘어 신앙 안에서 꽃피운 아름다운 사랑의 서사입니다. 아벨라가 세상을 떠난 소식을 들은 엘로이즈는 그의 유해를 자기에게 보내줄 것을 청하여 자신이 장상으로 있는 수도원에 안치하였습니다. 후일 그녀도 그의 옆에 묻혔습니다. 그들의 사랑의 유언이 다음과 같이 전해집니다.

나의 시체가 어디에 묻혀 있건 또는 안치되어 있건
그 시체를 당신네 묘지로 옮겨주기 바라오.
그러면 나의 딸들이며
그리스도에 있어서는 오히려 자매들인 그대들이
내 무덤을 좀 더 자주 찾게 될 것이고

나는 나를 위하여 주님께 기도를 올려달라고
간청을 받았다고 느끼게 될 것이오.
- 아벨라르

나는 가혹한 운명을 당신과 함께 전부 견디어 냈나이다.
청하오니, 이제 당신과 함께 잠들게 하소서.
그리고 시온으로 들어가게 해주소서.
시련이 끝나게 하시고,
빛이 있는 쪽을 향하게 하시며,
영혼을 자유롭게 해주소서![7]
- 엘로이즈

두 사람의 사랑에서 보듯 사랑은 소유나 예속이 아닙니다. 사람은 예속의 대상이 될 수가 없습니다. 누구를 사랑한다는 것은 그 사람의 가치관과 신념을 인정하고 받아들이는 것이지 나의 가치관과 신념을 주입하거나 귀속시키는 것이 아닙니다. 나와 다른 삶의 양식을 인정하고 너그럽게 수용하는 것입니다. 사랑은 관용을 넘어서 적극적으로 조화를 이루는 것입니다. 인간은 완전하지 못한 존재입니다. 그러므로 사랑은 이 결핍을 메우는 과정입니다. 서로의 결핍이 상대로 말미암아 보완될 수 있다면 이상적인 조화를 이루게 될 것입니다. 이 조화의 전제는 상대를 온전히 있는 그대로 바라보는 데서 시작됩니다. 두 사람의 관계 안에서 구속됨이나 장애가 없이 살아갈 수 있을 때 서로의 인격을 바라볼 수 있습니다.

일찍이 존 스튜어트 밀은 남녀의 본성적 차이와 그 보완에 대하여 언급한 바가 있습니다. 그는 여성의 재능이 실천적인 일에 있으며 이는 사실에 대한 민첩하고 정확한 통찰력을 갖게 한다고 하였습니다. 남성들은 그들이 직면해야 할 사실에서 있는 그대로의 것을 보지 않고, 보라고 배운 것을 본다는 것입니다. 여성의 직관력이 남성들을 그러한 오류로부터 보호합니다. 동등한 경험과 능력을 따지면 여성이 남성보다 더 많은 것을 봅니다. 일반적 원리를 발견하는 것은 사색의 능력입니다. 일반적 원리가 적용되거나 되지 않는 구체적인 경우를 구별하는 일은 실천적인 능력인데 이 일에 관해서 여성은 특별한 소질을 가지고 있습니다. 실제적인 것에 집중되는 여성의 정신은 배타적일 때 오류를 범하기도 하지만, 반대의 오류를 중화시키는 데에도 유용합니다. 관찰로써 지식의 재료를 모으는 것이 아니라 그것을 사고의 과정을 통해 포괄적인 과학의 법칙이나 행동의 규칙으로 발전시키는 남성 이론가들은 진정으로 우월한 여성의 우정과 비판 하에 사색을 진행하는 것보다 가치 있는 일은 없을 것입니다.[8]

서로를 필요로 하고 보완하는 사랑은 상대방의 인격을 존중하는 데서 가능합니다. 상대방의 자유로운 삶을 서로 인정할 때 관계는 새롭게 도약할 수 있습니다. 한 사람에 대한 사랑은 상대방의 관심과 선택과 열정을 통해 새로운 세계로 들어서게 합니다. 이 점에서 사랑은 새로운 세계로 들어서는 문입니다. 내가 경험하지 못했던 본성, 내가 만나지 못했던 관계, 내가 꿈꾸지 못했던 예술의 세계에 이르기까지 나를 인도하는 살아있는 이정표입니다. 사랑하는 사람은 서로 자기 세계를 열어 자기가 누구인지를 밝힙니다. 끊임없이 열어가는 사랑의 열정은 삶을 풍요롭게 합니다. 이렇게 삶을 열어가는 사랑의 조건은 자유입니다. 그런데 이 자유는 무엇으로부터의 자유가 아니라 서로 완전한 조화를 이루려는 자유입니다. 그러므로 사랑하는 사람은 서로의 세계를 열어가도록 배려하고 자유롭게 합니다.

상대방을 자유롭게 하기 위해서 상대방이 필요로 하는 것을 알지 않으면 안 됩니다. 자유는 상대방을 방관하거나 방종하도록 내버려 두는 것이 아닙니다. 상대가 자유롭게 살기 위해서 세심한 배려가 필요합니다. 즉 상대방의 관심과 기호에 대해서 잘 알아야 합니다. 사랑은 상대방의 자유를 위해서 사귀고 알아가는 것입니다. 여기서 한사람에 대한 사랑의 진정성과 신의가 나타납니다. 안다는 것은 변화와 성숙의 기회를 열어주어 한 사람의 인격을 알아가는 것입니다. 감추어진 잠재력과 남다른 특성 그리고 나와의 조화의 가능성을 발견하는 일입니다. 우리는 대부분 상대방에 대해서 잘 알지 못하고 지냅니다. 제대로 알려고 하기보다 상대에 대해 쉽게 단정하기 때문입니다. 인간의 삶이 환경의 영향을 받듯이 인격은 주어진 삶의 조건과 사랑의 관계에 따라서 완전히 새로운 모습을 드러내게 됩니다. 사랑하는 삶은 이 새로운 모습을 기대하고 예견하는 것입니다. 어떤 사람도 이렇다 하고 단정할 수 없습니다. 더더욱 사랑하는 사람은 단정해서는 안 됩니다. 변화의 가능성에 대한 책임과 의무가 자신에게 부여되어 있기 때문입니다. 사랑이 주는 자유는 제한적인 자유가 아니기 때문에 자연스럽게 자신만의 모습을 드러내 보일 수 있고 미흡함이나 과도함이 없이 그 자체로 충만한 것입니다. 이 충만한 자유 안에서 고유한 인격이 드러나게 됩니다.

음악 연주의 경우에 연주자가 자신의 기량을 마음껏 발휘할 수 있도록 마련된 카덴차라는 악곡의 부분이 있습니다. 연주자는 형식에 구애됨이 없이 자신의 음악적 기교를 마음껏 발휘할 수 있습니다. 연주회에서 우리는 저명한 지휘자가 팔짱을 끼고 연주자를 놓아두고 그 연주에 심취한 모습을 간혹 봅니다. 이것이 음악 안에서 일어나는 자유를 통한 예술의 극치를 보여주는 경우입니다. 사랑의 카덴차도 마찬가지로 자유를 통해 아름다움과 창의적인 삶의 모습을 보여주게 됩니다. 음악이 자유 안에서 새로운 하모니를 낳듯이 사랑도 자유 안에서 새로운 사랑을 낳습니다. 새로운 관계와 새로운 삶의 양식을 낳습니다. 이때 사랑은 자유를 바탕으로 치우침이 없이 함께 그려내는 아름다운 화폭과 같습니다.

사랑의 자유는 한 사람을 온전히 알게 하고 온전히 변화시킵니다. 한 사람을 통하여 세상을 새롭게 알고 사람을 새롭게 알아가게 됩니다. 사랑할 때 세상이 아름답고 모든 것이 사랑스러운 것은 다른 까닭이 아닙니다. 사랑에 빠진다는 것은 새롭게 세상을 향한 눈을 여는 것입니다. 구속이 아니라 한 사람을 통하여 모든 것을, 한 사람을 통하여 모든 이를 사랑하는 자유를 얻는 것입니다. 만일 한 사람으로 말미암아 모든 것으로 향한 길이 닫힌다면 그것은 참된 사랑이 아닙니다. 그것은 서로를 가두는 애착이며 집착입니다. 애착 속에서는 더 이상 새로운 인격을 발견할 수 없습니다. 사랑은 상대방에게 관조하는 능력을 부여합니다. 사랑의 눈길은 정지된 관조가 아니리라 믿고 기다리는 관조입니다. 영혼의 깊은 근저에서 끊임없이 흘러나오는 사랑의 신비를 바라보는 관조입니다.

4. 사랑의 의례인 정결

사랑의 의례는 상대를 향한 정결한 몸과 마음가짐에서 시작됩니다. 사랑의 의례는 상대를 받아들이는 비움의 의례입니다. 오로지 한마음으로 사랑하려는 자세와 정결을 통하여 완전한 일치를 이루려는 자세가 사랑의 의례를 이루게 됩니다. 이러한 사랑의 의례는 인격적인 태도를 통하여 구체화됩니다. 그러면 오롯한 마음과 정결한 사랑의 의례의 전통이 전해준 의미에 대해 살펴보겠습니다.

1) 사랑과 생명의 원천으로서 정결

군자의 도가 부부에게서 비롯한다는 유교의 윤리관을 넘어서 동서양에 공히 인간이 도덕적 삶을 이루기 위해 보편적으로 요구되는 다섯 가지 원리가 있습니다. 이러한 삶의 도덕적 원리는 원래부터 정해진 것이 아니라 이상적인 삶을 살기 위한 사회의 요구로 말미암아 규범화된 것이라 할 수 있습니다. 첫 번째는 공감으로 남의 아픔을 함께 느끼는 것으로 도덕적 삶으로 나아가게 하는 첫걸음입니다. 두 번째는 공정성으로 내가 원치 않는 것을 남에게 하지 않는 도덕률로 상호호혜를 이루는 것입니다. 공감이 감성적이라면 공정성은 이성적입니다. 세 번째는 충성심입니다. 이는 공동체의 위계를 성실하고 진정한 마음으로 따르는 순명이라고 할 수 있습니다. 진정한 순명은 명령하는 사람의 입장에서 지시를 받아들이는 것입니다. 인간이 사회질서를 구성하는 것은 이 충성심 때문입니다. 네 번째는 권위입니다. 우리는 인간을 이상적 삶으로 이끄는 가르침의 권위를 인정합니다. 지혜의 가르침에서 나타나는 인류 스승에 대한 권위는 이를 잘 나타내고 있습니다. 이는 권위를 인정함으로써 이상적 삶을 살겠다는 고백을 하는 것입니다. 그리고 다섯 번째가 순결입니다. 순결은 몸을 깨끗하게 하는 데서 시작하지만, 궁극적인 지향성은 몸과 마음의 완전한 조화를 이루는 것입니다. 순결이 육체적인 차원이라면 정결은 영혼의 차원을 의미합니다. 단식과 재계는 바로 정결의 연장선에 있습니다. 그러므로 정결(chastity)은 순결(purity)의 내적 완성을 의미합니다.

순결은 육체적으로 동정이며 생각과 말과 행동에서 도덕적으로 깨끗한 것을 의미합니다. 성적인 관계는 자녀를 갖고 남편과 아내 사이에 사랑을 표현하기 위해서 허락된 것입니다. 순결을 지키는 것은 사랑하는 사람과의 완전한 일치를 이루기 위한 예비된 삶을 의미합니다. 정결은 여기서 더 나아가 서로만을 위해 자신의 성적 관계를 인격적으로 유지하고 상호 간에 고귀한 생명의 의미를 부여하는 삶입니다. 수도자나 성직자와 같이 자기 성화를 위해 독신생활을 선택할 때 정결한 삶이라고 합니다. 성경에 예수님께서도 죄 많은 여인을 용서하시고 "네 믿음이 너를 구원하였다. 평안히 가거라."(루카 7, 36-50)하시며 그 여인을 깨끗하게 해주셨습니다. 예수님의 용서로 죄 많은 여인이 정결한 여인이 되었음을 보여주는 예화입니다. 요한복음에 나오는 간음한 여인을 예수님은 용서를 통해 정결한 여인으로 회복시키십니다. 성경 말씀처럼 정결은 인간이 본래 갖추어야 할 모습입니다. 창세기에 그 본래의 모습이 잘 표현되어 있습니다.

> 주 하느님께서 아담을 깊이 잠들게 하신 다음, 아담의 갈빗대를 하나 뽑고 그 자리를 살로 메우시고는 그 갈빗대로 여자를 만드신 다음, 아담에게 데려오시자 아담은 이렇게 외쳤다. "드디어 나타났구나! 내 뼈에서 나온 뼈요, 내 살에서 나온 살이로구나. 지아비에게서 나왔으니 지어미라고 부르리라!" 이리하여 남자는 어버이를 떠나 아내와 어울려 한 몸이 되게 되었다. 아담 내외는 알몸이면서도 서로 부끄러운 줄을 몰랐다.(창세기 2, 21-25)

부끄러움이 없다는 것은 완전한 내어줌과 완전한 받아들임을 통한 일치를 의미합니다. 그러나 죄로 말미암아 인간은 완전한 사랑의 관계를 이루는 일치를 상실하였습니다. 아담과 하와의 부끄러움은 완전한 지혜를 열매처럼 따먹으려 하였듯이 몸에 관심을 둔 영혼의 결핍을 나타냅니다. 구약에서 아담과 하와의 불완전한 사랑은 신약에서 마리아와 요셉의 사랑으로 완성됩니다. 요셉과 마리아의 정결에서 우리는 완전한 사랑과 완전한 생명의 신비를 봅니다. 이 정결한 사랑 속에서 완전한 생명이신 예수님이 탄생합니다. 완전한 지혜인 말씀이 사람으로 나타남을 보여줍니다.

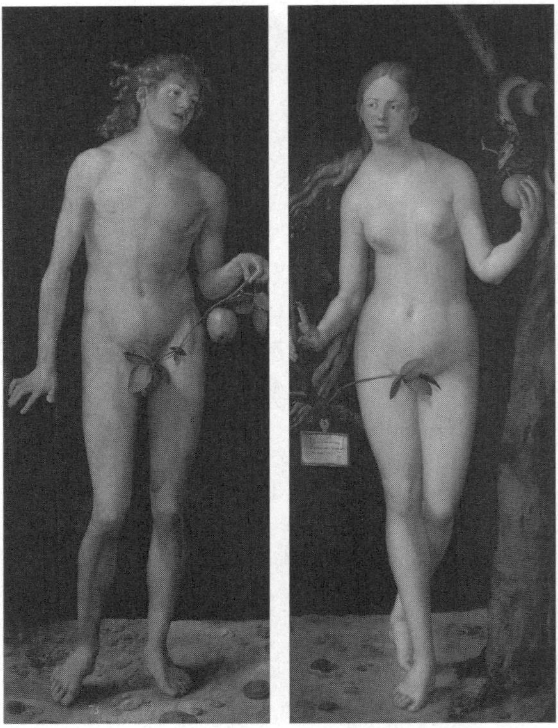

아담과 하와, 알프레드 뒤러(1507)

예수님의 정결한 삶은 우리가 정결한 존재가 되도록 하는 초대입니다.

순결과 정결이 신성을 낳는다는 것은 신화 안에서도 발견됩니다. 레다는 백조로 변한 제우스를 통하여 수태하여 아름다운 헬레네와 쌍둥이 형제 카스토르와 폴룩스를 낳습니다. 하데스의 부인인 페르세포네는 뱀으로 변한 제우스를 통하여 수태하여 오르페우스교의 신 자그레우스를 잉태합니다. 불교에서 인드라 신을 닮은 연꽃같이 아름다운 마하마야 왕비가 어느 날 흰 코끼리가 몸속으로 들어오는 꿈을 꾸고 태자를 잉태하였다는 것도 정결한 상태에서 영적인 잉태를 했다는 것과 관련이 있습니다.[9] 이렇듯 순결과 정결은 신성한 존재 탄생의 조건이었으며, 이는 모든 문화권에서 거룩한 생명의 잉태를 위한 조건으로 일반화되었습니다.

2) 정결로서 성의 의미

순결과 정결은 성(sexuality)의 인격적 표현과 밀접하게 연관되어있습니다. 또한 문화 안에서 순결과 정결의 의미가 내재화되었고 윤리적 삶의 중요한 가치로 인식되어왔습니다. 문화 교류와 시대의 변천에 따라 윤리적 가치는 변화하여 기존의 고유한 의미를 상실하거나 새로운 의미가 부가되기도 하였습니다. 그러나 전통적인 가르침은 시대와 문화를 넘어서 불변하는 순결과 정결의 고유한 의미와 가치가 무엇인지 계시하고 그 가치를 상실하지 말 것을 지속해서 일깨우고 있습니다. 전통적 가치와 현대 문명의 조류 그리고 종교적 가르침 사이에서 살아가는 현대인은 순결과 관련된 분별을 통해 인격적 삶에 대한 성찰을 요구받고 있습니다.

그러면 성이란 무엇입니까? 그것은 생물학적인 구분을 가리키는 것으로 생물학적인 재생산의 도구가 되며 쾌락의 수단이 되기도 합니다. 그러나 성은 단순히 생물학적인 현상이나 도구를 넘어 인간의 의식 및 정신을 지배합니다. 성은 능동적으로 개인의 세계관과 가치관을 형성하기도 하지만, 다른 한 편으로는 수동적으로 사회적 제도와 권력구조에 의해 지배받기도 합니다. 따라서 성은 육체와 영혼에 영향을 미칩니다. 우리는 성을 통해 영혼을 관리할 수도 있고 육체를 관리할 수도 있습니다. 하지만 오늘날의 성은 오로지 육체에 의해 지배되는 형국입니다. 그러나 성은 단지 육체적인 것만도 혹은 정신적인 것만도 아닙니다. 그래서 성은 단순히 육체적 쾌락의 도구로 전락하거나 정신적 억압의 수단이 되어서는 안 됩니다.

서구의 경우, 1960년대에 성혁명을 거치면서 결혼 및 자녀 출산과 관련된 이외의 성관계를 금하는 전통적 성윤리에 대한 도전이 시작되었습니다. 성혁명을 통해 인위적 피임, 혼외의 성관계, 동성애, 성적 쾌락만을 위한 성관계 등도 용인되어야 한다는 주장이 제기되었습니다. 이러한 성행위를 주장하는 사람들에 의하면, 당사자의 합의가 있는 한 어떠한 성적 표현이나 행위도 허용되지 않을 이유가 없다는 것입니다. 이러한 주장에는 여성의 성적 표현에 대한 권리가 인정되어야 한다는 인권의 측면이 반영되어 있습니다. 그러나 곧이어 자유연애를 옹호하는 이러한 입장은 전통적 가족제도의 붕괴, 상업주의에 편승한 성의 상품화 현상, 쾌락만을 위한 성관계에서의 비인간화 현상 등을 조장한다는 비판에 직면하게 됩니다. 앤소니 기든스가 지적하듯이 이러한 사회적 분위기에서 성윤리를 둘러싼 논쟁은 더 이상 음지에만 머물러 있을 수 없게 되었습니다. 그 결과 서구사회에서는 일찍부터 성과 사랑이 대중적 관심에만 머무르지 않고 아카데미 담론에서도 중요한 주제로 부각되었습니다. 프로이트, 라이히, 마르쿠제 등의 고전적인 논의로부터 푸코를 거쳐 루만, 기든스, 울리히 벡 등의 사회학자에 이르기까지 논의의 폭은 더욱더 넓어지고 또 두터워졌습니다.

동아시아의 경우 근대 중국에 이르기까지, 유교는 사회 윤리적 삶의 기준이 되었습니다. 어머니와 자녀들은 개인의 개성이나 개인의 재산을 취할 수 없었습니다. 아버지와 장남이 어린 형제를 양육하고, 차례가 되면 그들에 의해 부양되었습니다. 유교의 교육과 생계유지의 방식은 봉건시대의 가르침과 형식들입니다. 그 목적, 윤리, 사회적 규범, 삶의 방식, 정치적 제도들은 몇몇 소수의 통치자와 귀족의 특권과 권력에 국한되었고, 대중의 행복과는 관계가 없었습니다. 유교의 가르침은 가부장적으로 남성의 권위주의를 고무시키는 경향이 있었습니다. 사대부가에서 예외적으로 여성의 역할이 중시되기도 하였지만 일반적으로 아내와 남편의 관계는 부하와 주인의 관계처럼 남성은 여성보다 우선하였고, 사회에서 여성이 무시당하는 동안 남성은 존경받아왔습니다. 이러한 부도덕한 이론은 여성이 자유로운 삶으로 나아가는 길을 가로막았으며, 순결과 정결도 가부장적인 관점에서 여성에게만 요구되는 사항으로 여겼습니다. 이러한 왜곡된 고정 관념은 서구문명의 도래와 함께 깊은 사회적 반성의 계기를 맞이하게 되었습니다. 하지만 성에 대한 폐단은 쉽게 개선되지 않습니다. 따라서 우리 사회에 만연한 왜곡된 성의식을 다시금 깊이 성찰할 필요가 있습니다.

성은 신비입니다.
성은 우리를 미지의 세계로 인도합니다.
성은 일치입니다.
성은 몸의 일치를 통하여 영혼의 일치로 나아갑니다.
성은 대화입니다.
성은 말을 넘어선 사랑의 대화입니다.
성은 생명입니다.
성은 진정한 생명의 나눔입니다.
성은 인격입니다.
성은 성숙한 인격의 표현입니다.
성은 헌신입니다.
성은 조건 없는 내어줌입니다.
성은 열정입니다.
성은 모든 고통을 극복하게 하는 열정입니다.
성은 창조입니다.
성은 우리에게 새로운 생명을 기약합니다.
성은 기다림입니다.
성은 새로운 세상이 다가옴을 기다림입니다.

성은 노래입니다.

성은 세상을 향한 생명의 노래입니다.

성은 아름다움입니다.

성은 아름다운 조화입니다.

성은 기쁨입니다.

성은 완전한 행복에 대한 예고입니다.

성은 길입니다.

성은 오로지 정결한 사랑을 향해 열린 길입니다.

성은 신비입니다.

5. 온전함에 이르는 여정으로서 사랑

사랑은 인간을 완전함에 이르게 하는 구체적이며 보편적인 삶의 수행입니다. 고대서사는 사랑을 통하여 완전함에 이르는 길을 보여줍니다.

1) 서로를 바라봄

중국 어느 마을에 관음(觀音: 동정의 화신)이 나타났는데 그 마을에서는 아무도 깨달음에 대해서 들어본 적이 없었습니다. 사람들은 모두 돈 버는 일에만 관심이 있었습니다. 그래서 관음은 매우 아름다운 처녀로 변신을 해서 마을에 내려와 강에서 생선을 잡아 팔았습니다. 생선이 다 팔리면 처녀는 곧바로 사라졌습니다. 매일 처녀는 마을에 와서 생선을 팔고는 사라졌습니다. 이렇게 계속하다가 보니 마을의 청년들이 이 처녀에게 홀딱 반하여 관심을 두기 시작하였습니다. 어느 날 처녀가 나타나자 스무 명가

량의 청년들이 청혼하였습니다. 그러자 처녀는 모두와 결혼할 수 없으니 관음경을 외우는 자와 결혼하겠다고 하였습니다. 얼마가 지난 후 십여 명의 청년이 관음경을 외우고 나타났습니다. 처녀는 모두와 결혼할 수 없으니 경전의 뜻을 해석해 줄 수 있는 분과 결혼하겠다고 하였습니다. 다음날 네 청년이 그 뜻을 해석해주자 처녀는 네 분과 결혼할 수 없으니 사흘 안에 이 경전의 의미를 경험한 분과 결혼하겠다고 하였습니다. 그러니 사흘 뒤 한 청년만이 처녀에게 나타났습니다. 그러자 처녀는 강굽이를 돌아가면 작은 집이 있는데 저녁에 그곳으로 오면 남편으로 맞이하겠다고 하였습니다. 저녁이 되자 청년은 강굽이를 지나 작은 집으로 그녀를 찾아갔습니다. 그곳에 이르니 노부부가 그를 맞이하면서 방에 딸이 그를 기다리고 있다고 하였습니다. 방에 들어가 보니 방안은 텅 비어있었습니다. 그런데 창밖을 보니 발자국이 나 있었습니다. 밖으로 나와 발자국을 따라가 보니 강가에 신발 한 짝이 가지런히 놓여있고 그녀는 보이지 않았습니다. 청년이 멍하니 서 있는 동안 갈대가 이리저리 흔들거렸습니다. 그제야 청년은 그 갈대와 세상 만물이 바로 그 처녀임을 깨달았습니다. 그는 처녀의 유혹과 매력을 통해 우주의 아름다움의 은혜를 비로소

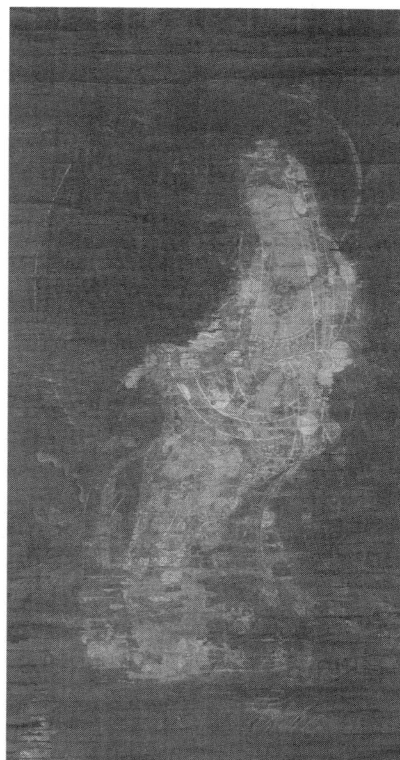
수월관음도(국립중앙박물관)

깨달았던 것입니다.[10]

캠벨이 언급했듯이 단테의 『신곡』에서도 이와 유사하게 사랑의 궁극적 지향성에 대한 메시지를 읽을 수 있습니다. 단테는 어린 시절 아홉 살의 베아트리체를 만나자마자 사랑의 감정이 싹튼 일에 대해 "그의 영혼과 결혼한 사랑의 신이 그를 지배하기 시작하였다."고 고백하였습니다. 첫 만남 이후 단테는 그녀를 잊지 못하고 혹시나 다시 만날 수 있을까 서성이며 포르티나리가를 지나 시내를 소요하곤 하였습니다. 그렇게 9년을 보낸 어느 날 우연히 길에서 베아트리체를 만났습니다. 그녀는 변함없이 아름다웠고 너무나 사랑스러워 단테는 그녀로부터 단지 인사만이라도 받고 싶었습니다. 그러나 아무런 말도 못하고 목례만을 나눈 채 헤어졌습니다. 이 두 번째 만남 이후에 그는 학업에 정진하였고 그녀를 위한 소네트를 써갔습니다. 그러나 베아트리체는 아버지의 죽음 이후 상심하여 이듬해 사망하였습니다. 단테는 깊은 상실감으로 비탄에 빠져 사람들은 그의 죽음만이 슬픔을 멈출 수 있을 것이라고 믿었습니다. 단테는 이를 극복하고자 이상적인 사랑을 떠나 현실적인 사랑으로 젬마 도나티라는 여인과 결혼하였습니다. 사랑의 신을 못 잊는 마음으로 자신의 딸에게 베아트리체라는 이름을 지어주었습니다. 베아트리체가 죽은 지 4년 되던 해에 10년 전부터 그녀에게 바친 연시를 모아 『새로운 인생』을 완성하였습니다. 이후 피렌체 정치에 적극 참여하였고 그가 속한 백색당이 집권하며 행정장관으로 봉직하였으나 로마에 파견된 동안 흑색당이 집권하여 추방되었습니다. 교종청이 아비뇽으로 옮겨진 이후부터 『신곡』을 집필하기 시작하였습니다.[11]

단테는 정치가로서 숱한 좌절을 겪은 다음 베르길리우스의 선례를 따라 지옥에서 천국에 이르는 여정을 『신곡』에 기술하였습니다. 지옥 편에서 그는 베아트리체를 돈 많은 금융업자와 결혼시킨 그녀의 아버지를 비롯한 모든 금융업자들과 정적들 그리고 무능한 성직자들을 지옥 밑바닥으로 추방함으로써 복수합니다. 베르길리우스의 안내를 받아 지옥과 연옥을 방문한 단테는 연옥의 마지막 단계인 지상낙원에서 단테에 대한 사랑을 드러낸 베아트리체를 만나 자신의 죄를 씻고 정화의 과정을 거친 후 그녀의 인도를 받아 천국에 오르게 됩니다. 천국의 일곱 번째 토성천에서 베아트리체는 사랑을 넘어 단테의 영적인 인도자의 모습으로 나타납니다.

> 이미 내 눈은 내 여인의 얼굴에 박히어 있었고
> 마음도 그와 같아 온갖 다른 뜻에서 걷혔더니라.
> 그러나 그이는 웃지 않고 그저 나에게 입을 떼니라.
>
> "내 웃었던들 재가 되었을 적의
> 세멜레와 같이 너는 되고 말았으리라.
> 왜냐하면 너 보았듯이 나의 아름다움은
> 영원한 궁궐의 사다리를 거쳐 오르면
> 오를수록 더욱더 눈부시고
> 알맞게 다루지 않으면 너무 찬란하여서
> 그 빛살 앞에 너의 인간의 힘은
> 번개가 흩어버리는 잎사귀 같으니라.
> 불타는 사지의 가슴 아래
> 지금 그 힘과 어울려 하계를 비추는
> 일곱째 빛으로 우리는 올림을 받았노라.
> 네 눈들 뒤에다 정신을 틀어박고
> 이 거울 안에 네게 보이는 상을 그 거울로 삼아라." [12]

마지막 최고천에 이르러 단테는 베아트리체가 삼위일체의 형상과 함께 있는 것을 보게 됩니다. 삼위일체의 세 위격 뒤에서 불길과 원으로 된 세 개의 원을 바라보는 그는 그 신비의 의미를 제대로 이해할 수 없으나 그것이 하느님의 사랑과 은혜 속에서 이루어진 것임을 깨닫게 됩니다. 베아트리체에 대한 사랑이 하느님 사랑의 신비 안에서 완전하게 됨을 본 것입니다.

> 드높은 빛의 깊이 새맑은 독립체 속에
> 빛깔은 셋, 부피는 하나인
> 세 개의 둘레가 나한테 보였으니
>
> 마치 이리스에서 이리스처럼 하나가
> 하나한테서 반사되는 듯 보이고 셋째는
> 둘에게서 똑같이 불어 나오는 불같이 보이니라.
>
> 오, 말이란 얼마나 모자라는 것이며 내 생각에
> 비기면 이 얼마나 가냘픈 목소리인고! 내가 본 것을 들어
> '조금' 말한다는 그것마저 당치않은 일이로다.
>
> 스스로 당신 안에 있어 스스로 당신을 알고
> 당신한테 인지되고 당신을 아시며
> 사랑하고 웃으시는 오, 영원한 빛이시어.[13]

2) 온전함을 향한 여정

앞에서 언급한 『향연』에서 디오티마는 소크라테스에게 완전한 사랑에 이르는 비의를 전수합니다. 그녀는 사랑을 네 단계로 정리합니다. 첫 번째 단계는 육체적인 아름다움에 대한 사랑입니다. 그러나 육체의 아름다움은 전체적인 아름다움에서 보면 극히 작은 일부분이기 때문에 그보다 더 아름다운 것은 두 번째 단계인 영혼의 아름다움에 대한 사랑입니다. 가족과 젊은이들을 훌륭한 자들로 만들어주는 일을 추구하는 사랑입니다. 행실과 법에 있는 아름다움을 바라보는 것입니다. 세 번째 사랑의 단계는 특정 인간에 한정하지 않고 아름다움의 세계를 관조하는 사랑입니다. 이것은 아낌없이 지혜를 사랑하는 가운데 아름다운 이야기와 사유를 산출하게 됩니다. 네 번째 단계는 아름다움 자체를 사랑하는 것입니다. 아름다운 것들을 차례로 바라보면서 에로스에 관한 일에 대해 인도된 자들은 정점에 이르러 본성상 아름다운 어떤 놀라운 것을 직관하게 됩니다.[14] 이 아름다움 자체는 변하지 않고 영구적입니다. 아름다움 자체는 사람의 눈으로 볼 수 없고 마음의 눈으로만 볼 수 있습니다. 이 아름다움의 자체를 본 사람은 다른 어떤 아름다움이나 사랑을 원하지 않고 오직 그 아름다움 자체만을 원하는 행복한 사람이 됩니다. 에로스란 이 아름다움 자체를 원하고 간직하고 싶은 것입니다. 하지만 사람의 본성은 이것을 쉽게 받아들이려 하지 않습니다. 그러므로 에로스는 더욱 귀한 것입니다.

이와 유사한 이야기를 우파니샤드에서도 발견할 수 있습니다. 아즈나발키야라는 사람이 출가를 위해 떠나기 전 두 부인을 불러 이제까지의 삶을 정리하려 하였습니다. 그러자 두 부인 가운데 마이트레이라는 여인이 부가 아니라 영생을 얻는 방법에 대해 물었습니다. 그러자 그는 그녀를 더욱 사랑하는 마음으로 다음과 같이 명상하도록 일러주고 떠났습니다.

"남편이 사랑스러운 것은 남편의 사랑스러움 때문이 아니라, 그 사람 안의 아트만이 사랑스럽기 때문에 사랑스러운 것이오. 아내가 사랑스러운 것은 아내의 사랑스러움 때문이 아니라 그 사람 안의 아트만이 사랑스럽기 때문에 사랑스러운 것이오. 아들이 사랑스러운 것은 아들의 사랑스러움 때문이 아니라 그 사람 안의 아트만이 사랑스럽기 때문에 사랑스러운 것이오. 재산이 귀하게 느껴지는 것은 재산의 귀함 때문이 아니라, 그 재산의 아트만이 귀하기 때문에 귀한 것이오. 브라흐만은 브라흐만의 존귀함 때문에 존귀한 것이 아니라 그 사람 안의 아트만이 존귀하기 때문에 존귀한 것이오. 세상이 사랑스러운 것은 세상의 사랑스러움 때문이 아니라, 세상 안의 아트만이 사랑스럽기 때문에 사랑스러운 것이오. 신들이 사랑스러운 것은 신들의 사랑스러움 때문이 아니라 그 안의 아트만이 사랑스럽기 때문에 사랑스러운 것이오. 생물들이 사랑스러운 것은 생물들의 사랑스러움 때문이 아니라, 그 안의 아트만이 사랑스럽기 때문에 사랑스러운 것이오. 모든 것이 사랑스러운 이유가 모든 것 자체의 사랑스러움으로 사랑스러운 것이 아니라 그 안의 아트만이 사랑스럽기 때문에 사랑스러운 것이오."[15]

우파니샤드는 모든 존재와 일치를 이루기 위한 인간의 삶 양식을 다루고 있습니다. 우파니샤드에서 다루는 아트만과 브라흐만은 신의 영역이 아니라 인간의 삶 영역에서 파악해야 하는 존재의 본질입니다. 아트만은 숨의 의미가 있으며 사람 안에 가득 찬 기운으로서 자기 자신 또는 자신의 참모습을 말합니다. 개인 각자 안에 자리 잡은 아트만을 뿌루샤라고 하기도 합니다. 브라흐만은 세상에 가득 차 있는 것으로 우주의 영혼을 의미합니다. 브라흐만은 세상의 근원이자 우주의 참모습입니다. 인간의 어느 속성에도 속하지 않고 전지전능하고 무소부재(無所不在)한 존재가 브라흐만입니다. 브라흐만과 아트만의 긴밀한 관계를 한역하여 범아일여

(梵我一如)라고 합니다. 그러므로 위의 이야기는 사랑이 한 사람에게서 시작하나 크게 호흡하듯 온 우주를 사랑하는 깨달음으로 나아갈 수 있음을 말해주는 내용입니다. 여기서 우리는 "님은 갔지만은 나는 님을 보내지 아니하였습니다."라는 한용운의 시구를 떠올리며 「님의 침묵」을 브라흐만의 관점에서 이해할 수 있게 됩니다.

진화론적인 관점에서 도덕발달을 바라볼 때 남을 사랑하고 정의로운 사람은 편히 발을 뻗고 자고, 남에게 해를 끼치고 정의롭지 못한 사람은 불안해서 잠을 쉽게 이루지 못한다고 합니다. 그런데 에밀 아자르는 『자기 앞의 생』에서 어린 모모의 입을 빌려 오히려 정의로운 사람이 세상 걱정으로 편히 잠을 이루지 못하고, 정의롭지 못한 사람은 남의 사정에 개의치 않으므로 편히 발을 뻗고 잔다고 하였습니다. 우리는 참으로 불의가 난무하고 어지러운 세상을 살아가고 있습니다. 세상 걱정이 그치지 않는 일상이 되고 있습니다. 하지만 세상 걱정으로 며칠이나 잠을 못 이루었나 생각하면 부끄럽기 짝이 없습니다. 사랑이 부족해서 그렇다고 고백할 수밖에 없습니다. 정의롭게 사는 일은 진정 사랑으로 가능한 일입니다. 우리는 사랑하지 않고 살 수는 없습니다. 사랑하기 위해서 사는 것이 아니라 사랑하기 때문에 사는 것입니다. 삶의 모든 순간은 사랑의 순간입니다. 우리가 사랑이라고 이름 짓지 않을 뿐입니다. 사랑은 지나간 시간에 머무르지 않듯이 시간에 구속되지 않습니다. 사랑하는 삶은 시간의 흐름을 두려워하지 않습니다. 사랑이 없음을 두려워할 뿐입니다. 사랑이 없다면 부끄러움, 부질없음, 어리석음을 되돌릴 방안이 없습니다. 아플수록 맑은 눈으로 세상을 바라보고, 선한 마음으로 세상을 사랑하기를 옛 서사는 가르치고 있습니다.

5장

생명의 의례

인간생명은 의례 안에서 그리고 의례를 통하여 그 본질이 드러난다고 할 수 있습니다. 의례는 문화적으로 생명을 이해할 수 있는 여러 지평을 제공합니다. 동아시아 문화는 고유한 생명의 문화를 발전시켜 오면서 생명현상을 다양하게 이해할 수 있는 길을 열어주었습니다. 5장에서는 특별히 한국문화 안에서 자리하고 있는 생명의례를 중심으로 전통적인 생명 이해의 여러 면모를 살펴보고 내재된 깊은 의미를 새겨보도록 하겠습니다.

1. 출생과 통과의례

인간의 생명은 부모의 사랑으로 말미암아 모태에서 시작됩니다. 태아가 모태 안에서 열 달 동안 완전히 성장하면 세상에 나오는 첫 번째 통과의례를 치르게 됩니다. 이때 가족들은 산모와 함께 새 생명을 받아들이는 의례를 준비하게 되는데 이 상호 간의 의례가 출산의례입니다. 새 생명의 탄생은 한 집안의 축복이며 경사입니다. 출산의례의 과정에 담긴 인간생명에 대한 경외와 성의와 정성에서 인간만이 지니고 있는 특별한 생명의식을 발견할 수 있습니다. 전통적인 출산의례는 단지 출산과정의 의례만이 아니라 한 생명의 잉태를 위한 준비과정인 수태와 출산과 양육에 이르는 전 과정을 아우르고 있습니다. 이 점에서 혼례는 바로 출산의례의 시작이라고 할 수 있습니다.[1] 실질적인 출산의례는 아이를 갖으면서 시작하는 태교로부터, 태어날 아이의 삶을 예견하는 태몽, 출산과 금기, 아기의 건강한 수명을 비는 첫 잔치인 백일, 아기가 장차 할 일을 예견하는 돌잡이, 가족의 일원이 되는 세 돌을 맞이하며 끝나게 됩니다. 이 세 돌이 바로 돌아가신 부모님에 대한 상례를 3년간 지속하는 근거가 됩니다. 삼년상은 미숙한 존재로 태어나는 인간의 특별한 출생의 조건에 부여된 의례임을 잘 설명해 주고 있습니다.

문화인류학적으로 보면 새 생명은 남녀의 사랑에 의한 결합으로 탄생하기보다는 생명을 점지해 주는 신령한 존재로 말미암아 생긴다는 생각이 있었습니다. 우리나라의 경우에도 옛 어른들은 아버지, 어머니 외에 사람들이 가지고 있는 믿음이나 섬기는 신앙에 따라 생명은 삼신할머니가 점지해 준다고 생각하거나 부처님이나 칠성님이 점지해 준다고 믿는 이도 있었습니다. 또는 돌아가신 조상님이나 자연신인 산신, 바위신, 나무신이 점지해 준다고 믿어 생명을 점지해 주는 신령한 존재를 찾아가 음식을 차려놓고 기도를 드리며 정성껏 비는 비손을 행했습니다. 이렇게 자식 낳기를 비는 것을 기자의례(祈子儀禮)라고 합니다. 기자의례를 통해서 알 수 있는 것은 생명을 단순히 남녀의 육체적인 교합에 따른 생성뿐만이 아니라 영(靈)의 계시로 말미암아 영적으로 태어남을 말하고 있습니다. 따라서 출산의 과정은 몸과 마음이 새 생명을 수태하기 위하여 의례적으로 세심하게 준비하지 않으면 안 되었습니다.

그러나 생물학적인 관점에서 생명을 이해하는 현대사회에서 생명공학의 발달은 배아의 도덕적 지위를 위협하기에 이르렀습니다. 일부 학자들은 배아는 생명체이지만 인격체가 아니라고 하여 8주 이전까지는 배아 연구가 정당화될 수 있다는 입장에 서 있습니다. 이러한 생명 인식의 입장에는 현대의 과학적 생명관과 수태관이 반영되어 있습니다. 그러나 문

삼신할머니

화적 존재로서 인간의 생명은 과학으로 파악할 수 없는 신성한 영역이 있음을 인정해야 할 것입니다. 여러 문화권에서 고유한 생명문화의 패턴이 발전되어 왔으며 각각의 생명문화 안에서 고유한 생명의 가치와 존엄성과 지향성이 유지되어 왔음을 알 수 있습니다. 이 점에서 보편과학의 정신은 다양한 생명문화를 포괄하기 어려운 부분을 남겨 놓고 있습니다. 오히려 과학적 탐구는 생명문화를 통하여 연구의 방향성과 정당성을 확보할 수 있을 뿐입니다. 이것이 오늘날 인간이 지속적으로 생명문화에 대해서 관심을 두어야 하는 까닭이며, 과학 활동이 윤리적 정당성을 확보하는 일이기도 합니다. 따라서 인간생명의 시원과 관련된 출산의 전통문화에 대한 관심은 인간생명에 관한 전통적인 가치관을 이해하기 위해서 필요한 일입니다. 특별히 출산의례를 발전시킨 우리나라의 경우 전통의례 안에서 남달리 생명의식을 중시하여 왔음을 확인할 수가 있습니다.

하지만 문명화된 현대사회에서 이러한 전통적인 출산의례를 찾아보기 힘들게 되었습니다. 독신생활과 무자녀 가정이 늘고 있으며 출산의 경우도 대부분 병원에서 이루어지기 때문입니다. 그렇지만 문화의 패턴이 바뀐다고 하여 의식마저 사라지는 것은 아닙니다. 전통적인 출산의례를 행할 수 없다고 하여서 그 정신 자체를 불필요한 것이라고 여기지는 않을 것입니다. 이는 사람은 누구나 경이로운 출산의 과정을 통하여 태어나고 그 가운데 생명의 존엄성을 인식하고 있다는 것을 의미합니다. 과거와 같은 출산의례를 시행하고 있지는 않지만 그 안에 담긴 순수한 생명의식이 유지되고 있음은 생명문화가 새로운 형태로 변화해 가고 있음을 말해주는 것입니다. 그러므로 전통적인 출산의례의 과정과 의미에 관해서 살펴보는 것은 생명의식과 생명문화를 계승하고 이 시대에 맞는 생명문화를 이루어 가는데 있어서 필요한 일이 될 것입니다.

1) 태교의 문화전통

출산의례는 한 생명체를 온전히 낳으려는 의례이자, 생활공동체의 일원으로 받아들이는 의례입니다. 따라서 이 의례 안에는 생명의 존엄성과 사회의식이 깊이 내재되어있습니다. 전통적인 출산의례는 아이를 가지면서 부모가 갖는 마음가짐으로부터 태교에서 시작됩니다. 태교는 동아시아 문화권에서 특별히 중요하게 여기는 태내 아이의 양육방식입니다. 태교의 유래는 전한의 학자 유향(劉向)이 쓴 『열녀전』에 전해지는 문왕(文王)의 어머니 태임(太任)에게서 비롯합니다. 『열녀전』에 따르면,

> 태임은 주나라 문왕의 어머니로 지나라 임금인 임씨의 둘째 딸이다. 왕계가

맞아들여 왕비로 삼았다. 태임은 천성이 단정하고 한결같으며 성실하고 엄숙하여 오직 덕스러운 행동만을 하였는데, 문왕을 임신함에 이르러서는 눈은 나쁜 빛을 보지 않았으며, 귀는 음란한 소리를 듣지 않았으며, 입으로는 오만한 말을 내지 않았다. 문왕을 낳으니 총명하고 사물에 통달하여 태임이 하나를 가르치면 백 가지를 깨우치니 마침내 주나라의 제일가는 인물이 되었다. 이에 군자들이 이르기를 "태임이 태교에 능하였기 때문"이라고 하였다.[2]

라고 하였으며, 곧이어 태교의 요점을 아래와 같이 기술하고 있습니다.

옛날에 부인이 아이를 배었을 때 잠잘 때에는 옆으로 눕지 않으며, 앉을 때에는 가에 앉지 않으며, 설 때에는 한 쪽 발로 서지 않으며, 사특한 맛의 음식은 먹지 않으며, 고기를 썬 것이 바르지 않거든 먹지 않으며, 자리가 바르지 않거든 앉지 않으며, 눈으로는 부정한 색을 보지 않으며, 귀로는 음란한 소리를 듣지 않으며, 밤이면 봉사로 하여금 시를 외우며 바른 일을 말하게 하였으니, 이와 같이 하면 아이를 낳음에 용모가 단정하며, 재주와 덕성이 반드시 보통사람보다 훨씬 뛰어나게 되는 것이다.[3]

이러한 태교의 전통은 지속적으로 전승되어 남북조 시대에 안지추(顔之推)가 쓴 『안씨가훈』에도 "옛날 성왕에게 태교법이 있었으니 아이를 가진지 3개월이 되면 별궁으로 나아가 머물면서 눈으로는 삿된 것을 보지 않고, 귀로는 경망스러운 것을 듣지 않고, 소리와 맛을 가리어 예로써 절제하였다."[4]라고 하였습니다. 이밖에도 『규범(閨範)』, 『내훈(內訓)』, 『계녀서(戒女書)』 같은 부녀 규범서에도 태교를 중요하게 다루고 있으며, 특히 성리학의 아동교육 지침서인 『소학』에서는 『열녀전』의 태교법을 첫머리에 그대로 인용하고 있습니다. 청 말에 강유위의 『대동서』에서도 "천하

강릉 오죽헌 몽룡당

사람들이 모두 태에서 태어나지만 태생에서 이미 잘못된다면 가르쳐도 어찌할 수 없다. 그러므로 태교라는 것은 그 다스림에 있어 제일 요긴한 것이다."[5]라고 태교를 강조하고 있습니다.

우리나라의 경우 실제로 태교에 관한 가장 오래된 기록은 고려 말 포은 정몽주의 어머니 이씨(李氏)가 남긴 『태중훈문(胎中訓文)』이며, 조선시대 중엽에 이르러 율곡 선생의 『성학집요(聖學輯要)』와 허준(許浚)의 『동의보감』, 그리고 후기에는 이빙허각(李憑虛閣)이 남긴 『규합총서(閨閤叢書)』에도 태교를 중요하게 다루고 있으며, 특히 조선조에 문왕의 어머니 태임(太任)을 본받으려 했던 신사임당(申師任堂)의 태교 이야기는 부녀의 전범으로 대대로 회자되고 있습니다.

태교의 중요성에 대한 조선조 부인들의 관심은 조선 후기 이사주당(李師朱堂, 1739~1821)이 저술한 『태교신기(胎教新記)』에 이르러 만개하였다고 할 수 있습니다. 『태교신기』는 우리나라 전통 태교에 대한 가장 체계적이고 전문적인 저술로 사주당 이씨 부인이 61세 되던 정조 24년(1800) 탐독

하였던 전적(典籍) 가운데 태교와 관련된 문장을 가려 뽑아 저술한 것입니다. 이듬해 아들 유희(柳僖)가 이 책을 10개의 장구와 35구절로 나누고 아울러 주석과 언해를 붙여 『태교신기대전(胎教新記章句大全)』과 『태교신기언해』를 완성하였습니다.

태교하는 데 중요한 것은 산모와 가족들이 가진 생명에 대한 경외심입니다. 여기서 한 생명을 완전한 인격체로 대하고 양육하려는 의지를 엿볼 수 있습니다. 또한 인간은 교육을 통하여 성숙한 존재가 될 수 있다는 문화적 신념이 전제되어 있습니다. 태교의 근간을 이루는 것은 유교의 예의 정신입니다. 정형화되지 않았으나 산모의 마음의 자세가 예가 시작된다는 것을 태교가 잘 보여주고 있습니다.

2) 새 생명의 출생과 새 세계의 탄생

일반적으로 가정에서 출생을 준비하는 과정은 다음과 같이 진행됩니다. 열 달 동안 태교하는 마음으로 몸조심을 한 산모는 출산일이 가까워지면 기저귀와 배내옷, 미역 등을 준비합니다. 예로부터 첫아기는 친정에 가서 낳는 것이 일반적이었습니다. 시어머니나 친정어머니가 아기 받는 일에 익숙하지 않으면 아기를 잘 받는 마을 할머니를 모셔오기도 하였습니다. 해산 기미가 있고, 진통이 오면 집안에서 섬기는 삼신할머니 앞에 정화수를 차려놓고, 무사히 몸을 풀 수 있도록 비손을 합니다. 그리고 아기를 낳으면 곧 금줄을 쳐서 외인의 출입을 금합니다. 금줄은 왼새끼로 꼬며 금줄에는 숯과 한지 등을 달고 아들이면 고추, 딸이면 솔잎을 달아 표시를 합니다. 아기를 낳은 어머니는 삼칠일 동안 누워서 미역국을 먹으며 몸을 조섭합니다. 그동안 집안에 못을 박거나 변소를 치우지 않으며, 개, 돼지, 사슴, 오리 등의 고기는 먹지 않습니다. 삼칠일이 지나면 금줄을

걷어치우고, 이웃 사람들의 방문을 허용합니다.

과거에는 갓 태어난 아기가 죽는 일이 잦아서 산모와 아기의 안전을 도모하기 위한 갖가지 의례를 베풀었습니다. 또 임신이 이루어지지 않을 때는 잉태를 위한 주술적인 행위에 온 정성을 기울였습니다. 인류학에서는 의례를 사회와 분리되는 분리의례, 일상에서 벗어나는 전환의례, 사회로 돌아오는 통합의례의 세 종류로 나누고 있습니다. 임산부가 음식을 조절하고 여러 가지 행위를 삼가며, 출산과 더불어 금줄을 쳐서 외부인의 출입을 막고, 가족들도 아궁이를 고치지 않거나 상갓집에 가지 않는 등의 금기를 철저하게 지키는 것이 분리의례입니다. 전환의례는 아기 출생 후 사흘 동안 이루어지는데 아기를 목욕시키지 않고 젖을 먹이지도 않으며, 산모 또한 몸을 씻지 않고 음식도 들지 않는 풍습이 그것입니다. 말하자면, 산모뿐 아니라 아기까지 먹고 마시고 씻는 따위의 일상에서 벗어나 거의 완전히 무(無)의 상태에서 지내는 것입니다. 특히 산모는 이 기간 심신의 회복을 꾀하는 동시에 아기의 건강을 기원할 뿐입니다. 사회로 돌아오는 통합의례는 사흘째 되는 날 이루어집니다. 이날 비로소 강보에 싸인 아기를 목욕시키며 젖도 먹입니다. 또한 곳에 따라서는 아기의 태를 처리하고 삼신상을 차려 삼신에게 감사를 드리며, 산모는 첫국밥을 먹음으로써 일상으로 되돌아오게 됩니다. 그러나 참다운 통합의례는 첫이레에서부터 세이레 사이에 이루어집니다.

삼신할머니께는 출산 후 3일과 첫이레, 두이레, 세이레에 제각기 상을 차려 올리고, 백일 때도 미역국을 끓여 삼신상을 차려 비손을 합니다. 아기를 위한 첫 잔치는 백일잔치입니다. 친척과 이웃을 불러서 미역국과 백일 떡을 나누어 먹으며, 손님들은 무명실을 선물로 주면서 아기의 수명을 빕니다. 첫돌에는 멀고 가까운 친척들과 이웃들을 초대하여 돌상을 차리고 아기에게 돌잡이를 시킵니다. 돌상에는 수수처럼 쑥쑥 잘 자라라는 뜻에서 수수떡을 하고, 생각하는 속이 넓어지라는 뜻에서 속을 채우지 않은 만두를 차립니다. 그리고 아기의 돌잡이를 위하여 붓과 돈, 활, 무명실 타래 등을 올려놓습니다. 붓을 먼저 잡으면 선비가 되고, 돈이나 활을 잡게 되면 부자나 장군이 되며, 실타래를 잡게 되면 수명이 길다고 생각하였습니다. 손님들은 아이의 옷가지 등을 선물하며 축하합니다. 돌잔치는 세 돌까지 하는데 첫돌잔치를 가장 크게 합니다. 두 돌부터는 잔치를 하되 돌상을 차리거나 돌잡이를 하는 의식은 없습니다. 삼신께 돌상을 차려 올리고 미역국과 돌떡을 준비하여 이웃끼리 나누어 먹는 정도입니다. 아기가 세 돌이 지나면 생일을 맞이하게 되는데 이때부터는 다른 가족과 다를 바 없게 됩니다. 태어나서 3년이 지나서야 정상적인 가족으로 인정받는 셈입니다.[6]

출생 자체는 아이를 낳는 산모와 아이 모두에게 해당하는 고통의 통과의례입니다. 산모는 첫 아이를 낳음으로써 진정한 성인이 되며, 생명을 낳고 낳는 천도(天道)에 참여하게 됩니다. 산모는 새 생명을 낳음으로써 생명의 육체적 본성인 생명의 탄생을 완성합니다. 새 생명의 출산은 세계 생성에 직접적으로 참여하는 거룩하고 신비로운 일입니다. 또한 아이는 엄마의 태 안에 머물다가 고통을 감내하고 변화되어 세상에 태어납니다. 최초의 고통을 이겨냈다는 의미에서 오토 랑크(Otto Rank)의 말처럼 모든 아이는 영웅으로 태어나는 것입니다. 갓난아이는 고통을 넘어 새 세상을 함께 가지고 오며, 이 아이의 탄생을 기뻐하는 사람들은 이제 이 아이가 펼쳐낼 새로운 세상을 신기하게 바라보게 됩니다. 한 분의 돌아가심으로 지금까지 보여준 한 세상이 닫힘과 같이 새 생명의 탄생은 새로운 세상이 열림을 의미합니다. 물리적인 세상은 하나이지만 사람마다 일구고 펼쳐내는 세상은 서로 다릅니다. 이것이 사람의 수만큼 세상이 많은 까닭입니다. 그러므로 모든 생명 안에는 그 생명으로 말미암아 드러날 고유한 세상이 내재하여있습니다.

이 점에서 태어난 아이의 양육은 아이가 자기의 세계를 잘 열어갈 수 있도록 기다리고 도와주는 일입니다. 아이가 말하기 시작하면서 개념세계가 열리게 되면 우리는 소통을 통해 아이의 세계에 좀 더 가까이 다가갈 수 있습니다. 아이는 기존의 개념체계에 종속됨이 없이 자연스럽게 다양한 조합을 시도하는 가운데 그 상관성과 의미를 새롭게 구성하게 됩니다. 비트겐슈타인이 놀이이론[7]에서 말한 바와 같이 이것을 개념놀이라고 할 수 있습니다. 개념놀이를 통해 기존의 세계를 이해하고 자신의 개념체계를 구성하는 가운데 한 아이의 세계가 탄생합니다. 이 점에서 아이들의 언어구조는 열려있고 무한한 가능성을 보여줍니다. 문학적으로 표현하면 아이들은 시인입니다. 시인들의 시어가 아이들의 언어에서 쉽게 발견되기 때문입니다. 어른들이 아이들의 언어를 이해하지 못하는 것은 아이들의 언어에 귀를 기울이기보다 기존의 언어체계를 아이들에게 주입하려 하고 이에 상응하는 세계만을 기대하기 때문이라고 할 수 있습니다.

한 아이를 잉태하면서부터 아이가 엄마와 나누는 생명의 담화는 인간이 지각하는 최초의 담화입니다. 사람이 사람다울 수 있는 까닭은 이 담화로 말미암아 가능합니다. 담화는 인간이 사유를 가능케 하고 사회적 존재로 살아갈 수 있는 계기를 부여합니다. 인간의 추론 능력과 덕성이 여기에서 함양됩니다. 한 아이가 눈을 떠서 발견하는 세상의 첫 모습은 온화한 엄마의 얼굴입니다. 변화하는 사람의 모습입니다. 아이가 보여주는 것은 작은 움직임에 반응하는 생명의 환희입니다. 아이는 본능적으로 소통이 무엇인지 압니다. 부모도 아이로부터 순수한 대화를 경험합니다. 인류 초기의 순수한 담화방식이 이 담화에서 재현됩니다. 엄마는 아이처럼 순수해지고 아이는 대화를 통해 세상을 알아갑니다. 아이는 이 대화 속에서 신뢰심과 자율성[8]을 키워갑니다.

부모는 아이의 생긴 모습이 닮은 것을 보고 기뻐하지만 실상 아이를 통해 이 순수한 아이가 어디에서 왔는지 신비스럽게 바라봅니다. 그리고 아이가 이루어 낼 새 세상을 기대하게 됩니다. 이렇듯 한 아이의 생명은 고유하고 신비한 성향을 가지고 있습니다. 이 성향은 좋은 것과 나쁜 것, 아름다운 것과 추한 것으로 대비되는 가치 이전의 순수한 가치를 보여줍니다. 아이는 세상에 새로운 가치를 부여함으로써 우리가 세상을 새로운 눈으로 바라보게 합니다. 이렇듯 생명의 본성은 새로운 세계를 낳아주고 변화를 불러일으킵니다. 이 가운데 한 아이의 생명은 육체와 더불어 정신의 변화를 지속적으로 진행하게 됩니다. 유전학적인 용어를 빌려 쓴다면 육체적 진화와 더불어 지성적 진화가 이루어진다고 할 수 있습니다. 어린아이에게서 나타난 이러한 자연적 그리고 지성적 변이를 통해 새로운 세계의 모습이 점차 드러나게 됩니다. 그리고 변화하는 가운데 어린아이가 보여주는 세상은 원형적 세계이며 모든 사람이 돌아가야 할 세계임이 밝혀집니다. 인간의 육체적, 정신적 변화는 바로 살아있다는 생명성을 반영합니다. 아이의 부단한 성장과 변화는 생명 그 자체입니다. 이 시기에 어린아이는 태생적으로 이상적인 인간 본성을 잘 간직하고 있습니다. 성경과 동양 경전에서 어린이가 되라고 하는 가르침을 이러한 맥락에서 이해할 필요가 있습니다. 아이를 통해 어른도 변화하며 생명의 신비를 새삼 깨닫게 됩니다.

3) 작명례와 명분

모든 존재에는 지칭이 있기 마련인데 사람보다 이름이 많은 존재는 없습니다. 특별히 동아시아 유교 문화권에서는 태어나면서부터 짓는 아명(兒名)에서부터 관명(官名), 족보명(族譜名), 호적명(戶籍名), 관례 때에 붙이는 자(字)와 아호(雅號)와 당호(堂號), 죽은 다음에 붙이는 시호(諡號)에 이르기까지 일생동안 한 사람이 여러 이름을 갖게 됩니다. 이름은 한 사람이 갖는 사회적 명분과 밀접하게 연관을 맺고 있으며, 명분은 관계를 기초로 하고 있습니다. 새로 태어난 아이에게 백일 즈음하여 이름을 붙여주는 것은 새로운 생명에 대한 지칭을 통해 새로운 관계를 설정함을 의미합니다. 전통적으로 가정의례로서 첫 이름을 지어주는 작명례를 통과의례로 중시한 까닭은 아명(兒名)은 성년례를 치르며 자(字)를 짓기 전까지 부르는 이름으로 아이의 건강과 총명함에 대한 가족들의 염원을 표현하고 있기 때문입니다. 일반적으로 성년례를 거행하면 이름을 함부로 부르지 않았으며, 다만 군(君), 사(師), 부(父)만이 부를 수 있었습니다. 또한 집안에 아이를 낳아서 작명하면 조상께 고하는데 이때 "아이를 낳았습니다. 이름은 무엇입니다." 하고 아뢰었습니다. 아명과 달리 족보에 올리는 족보명도 있습니다. 그리고 피휘(避諱)라 하여 대화나 글을 쓸 때 존장의 명(名)자에 이르게 되면 뜻이 통하는 다른 글자로 대신하여 이를 피할 방법을 강구해야 했습니다. 예전에는 당대 제왕의 이름과 성현의 이름도 피해야 했습니다. 우리나라에서 이름은 성과 명으로 지어지는데 성(姓)은 아버지를 따르고 이름(名)은 보통은 두 자이나 한 글자는 항렬(行列)자를 따라 썼으며 항렬(行列)자는 오행상생법(五行相生法)을 주로 사용하였습니다. 항렬(行列)자를 쓰는 이유는 같은 씨족사회의 세대(世代)를 나타내는 것으로 질서(秩序)와 화합(和合)을 기하는 방법으로 우리 성씨문화에 나타난 특수성(特殊性)이기도 합니다. 이 항렬은 오행상생법 외에 성씨에 따라 천간법(天干法), 십이지법(十二支法) 등 합당한 것을 문중회의에서 정하여 사용하도록 권하였다.

유교에서 이렇듯 이름 짓는 것을 중시한 것은 공자의 가르침과 밀접한 관계가 있습니다. 자로(子路)가 스승 공자(孔子)에게 정치를 하는 데는 무엇을 으뜸으로 삼아야 하느냐고 물으니, 공자는 '정명'(正名)이라고 답했습니다. 정치를 명분을 바로 잡는 일로 삼겠다고 한데에는 이름 짓고 부르는 것이 사회에서 얼마나 중요한 일인지를 함축적으로 잘 나타내고 있습니다. 다른 한편 이러한 공자의 언급에서 이름을 부르는 일이 어떤 사회적 의미를 불러일으키는지를 일깨우고자 하는 의도를 엿볼 수 있습니다. 이름은 단순한 지칭이 아니라 행위를 불러일으키는 수행적 언사입니다. 공자가 정명을 예(禮) 수행의 핵심으로 삼은 것은 지칭의 수행적 요소를 중시하였기 때문입니다. 나아가 공자는 언어를 사회를 조율하는 원리로 삼은 것입니다.[9] 공자는 말씀하시기를, "명(名)이 바르지 않으면 말이 순조롭지 못하고, 말이 순조롭지 않으면 일이 제대로 이루어지지 않고, 일이 제대로 이루어지지 않으면 예악이 진흥되지 못하고, 예악이 진흥되지 못하면 형벌이 적절하지 못하고, 형벌이 적절하지 못하면 백성들이 손발을 둘 곳이 없다. 그러므로 군자는 명을 바르게 한 다음 반드시 말을 하고, 말을 하면 반드시 행하는 법이다. 군자는 구차스럽게 말을 꾸미지 않는다."[10]고 하였습니다. 부름〔名〕은 사회적 명분을 확인시켜주는 일입니다. 이 점에서 아명은 관계를 이루게 하는 첫 이름입니다. 성인이 될 때까지 누구나 마음대로 부를 수 있는 이름에는 사회적 존재로 성장하는데 필요한 인격적 요소가 담겨있습니다. 이름을 부름은 명분을 일깨우고 한 인간이 지향해야 할 바를 지시하는 이정표이기도 합니다. 그러므로 이름은 내면을 바라보고 스스로 이루어야 할 인격을 바라보는 거울이 됩니다.

2. 혼인과 생명의례

인륜지대사라고 하는 혼인은 사랑하는 남녀가 일생을 함께하기로 서약하는 의례입니다. 양이 가고 음이 온다는 뜻에서 어두울 때 아내를 맞이하는 혼례라고 합니다. 남녀의 정을 합하는 데 있어서 공경하면 서로 잘 맞고, 구차하면 떨어지기 쉬우니 반드시 예식으로 꾸미어 서로를 받아들이는 것이어서 혼례는 상대방의 꾸밈을 받아들이는 예가 되는 것입니다. 혼인식에 신랑 신부가 가장 아름다운 모습을 갖추는 까닭이 여기에 있습니다. 『예기』「혼의」편에 따르면 "혼례는 장차 두 성의 좋은 것을 합하여 위로는 종묘를 섬기며, 아래로는 후세를 이으려는 것이다. 그러므로 군자가 이것을 소중히 한다."고 하였습니다. 혼인은 가장 기본적인 사회공동체인 가족 공동체를 이루는 사회적 의례입니다. 혼인을 통해 부부의 관계가 공인되고 보호받게 됩니다. 또한 부부는 자녀 출산을 통해 조상으로부터 이어져 내려오는 생명성 유지의 사회적 책임을 완수하게 되는 것입니다. 현대사회의 혼인은 이러한 전통적 가치를 유지하기 어렵게 되었으며 새로운 형태의 가족과 생명의 탄생이 나타나고 있습니다. 그럼에도 불구하고 혼인이 갖는 의미를 되새기는 것은 인간생명의 근원적 조건으로 그 가치를 보존하고 유지할 필요가 있기 때문입니다.

1) 사랑과 유대의 생명공동체로서 가족

가족은 남녀의 사랑과 혼인으로부터 시작됩니다. 혼인은 사랑하는 남녀 사이에서 이루어지는 사랑과 신의의 서약이면서 사랑의 유대를 지속하고 보호하기 위한 사회적 장치입니다. 가족은 사랑의 유대를 통해 생명성을 나누는 원형적 사랑의 공동체입니다. 그러므로 가족이 생명의 탄생과 양육과 유대를 유지하게 하는 힘은 다름 아닌 사랑입니다. 가족의 사랑은 세 가지의 유형을 보여줍니다. 부부간의 사랑, 부모와 자식 간의 사랑, 형제자매간의 우애입니다. 그런데 이 세 가지 유형의 사랑은 문화와 시대에 따라 달리 양상이 나타남으로 정형화하여 이해할 수 없습니다. 현대사회의 부부간의 사랑을 보더라도 기든스가 말하는 열정적 사랑에서 낭만적 사랑으로 그리고 이상적인 합류적 사랑으로 나아가기도 하지만 때때로 혼합된 형태를 보이기도 합니다. 때로는 애증이 결합된 상태를 유지하기도 합니다. 이 점에서 사랑은 합리적이지 않습니다, 시공간적으로 일관되게 나타나지 않고, 상황에 따라 변화합니다. 사랑은 위기의 도피처이면서 존재의 본질적인 양상을 보여주기도 합니다.

부부의 사랑은 본질에서 성이 필요합니다. 성은 부부의 사랑이 육체와 정신의 일치를 바탕으로 하고 있음을 말해주고 있습니다. 성은 몸의 대화이며 정신적 대화의 바탕이자 원동력입니다. 성은 고유하며 신비롭습니다. 관계를 지속시켜주는 힘이 성적 관계 안에 내재되어 있습니다. 그 결실은 새 생명입니다. 그러나 관계가 일방적이거나 집착되어 있을 때 불완전한 부부관계가 되고 맙니다. 성이 개별적 인격성의 발현에서 시작되어 인격적 관계로 발전해야 하는 까닭이 여기에 있습니다. 성이 인격적인 대화를 통해 출산과 육체적 즐거움의 균형을 이룰 때 가족을 구성하며 유대를 유지하고 이끄는 중요한 역할을 성취할 수 있습니다. 하지만 성은 인간의 내면적 충동과 깊이 결합되어있고 미셸 푸코가 밝혔듯이 외적인 사회적 권력에 쉽게 영향을 받으므로 개인이 타고난 본래의 성의 정체성을 유지하는 일은 쉽지 않습니다. 이러한 성의 불안정한 상태는 가족의 삶에 영향을 미치게 됩니다.

전통적으로 부부는 함께 가족을 이루며 생계와 가족의 화목을 담당하는 분업의 형태를 띠었습니다. 현대사회에서는 사회적으로 공동의 책임으로 균형을 이루는 형태로 변화하고 있습니다. 여성의 사회참여와 남성의 가사 분담은 부부 상호 간의 이해의 폭을 넓히고 유대를 강화하였으며, 여성의 사회적 역할에 대한 새로운 이해를 가능하게 하였습니다. 과거의 정착된 삶을 유지하는 농경사회와 달리 삶의 조건이 시시각각 변화하는 현대사회에서 부부는 변화에 상응하는 삶을 모색하기 위해 부단히 상의하고 협조하지 않으면 안 되게 되었습니다. 한편 서로가 이러한 기대에 못 미칠 때 부부 관계는 쉽게 단절되는 경향을 보입니다. 따라서 가정은 상이한 가치관과 신념이 조화를 이루기 위해 부단한 노력이 요구되는 삶의 장이 되고 있습니다. 이 점에서 가정은 가장 기초적인 사회의 장이 열리는 곳이기에 이해와 관용의 미덕이 시작되는 장소이기도 합니다.

2) 가족 구성과 자아 형성

혼인과 더불어 가족 안에 한 생명의 출생은 가족 구성원을 새롭게 형성합니다. 처음 아이를 갖은 부부는 아이 출생과 더불어 비로소 엄마와 아빠라는 관계의 칭호를 갖게 되고 그 부부의 친척도 아이로 말미암아 모두 새로운 관계의 명칭을 부여받게 됩니다. 아이는 부부 사이에서 삼각관계를 구성하며 가족에게 새로운 관계의 틀을 마련해 줍니다. 새로 태어난 아이로 말미암아 가족 구성원에게 부여되는 관계의 새로운 명칭은 가족 내에서 고유한 역할을 담당할 것을 요구하고 있습니다. 새로운 관계명은 언어철학적 관점에서 보면 작명례에서 살펴본 수행적 언사(performative utterance)로서 지칭에 맞는 행위를 요구하고 있습니다. 이것이 바로 한 생명이 가진 사회구성력이라 할 수 있습니다. 이 구성력은 현실적인 관계의 친밀도에 따라 관계적 장력의 차이를 보여줍니다. 예를 들어 소가족제도 중심인 현대사회에서 가족관계는 함께 거주하는 사이로 축소되기도 합니다.

아이를 통해 가족은 관계 안에서 가족 본래의 의미가 드러남을 더욱 새롭게 깨닫게 됩니다. 가족 간의 소원한 관계도 아이에 대한 사랑을 통해 관계를 회복하고 어려운 상황도 극복하게 됩니다. 아이는 기존에 갖고 있

가족(오슬로 시청 벽화)

던 생명의 가치와 가족의 의미를 조율하고 변화시킵니다. 새로 태어난 아이는 가족의 사회적 맥락을 새로 구성하면서 관계적 자아를 형성해갑니다. 때때로 사랑과 유대가 깨져서 부정적인 결과가 나타나기도 합니다. 일시적일 때는 극복하기 쉽지만 빈번하면 회복하기 어려운 상황에 이르게 됩니다. 이러한 경우에 자녀가 가장 큰 피해를 보게 되며 다가오는 불행에 대해 부부 누구도 예외 없이 공동의 책임을 지지 않으면 안 됩니다. 따라서 한 아이의 자아 확립에 도움이 되는 가정생활이 무엇인가 깊이 고려하지 않을 수 없습니다.

출산의례에서 살펴보았듯이 동아시아에서 전통적으로 부부가 임신한 경우 태아를 위하여 모든 행동거지와 마음 쓰임새를 조심한 것은 태아가 나쁜 영향을 받지 않고 순수하게 성장할 수 있기를 기원하기 때문입니다. 산모의 태아 교육은 태아의 자아 형성과 밀접한 관계를 맺고 있습니다. 실로 자아의 형성은 생명성의 본질입니다. 미드(G. H. Mead)의 이론에 따르면 인간은 언어나 문자 등 상징을 창조해서 타인과 상호작용을 할 수 있는 합리적인 유기체이며, 인간행동은 서로 공유하고 있는 상징적 의미에 바탕을 둔 상징적 행동입니다. 상징적 의미는 사회화과정을 통하여 습득되는데 이 사회화를 통하여 인간의 마음과 자아가 발달하고 개인은 사회와 통합됩니다. 개인은 사회화과정 초기 단계에서 부모나 형제와 같은 가장 가까운 사람들, 즉 '중요한 타자' 를 통하여 사회적 상징, 즉 언어와 행동을 배우는데 이 단계를 놀이단계(play stage)라고 부릅니다. 가까운 사람의 몸짓과 행동을 모방하면서 어린아이는 자아개념을 정립하기 시작합니다. 점점 성장하면서 자신과 주위 사람들과의 관계가 무엇인가를 깨닫기 시작하고 또 이 관계 속에서 자신이 어떻게 행동해야 하는가, 자신의 역할이 무엇인가를 배우게 되는데 바로 이 단계의 사회화과정을 미드는 게임단계(game stage)라고 합니다.[11]

자신을 대상화할 수 있을 때 사람은 더 체계적이고 안정된 자아관념을 가지게 됩니다. 자아관념은 두 가지 측면으로 구분되는데 '주체적 자아(I)' 와 '객체적 자아(me)' 입니다. 객체적 자아는 관례적이고 습관적인 측면을 말하는 것으로 이는 개인의 행위에 대한 객관적 지침, 즉 사회규범이나 가치, 의미 등으로 타인이 나를 보듯이 내가 나 자신을 볼 수 있도록 해줍니다. 주체적 자아는 자아의 보다 능동적이고 충동적인 측면으로서 미드는 이것을 독창성, 창의성, 자발성의 근원으로 봅니다. 따라서 미드는 인간은 사회가 심어준 규범에 따라 행동하면서도 주체적이며 독창적인 면이 있음을 강조하고 있습니다. 허버트 블르머(Herbert Blumer)는 미드의 이론을 발전시켜 자아는 하나의 과정이며 그것은 자기 자신과의 상호작용, 즉 자아 상호작용(self-interaction)을 가능케 하는 성찰적, 반성적 과정이라고 봅니다. 인간은 자기 자신에게 지시할 수 있고 그가 인지하고 평가한 것을 바탕으로 스스로의 행동을 궁리하여 짜나갑니다. 외부의 자극에 단순히 기계적으로 반응하는 것이 아니라 능동적으로 해석하며 자기 자신과 끊임없이 상호작용하는 존재, 그것이 바로 인간입니다.[12]

현대사회의 가정은 급속한 사회 변화에 따라 자녀의 자아 형성을 위협하는 요소들을 배태하고 있습니다. 자아 형성을 위협하는 원인은 무엇보다 가족 유대의 불안정입니다. 가족 유대가 깨어지는 가장 큰 원인은 외부적으로는 경제적인 여건이며 내부적으로는 가치관에 따른 삶의 양식의 차이에서 오는 세대 간의 심리적 갈등입니다. 현대사회에서 빈번해진 이혼이나 별거는 경제적인 문제와 상호 신뢰의 상실, 결혼 생활에 대한 지나친 기대감과 가치관의 차이로 인한 경우가 대부분입니다. 여성은 경제적 지위가 향상되고 자립도가 높아지면서 고유한 삶의 가치를 추구하게 되었으며, 전통적인 관습에 얽매이지 않고 자유로운 삶을 선택하는 경향이 나타나게 되었습니다. 미혼여성이 증가하는 것도 이와 상관관계가 있습니다. 칼 만하임이 잘 지적했듯이 세대 간[13]에 서로 다른 내용을 지닌 문화를 습득하게 됨으로써 사회적 규범이나 가치, 행동양식 등에서 차이와 갈등을 표출하게 됩니다. 부모와 자식 간에 가치관이 서로 다른 까닭은 자녀가 성장하면서 가족 외부에서 받는 개인적인 경험과 교육 그리고 사회의 영향 때문입니다. 젊은 세대와 기성세대는 특별히 정치 이데올로기와 관련된 문제에 있어서 관점의 큰 차이를 보여줍니다. 이러한 현상들을 고려해볼 때 현실적으로 자녀는 가족의 유대가 아니라 갈등 가운데 노출되기 쉽습니다. 그럼에도 불구하고 성장과 더불어 가족 간의 갈등 안에서 자아정체성 확립을 위한 새로운 노력이 필요한 시기이기도 합니다.

갈등은 자연스러운 가족 간의 삶의 현상입니다. 갈등 속에서 자녀들은 가족으로부터 자신과 가치관이나 신념이 다른 사람과 함께 공존하는 법을 배워갑니다. 가정에서 좋은 점을 배우고 따르는 긍정의 학습과 본받을 만하지 않은 점을 반면교사로 삼는 부정의 학습이 함께 이루어질 수 있습니다. 자녀들은 때때로 자신이 갈등의 원인이면서 해결책이라는 사실을 깨닫게 됩니다. 실로 동아시아 문화권에서 가족 유대의 열쇠가 자녀에게 있는 경우가 대부분입니다. 이는 다음 세대에 대한 기대와 배려에서 비롯된 것이라 할 수 있습니다. 자아 정체성이 깊은 사려를 통해서 발전하는 계기를 갖게 되는 것입니다.

3) 가족 관계와 호혜성

부모와 자식 간의 사랑은 전통적으로 양육과 봉양으로 호혜적 관계를 유지했습니다. 그러나 사회 변화로 말미암아 예전과 같은 부모의 희생적 사랑과 자식의 효성은 찾아보기 쉽지 않습니다. 현대사회에서 부모는 자식에게 기존의 가치관을 주입하고자 하고 자식은 전통적 관습에서 벗어나고자 합니다. 현대사회의 가족이 겪고 있는 갈등은 여기서 비롯하기도 합니다. 돌이켜 보면 자식 사랑에는 다음 세대에 대한 소망과 기약이 담겨있습니다. 자식은 성장하고 변모하여 독립된 인격체로 자립할 사랑의 결실입니다. 자식은 부부 유대의 실체로 사랑의 관계를 확인케 합니다. 자식의 성장은 부부 사랑의 유대에 전적으로 의존하고 있습니다. 자식을 인격체로 독립시킬 때 부모 양육의 의무가 끝나게 됩니다. 그러므로 자식은 부부 공동의 타자입니다. 자식은 부모 각자를 타자화하여 성찰하도록 돕습니다. 따라서 부부에게 자식은 관계를 새롭게 이해하는 초월적 자아를 발견하는 데 도움이 됩니다. 때로 자식은 부모가 예측하지 못한 삶의 장을 열어줍니다. 자식에 대한 사랑은 선택적 사랑이 아닙니다. 인간이 자기 생명성을 구체적으로 확인할 수 있도록 하는 본능적이고 희생적인 사랑입니다. 부모는 자식에게서 닮은 몸과 마음을 볼 뿐 아니라 자신이 찾던 영혼을 봅니다. 때로는 자식을 통해 감추어졌던 자아를 발견하기도 합니다. 그러므로 자식을 포기하는 것은 자신을 포기하는 것이나 다름이 없는 것입니다.

부모와 자식은 쉽게 분리될 수 없는 삶의 구조를 공유하고 있습니다. 불치의 병으로 고생하는 자식의 질환은 필연적으로 부모가 감당하게 됩니다. 역시 부모의 마지막 노환을 자식이 짊어집니다. 윤리적인 호혜의 원리는 가족에서 비롯되었습니다. 자식의 고통은 부모의 고통이며, 부모의 고통은 자식의 고통입니다. 따라서 고통의 완화는 서로의 의무이자 책임입니다. 현대의 사회복지는 물질적으로 가족의 부담을 일부 덜어주고 있으나 정신적 고통과 부담을 완화시키는 데에는 한계를 보이고 있습니다. 이러한 경우에 당사자들은 자신의 삶을 예기치 않은 상황으로 던져진 운명으로 받아들이게 됩니다. 가족의 고통에 나타난 현상을 볼 때 고통은 일방적이지 않고 상호적입니다. 함께 나누어야 할 고통이라면 고통은 생명의 의미를 일깨우고 관계를 심화시킵니다. 고통을 나누는 가족사랑은 인간의 본질적 삶의 의미를 깨닫게 합니다. 하지만 이러한 이상적 단계에 다다르는 경우는 그리 많지 않습니다. 가족의 한 생명을 위해 남은 가족의 삶이 희생되어야 할 때 생명의 고양된 의미에 다다를 수 없습니다. 이를 위한 사회복지제도가 구축되지 않으면 안 됩니다. 개인이나 당면한 가정이 해결할 수 있는 일이 아니며 그렇게 방임해서도 안 되기 때문입니다.

사랑은 결핍의 자리에서 피어나는 꽃입니다. 생명의 완성은 성취에 있지 않고 결핍을 나누는 사랑에 있습니다. 마지막으로 부부는 서로에게 자신의 죽음을 맡기는 신뢰의 관계입니다. 어머니에게서 태생적으로 배운 신뢰가 돌아갈 곳은 바로 부부입니다. 신뢰는 삶의 여정을 동반한 것에 대한 감사와 사랑을 표현하는 방식입니다.

3. 회갑연과 죽음의 의례

노년기에 접어들면서 지나온 삶을 회고하고 정리하는 의미에서 전통적으로 행하는 의례를 회갑연이라 합니다. 고령화 시대에 회갑연이 더 이상 행해지지 않으나 회갑연에 담긴 의례의 의미는 사회적으로 더욱 되새겨보아야 할 점이 많습니다. 회갑은 일생 봉직한 일에서 퇴직하는 시기와 비슷합니다. 회갑은 가정과 사회의 책임을 마무리하고 개인의 가치 실현을 위한 삶으로 돌아가는 시기입니다. 그러므로 개인에게 회갑은 삶의 변곡점이기도 합니다. 공자께서 이순(耳順)이라 한 회갑은 더 이상 외적인 변화에 동요하지 않는 내적 안정을 이루는 시기이기도 합니다. 따라서 한 인간이 살아서 주체적으로 경험하는 회갑이라는 의례는 인생의 마지막 통과의례라 할 수 있습니다. 현대인이 상실한 의례 가운데 하나가 회갑입니다. 단순히 건강과 나이만을 생각할 것이 아니라 회갑에 담긴 문화적 의미가 무엇인지 살펴서 새로운 삶의 양식으로 되살릴 부분이 있습니다.

1) 회갑연의 의미

회갑이란 사람이 출생하여 60주년이 되는 생일을 말합니다. 10간(干) 12지(支)로 이루어진 우주만물의 이치가 순행하여 한 바퀴 돌아왔다고 하여 회갑이라 하며, 환갑(還甲)・주갑(周甲)・화갑(華甲)이라고도 합니다. 회갑이 되어 활동적 삶을 마무리하는 것을 기념하기 위하여 전통적으로 우리나라에서는 큰 잔치인 수연(壽宴)을 벌였습니다. 자녀들이 잔치를 마련하는 것은 부모의 은혜와 사랑에 감사드리며, 남은 삶이 더욱 건강하고 장수하기를 기원함에 있습니다. 첫돌에 부모로부터 상을 받기 시작하여 이제 마지막으로 자식에게서 상을 받게 되는 것입니다. 헌수(獻壽)란 자녀

회갑연

들이 큰상을 차려놓고 회갑을 맞이한 부모에게 술을 올리고 절하면서 축수(祝壽)하는 것을 말합니다. 자녀들은 회갑을 맞이한 부모님을 공경하고 경축하는 뜻에서 당사자의 의견을 존중하여 가정 형편에 따라 회갑연을 정성껏 준비합니다.

차리는 음식의 종류는 지방 혹은 가풍에 따라 조금씩 다르지만, 앞쪽에 과실류, 옆줄에 편류, 뒤쪽에 적을 놓는 방법은 거의 공통적입니다. 전통적인 큰상을 차릴 때 여러 가지 음식을 원통형으로 높이 괴어 올리는 굄새는 조형 기능의 결정체로서, 조선시대에 이루어진 것으로 숙달된 솜씨가 필요하여 옛날에는 큰상을 괼 때 숙수(熟手)라 불리는 전문가를 청하여 행하는 경우가 많았습니다. 음식을 위로 높이 괴는 것은 부모님에 대한 효성이 괴는 높이에 비례한다고 생각했기 때문인데, 다섯 치에서 한 자 정도의 높이로 올렸습니다.

큰상의 진설은 오전 11시경 교자상에 가정 형편이 허락하는 한 풍성하게 차려놓는데 제사(祭祀) 때 제상(祭床)과 다름없이 차립니다. 과일은 들여온 순서대로 놓으며 전도 짝을 맞추지 않고 5접시 혹은 7접시 · 9접시 · 11접시로 하되 회갑상에는 탕과 밥을 놓지 않는 것이 다를 뿐입니다. 큰상의 진설이 끝나고 자손들이나 원근의 친척이 다 모이면 헌수를 시작합니다. 그런데 회갑을 맞은 사람의 부모님이 살아 계신다면, 헌수 전에 그 부모 앞에 큰상을 차려놓고 회갑을 맞이한 부부가 술을 올리고 절을 합니다. 그러고 나서 자기의 자리에 앉아서 자녀로부터 헌수를 받습니다. 헌수는 큰아들 부부부터 시작하여 큰아들이 잔을 잡으면 큰며느리가 술을 따르고 부모에게 올립니다. 이어서 "아버님, 어머님 오복을 두루 갖추어 받으시와 만수무강하시옵소서."라고 축수를 하고 부부가 함께 큰절을 올립니다. 이와 같은 형식으로 차남, 삼남, 출가한 딸의 내외, 친척, 손님 등의 순서로 헌수를 진행합니다. 회갑 잔치의 좌석 배치는 병풍을 치고 병풍 앞에 당사자가 앉고 그 앞에 상을 차린 다음 자손들이 당사자를 향해 섭니다. 아버지는 자기들의 오른쪽인 동쪽, 어머니는 자기들의 왼쪽인 서쪽에 모십니다. 인사는 직계의 경우 남자는 재배(再拜)를 하고 여자는 사배(四拜)를 하는데 이는 산제사(祭祀)라 해서 제사 때 인사와 똑같이 하는 것입니다. 그 밖의 손님은 단배(單拜)로 끝납니다. 헌수가 끝나면 곧 큰상을 비롯한 모든 상을 치우고 잔치를 시작합니다.[14]

임란 이후 우리나라에서 성행하기 시작한 회갑연은 일생의 마지막 만찬 의례라 할 수 있습니다. 사실 이 의례는 자식들이 감사의 뜻으로 올리는 예이지만 당사자에게는 지나온 삶을 회고하고 남은 삶에 의미를 부여하는 의례입니다. 따라서 회갑은 삶의 의례이며 또한 죽음의 의례입니다. 회갑 잔칫상의 차림 구조는 제사상 진설과 유사합니다. 의식에 사용하는 물건, 공간상의 배치, 공경을 받는 사람과 준비한 사람의 위계적 관계는 제례와 매우 유사합니다. 회갑을 산제사라고 하는 까닭이 여기에 있습니다. 회갑을 치른 이후에는 점차 집안의 모든 권한을 장자에게 넘겨주고 거처를 옮기게 됩니다.[15] 일반적으로 회갑 이후에는 더 이상 생일에 미역국을 받지 않는다고 합니다. 이를 통해 회갑 이후에는 삶과 죽음의 경계에 있다는 것을 스스로 확인하게 됩니다. 이제 경계인으로 산다는 것입니다. 그러므로 회갑은 죽음의 의미를 깊게 성찰하는 계기를 부여합니다. 수의를 육순이나 칠순에 해드린다는 것은 회갑과 더불어 죽음의 의례가 시작되었다는 것을 의미합니다. 수의는 흰옷으로 태어나서 백일 때까지 입던 옷으로 다시 입고 돌아갈 옷입니다. 또한 다시 태어날 것을 예고하는 옷입니다. 상례에서 돌아가신 분을 염할 때 가족 모두가 애도하며 마음으로 함께 입을 옷이기도 합니다. 새 옷은 새 몸과 마음을 마련해 줍니다. 이것이 의례의 신비입니다.

회갑에 내재된 법적인 의미는 호주권의 상속을 의미합니다. 우리나라 민법은 가산과 호주권을 사망 시까지 보장하고 있지만 공식 호주권이나 이에 대한 성문율은 사회적 실제와 일치하지 않습니다. 호남 지방에서는 아버지가 사망할 때까지 모든 권위를 유지하지만 다른 지역에서는 그렇지 않습니다. 회갑이 지나면 남녀 모두 가계 운영과 관련한 의무를 다음 세대로 물려주는 것이 기대됩니다. 회갑 이후에도 노인들의 의견은 존중되어야 하므로 자식들은 부모가 반대하는 일은 하지 않고, 부모도 자식의 일에 간섭하지 않습니다. 실제로 호주권을 양도하는 것은 방물림으로 알 수 있습니다. 가계를 운영하는 자식 부부가 안방을 사용하고 아래 세대 자식들은 건넌방을 사용하고 부모는 사랑방을 사용합니다. 회갑잔치와 방물림은 호주권의 양도를 의미하지만 이것이 갑자기 일어나는 것은 아닙니다. 실질적 양도는 양 세대 간에 권위가 옮겨감에 따라 점진적으로 일어납니다. 이 기간에 아버지와 아들은 재산을 공동으로 관리하는 동료이며 시간이 지남에 따라 한쪽의 권한은 점점 커지고 다른 쪽의 권한은 줄어들게 됩니다.[16] 이후에 장자는 가구의 재산을 대부분 상속하기에 부모의 노후를 부양하는 것이 일차적으로 장자의 의무가 됩니다. 그러나 모든 자식은 세대 간의 호혜적인 의존관계로 말미암아 부모에게 최소한의 의무가 있으며 부모는 모든 자식이 그들에게 의존하였듯이 모든 자식에게 의존할 수가 있습니다. 이것이 효의 윤리입니다.[17]

2) 회갑연의 예술적 차원

회갑 축하연은 예술적 면모를 드러냅니다. 축제의 예술적인 면은 외양에서 시작하여 내면으로 고양됩니다. 특별히 회갑연은 감사의 의례입니다. 자식이 부모에게 감사할 뿐 아니라 회갑을 맞이하는 당사자가 생명을 부여해준 선조께 감사하는 축제입니다. 감사의 축제에 참여하는 사람들이 정성을 다하는 가운데 예술성이 드러납니다. 회갑 당사자는 의례의 주인공으로 자녀들의 정성으로 품위 있는 자태를 갖추게 됩니다.[18] 자녀들의 옷맵시와 음식 차림이 어느 때보다 성숙하고 정성스럽고 아름답습니다. 예절에 참여하는 모든 이의 태도는 품위가 있고 거룩합니다. 죽음을 향한 통과의례이지만 슬프지 않습니다. 이는 죽음을 슬프게 맞이하지 않을 것을 예고합니다. 죽음을 준비하는 사람은 아름답습니다. 인간만이 죽음을 아름답게 준비할 수 있습니다. 죽음의 의례는 생명의 고귀한 가치를 나누는 데서 시작됩니다. 생명의 가치가 특별히 드러나는 물질적인 권리의 포기와 나눔은 지혜와 자유를 갖기 위함입니다. 사람은 무엇으로부터도 구속되지 않을 때 인격이 완성됩니다. 그러기 위해서 누구나 물질적 구속으로 벗어나는 일이 필요합니다. 하나는 결핍에서 벗어나는 일이고, 다른 하나는 소유에서 벗어나는 일입니다. 부모를 물질적인 결핍에서 벗어나게 할 책임이 전통적으로 자식에게 있습니다. 부모 또한 상속을 통하여 자식에게 원만한 삶의 조건을 제공하고 소유에서 벗어납니다. 그러나 이러한 봉양과 상속은 효성과 자애로 행하는 것이지 조건에 따른 법적인 의무와 구속이 아닙니다. 자식의 아름다움은 받은 사랑을 넘어서는 효성에 있고, 부모님의 깊은 뜻을 헤아리는 지혜에 있습니다. 부모의 아름다움은 한없는 사랑과 아름다운 유산을 통하여 모두를 묶어주는 생명의 일치에 있습니다. 아름다운 유산은 궁극적으로 물질이 아니라 가문의 가치관과 도덕정신입니다. 그러므로 의례에 참여하는 가족은 아름답습니다. 자녀들이 의례를 통해 효성과 존경심을 표하고 부모의 사랑을 통해 생명성과 인격을 고양해 주기에 서로가 더욱 아름답습니다.

축제는 카니발이 늘 그렇듯 기쁨과 슬픔의 이중적인 의미가 있습니다. 삶은 기쁨이고 죽음은 슬픔입니다. 죽음 없는 삶은 존재하지 않으므로 삶은 죽음으로 완성됩니다. 이 축제에서 한 사람의 삶이 내면의 극으로 연출됩니다. 주인공에게 마지막 무대가 제공됩니다. 사랑과 용서와 화해가 주제입니다. 축제의 의례를 통해 되돌아보는 삶의 성찰에서 생명의 의미를 되찾습니다. 지난 고통은 이 아름다운 삶을 위한 산고였습니다. 세상에 던져진 듯 살아온 거친 삶이 누구나 자기 자신을 찾아가는 고난의 여정이었음을 깨닫게 됩니다. 누구도 홀로 자기의 삶을 연출할 수 없습니다. 상대가 있기에 나의 존재성이 있게 되는 것입니다. 수많은 배역이 나의 삶을 가꾸어 주었습니다. 때론 사랑스럽고 고통스러운 상대였지만 진정 그들을 통하여 내가 누구인지 알게 되었습니다. 그들을 통하여 감추어진 내가 나타날 수 있었습니다. 그러므로 이제 모든 인연에 감사할 수 있습니다. 상대를 보고 진정 "고맙다.", "사랑한다." 고 말할 수 있습니다. 이는 진실한 고백입니다. 삶의 아름다움은 성취에 있지 않고 관계를 새롭게 인식하는 데 있습니다. 사랑은 사람을 얻는 일입니다. 그리고 사람을 얻음으로써 아름다운 삶을 이루는 것입니다. 더불어 지나온 여정이 고맙고, 함께 할 남은 여정이 기쁜 일입니다. 이 아름다움은 상호적입니다. 순수한 마음으로 서로 바라보아 얻게 되는 아름다움입니다. 자식들은 부모님이 돌아가신 다음에도 이 축제를 그대로 연출할 것입니다. 이는 시간을 넘어선 축제이며 변함없이 주인공으로 다시 등장하는 의례입니다. 그러므로 살아있으며 죽음을 경험하고 죽어도 다시 살아나는, 시간을 넘어선 특별한 삶의 무대를 미리 체험합니다. 시간을 초월한 생명의 연대 속에 주어진 고유한 생명성의 지속을 확인합니다.

축제의 의례가 진행되는 동안 하객들은 부조(扶助)와 선물, 음악과 시문(詩, 賦)으로 축하를 표합니다. 친지뿐만이 아니라 마을 사람들의 축제가 되어 모두 여생의 축복을 기원합니다. 약력을 통하여 공식적으로 삶을 회고하고 하객의 축하 시문은 문학적인 양식으로 축제의 서사 부분을 장식하여 의례의 예술적인 의미를 배가시킵니다. 이는 사회적 소명을 성취한 당사자에 대한 칭송과 감사의 예문입니다. 축사와 답사로 이루어지는 축하의 담화는 의례를 가장 높은 차원으로 고양시킵니다. 이는 인간의 삶 자체가 예술임을 확인하는 자리입니다. 사람은 상징적 존재입니다. 언어를 통하여 삶을 상징화하고 마지막 자리도 유언을 통하여 상징으로 마무리 지을 것을 예고합니다.

또한 회갑연은 열린 의식의 장으로 들어가는 축제의 의례입니다. 삶의 회한과 고뇌와 고통을 겪어보지 않고 들어설 수 없는 축복의 자리입니다. 그러므로 기쁨의 축제입니다. 이제 어린아이와 같은 순수함을 회복하는 시기를 맞이하게 됩니다. 백일을 지내며 벗어놓은 흰옷을 이제부터 곁에 두고 지냅니다. 수의는 죽음을 의식화하고 윤리적으로 사람을 깨어있게 합니다. 흰옷을 좋아하는 민족이란 의례적이고 늘 깨어있기를 소망하는 민족성을 의미한다고 볼 수 있습니다.

3) 회고와 성찰

죽음을 앞두고 사람은 누구나 지난 삶에 대한 소회를 정리하는 시간을 갖습니다. 글, 구술, 그림 등 다양한 형식을 빌려 표현합니다. 문학적 양식을 통하여 표현하는 과정이므로 모두 예술적이라 할 수 있습니다. 이는 스스로 아름다운 기억을 되살리고 아픈 기억을 치유하는 과정입니다. 조선시대에 유학자들은 회갑을 맞으며 자찬묘지명(自撰墓誌銘)[19]을 쓰는 관례가 있었습니다. 스스로 묘지명을 쓴다는 것은 세상 사람들에게 솔직하고 겸손하게 자신의 삶을 고백하는 것입니다. 자찬묘지명의 실질적인 동기가 첫째는 후사가 없기 때문이며, 둘째는 묘지를 미리 장만하기 위한 것이라 하지만 중요한 동기는 당시 묘지명의 왜곡과 지나친 칭송과 정형화된 비지문(碑誌文)의 형식에 있었습니다. 나아가 하나의 문학적 장르로 조선 후기 문인들이 자아정체성을 표현할 수 있는 계기로 삼았습니다.[20]

퇴계 선생이 스스로 짓고 쓴 묘갈명(墓碣銘)[21]을 살펴보면 다음과 같습니다.

> 태어나서는 크게 어리석었고 / 生而大癡
>
> 장성하여서는 병이 많았네. / 壯而多疾
>
> 중년에는 어찌 학문을 좋아했으며 / 中何嗜學
>
> 말년에는 어찌 벼슬에 올랐던고. / 晩何叨爵
>
> 학문은 구할수록 멀기만 하고 / 學求猶邈
>
> 관작은 사양할수록 몸에 얽히네. / 爵辭愈嬰
>
> 세상에 진출하면 실패가 많았고 / 進行之跲
>
> 물러나 은둔하면 올발랐네. / 退藏之貞
>
> 국가의 은혜에 깊이 부끄럽고 / 深慙國恩

성인의 말씀이 참으로 두려워라. / 亶畏聖言

산은 높이 솟아 있고 / 有山嶷嶷

물은 끊임없이 흐르는데 / 有水源源

선비의 옷을 입고 한가로이 지내니 / 婆娑初服

뭇 비방에서 벗어났네. / 脫略衆訕

내 그리워하는 분 멀리 있어 볼 수 없으니/我懷伊阻

나의 패옥 누가 구경해 주리 / 我佩誰玩

내 고인을 생각하니 / 我思故人

실로 내 마음과 맞는구나. / 實獲我心

어찌 후세 사람들이 / 寧知來世

지금의 내 마음을 모른다 하랴. / 不獲今兮

근심스러운 가운데에 낙이 있고 / 憂中有樂

즐거운 가운데에 근심이 있네. / 樂中有憂

조화를 타고 돌아가니 / 乘化歸盡

다시 무엇을 구하리. / 復何求兮

또한 비교할 만한 묘지명인 조선 후기 다산의 자찬묘지명 광중본(壙中本)[22]의 시는 다음과 같습니다.

임금의 총애 입어 / 荷主之寵

근밀(近密)에 들어갔네. / 入居宥密

임금의 복심(腹心) 되어 / 爲之腹心

조석으로 모셨도다. / 朝夕以昵

하늘의 총애 입어 / 荷天之寵

우충(愚衷)이 열리었네. / 牖其愚衷

육경(六經)을 정연(精硏)하여 / 精硏六經

미묘한 이치를 깨치고 통했도다. / 妙解微通

소인이 치성해지니 / 憸人旣張

하늘이 너를 옥성(玉成)시켰네. / 天用玉汝

거두어 간직하고 / 斂而藏之

장차 훨훨 노니련다. / 將用矯矯然遐擧

퇴계 선생은 조카를 불러 자신이 죽어서 조정에서 성대한 장례를 치르려 하거든 사양하고, 비석도 세우지 말고, 미리 써놓은 묘지명을 쓰도록 시켰습니다. 다산은 자찬묘지명 집중본(集中本)에 고백록과 같은 상세한 내용을 남겨놓았지만, 퇴계의 묘갈명과 다산의 광중본의 자찬묘지명을 비교해볼 때 상당히 유사한 점을 발견할 수 있습니다. 국가와 임금의 은덕에 대한 감사의 뜻과 성인의 가르침에 대한 한없는 열망 그리고 현세의 한계로부터의 자책과 자유입니다. 여기서 자신의 학식과 명예와 권위를 후세에 과시하려는 의도는 추호도 찾아볼 수 없습니다. 죽음을 앞두고 고결한 유학자의 양심으로 자신의 삶을 회고하고 유자의 정체성을 유지하려는 의도를 엿볼 수 있을 뿐입니다.

이러한 회고와 성찰이 비단 고명한 학자만 가능하고 필요한 일인지 생각해 볼 일입니다. 양식은 다를지언정 모든 사람에게 필요한 일이 회고와 성찰입니다. 저명한 인사들의 회고록이 아닐지라도 누구나 자신의 삶을 회고함으로써 지난 삶과 만남의 의미를 새롭게 깨달을 수 있습니다. 현대적 의미에서 유언이 여기에 해당합니다. 유언은 유지(遺志)를 전하는 일입니다. 못다 한 마음을 전하고 유업이 후대에 계속되기를 바라는 것입니다. 이러한 일들은 단순한 개인의 소망이 아니라 사회적이고 도덕적인 기여와 깊은 관련을 맺고 있습니다. 누구나 인생의 고유한 장을 경험하며 지나게 됩니다. 이 여정 가운데 사람들은 지혜를 깨닫고 존재의 의미와 본성을 새롭게 발견합니다. 우리에게 전해진 잠언과 지혜서는 모두 이러한 회고와 성찰의 결과물입니다. 그러므로 회고와 성찰에 대한 기록은 한 개인의 가장 소중한 유산입니다. 누구도 대신 경험할 수 없는 삶의 고유한 이력이 솔직하게 기록되어있기 때문입니다.

종교적으로 고백은 특별한 의미가 있습니다. 용서와 화해와 사랑을 지향하기 때문입니다. 시작은 늘 자기 자신에게서 비롯합니다. 자신을 용서하고 자신을 인정하여 화해하고 자신을 사랑하는 데서 이웃을 향한 용기를 갖게 됩니다. 자의식이 분명한 시기에 이러한 삶을 수행하기에 더욱 뜻깊은 것입니다. 그리스도인에게는 이 시기가 모든 것을 비우고 하느님과의 일치를 기다리는 참회의 시간입니다. 따라서 마지막 여정의 발걸음이 참으로 무거울 수 있습니다. 그러나 인간의 모순과 과오를 기꺼이 받아주실 분인 하느님께 다가가는 시간이기에 진정 행복하고 아름다운 시간이 됩니다. 자신을 솔직하게 밝힐 수 있는 사람이 사실 가장 용기 있는 사람입니다. 고백은 내면에서 영적인 힘이 필요하기 때문입니다. 인간의 아름다움은 그 정형적 삶에 있지 않고 어떻게 자기모순을 마주했는가에 있습니다. 그러므로 예술적 삶은 자기 고백에서 탄생합니다. 자기를 완성하고자 하는 사람은 아우구스티누스나 현대 영성가 토마스 머튼처럼 고백록을 쓰지 않을 수 없습니다. 우리의 선현들의 자찬묘지명에서 그와 일치된 지혜를 발견하게 됩니다. 이러한 삶은 단순히 이상적 삶이 아니라 우리가 닮아야 할 실질적 삶입니다.

4) 죽음 의례의 회복

제례와 상례가 죽은 자를 위한 의례를 통하여 산 자들의 생명 공동체를 결속시키는 의례라면 회갑연은 살아있는 당사자가 죽음을 맞이하며 지난 삶을 성찰하고 한 개인에게 주어진 생명의 궁극적 의미를 깨닫는 진정한 의미의 죽음의 의례임을 살펴보았습니다. 포이어바흐의 말처럼 "죽음은 오직 살아있는 사람들에게 죽음이다."라는 것을 실감합니다. 진지하고 정성스런 의례를 통하여 이 의례에 참여하는 사람들은 죽음을 향한 길이 한 사람이 외롭게 가는 길이 아니므로 뒤따르는 사람들도 그 길을 따르며 그같이 할 것을 보고 배우게 됩니다. 이제까지 삶의 의미를 생각해 왔다면 이 의례를 계기로 죽음의 의미를 구체화하는 것입니다. 이 점에서 의례는 학습의 장입니다. 이러한 외적인 형식에 담긴 의미 못지않게 내적인 생명의 의미가 중요합니다. 이 시점은 자연적인 생명으로 시작된 한 개인의 생명이 사회적 삶을 거쳐 도덕적으로 고양된 생명으로 귀결되는 과정입니다. 그러므로 회갑을 맞이하는 당사자는 자신 생명의 지향성에 대한 자성적 질문을 던지게 됩니다. "왜 사는가?" 입니다. 우리는 간접적으로 이러한 질문에 진솔하게 답하는 선현들의 삶에서 도덕적 완성을 향한 끊임없는 희구를 발견하게 됩니다. 이를 통해 회갑연 가운데 자리 잡은 아름다운 죽음의 의례가 문화전통 안에서 지속되었음을 발견하게 됩니다.

우리는 죽음의 의례를 상실한 시대를 지내고 있습니다. 빈번히 발생하는 자살과 소외된 죽음, 준비되지 못하고 두려움 속에서 맞이하는 죽음 속에서 죽음의 의례를 찾아볼 수 없습니다. 유언은 상속의 정도에 머물고, 회갑을 맞이하는 분들에게서도 회고와 성찰의 계기를 찾아보기 어렵습니다. 회갑 이후에 나타나는 삶의 자리 이동이나 나눔을 통한 비움의 경우는 부모 봉양의 의무에서 벗어나려는 신세대의 가치관과 생활환경의 변화로 사라져 버린듯합니다. 노인들도 행복한 여생을 추구하기 위하여 경제적인 면에 더 관심을 기울이고 있습니다. 식생활과 과학 의료기술의 발달 그리고 복지정책으로 평균 연령이 상승하였지만 죽음은 누구나 맞이해야할 생의 가장 큰 과제입니다. 그렇다면 우리는 전통적인 의례의 의미를 살려 현대적인 의례로 발전시킬 필요가 있습니다. 예전과 같은 성대한 회갑연이 아닐지라도 자신의 삶을 정리할 계기를 맞이하는 것이 필요합니다.

품위 있는 죽음은 주어지는 것이 아니고 본인의 삶에 대한 진정한 평가에 달려있습니다. 저명한 심장 전문의 버나드 라운은 "죽음도 예술이다."라고 하였습니다.[23] 이는 죽음의 순간에 대해 말하는 것이 아닙니다. 본인의 인격적인 완성과 삶을 지켜주는 주변의 세심한 배려에서 가능한 일입니다. 한 사람이 치유의 과정에 있을 때 이러한 배려가 더욱 필요한 일입니다. 그러나 우리는 병환 중에 있을 때 비로소 죽음에 대해서 생각하게 됩니다. 정리하지 못한 삶에 대하여 안타까워합니다. 다가올 위기와 고통에 앞서 죽음을 준비하는 것은 참으로 지혜로운 삶입니다. 죽음에 대해서 생각하는 삶은 오히려 늘 깨어있는 삶이 됩니다.

4. 제례와 사회의례

동양의 종교 가운데 우리 전통문화를 구성하며 실생활과 밀접한 관계를 맺고 있는 유교는 종교적 요소 가운데 의례를 매우 중시한 종교라 할 수 있습니다. 주공이 지은 것으로 알려진 삼례[24]는 유교의 관제를 설명한 『주례』, 생활관습에 관하여 설명한 『의례』, 제도와 관습과 인간 본성과 교육에 관하여 설명한 『예기』로 이루어져 있습니다. 이 세 책은 수미를 이루어 내용적으로 서로 연관성이 있습니다. 이 가운데 『의례』는 종교적 · 정치적 의례뿐만이 아니라 인간의 삶에 중요한 관습인 관혼상제(冠婚喪祭)에 관하여 설명하고 있습니다. 관혼상제는 주자의 『주자가례』를 따라 중세에 불교의례에 대응하는 의미에서 강조된 생활의례입니다. 따라서 동양의 의례는 서구의 사회적 삶을 중심으로 한 의례(Ritus)보다 더욱 포괄적인 의미를 담고 있습니다. 관혼상제 가운데 관례와 혼례를 산 자를 위한 의례라고 한다면, 상례와 제례는 죽은 자를 위한 의례입니다. 관례는 성인이 되는 의례이며, 혼례는 사회적 삶을 수행하는 의례이고, 상례는 죽은 이를 위무하는 위례이고, 제례는 조상에게 생명의 본원에 대해 감사하고 가족 공동체의 유대를 확인하는 의례입니다. 또한 관례와 혼례와 상례가 일회적인 의례지만 제례는 반복적인 의례라 할 수 있습니다. 이 가운데 상례는 모든 의례를 종합하는 의례로 가장 중요하다고 할 수 있습니다. 제례는 생명의 기원과 유대를 확인하는 의례로서 특별히 가족 의례의 의미가 있습니다. 제사의례는 한때 선교사들에 의해 미신 행위로 잘못 인식되어 종교적 갈등을 일으킨 유교문화의 특징을 잘 나타내고 있는 문화적 상징이라고 할 수 있습니다. 현대사회에서 제례의 의미는 가족 형태의 변화와 더불어 갈수록 그 의미가 축소되어가고 있습니다. 그러나 제례가 지니고 있는 본래적 의미를 재인식하는 것은 전통적인 생명문화의 본질을 이해하고 유지하며 새로운 생명문화의 조성을 위해 필요한 일입니다.

1) 유교제례의 유래와 종류

자연환경의 혜택으로 살아온 인간은 때로는 자연의 위력에 순응하고, 때로는 극복하며 삶을 유지하지 않으면 안 되었습니다. 자연적 삶에서 마주하는 위기를 극복하고 상존하는 위험을 벗어나기 위하여 자연을 인격화하여 숭배하고, 조상으로부터 생명력을 얻기 위한 과정에서 제례가 생겨났다고 할 수 있습니다. 모든 민족이 자연에 드리는 제례는 생존과 밀접한 관계가 있습니다. 자연신에게 드리는 제례는 자연의 위력을 잘 극복하기 위한 경외감에서 시작하였으나 점차 자신에게 생명을 부여한 조상에 대한 숭배로 발전되어 나아갔습니다. 유교 제사에서도 자연신에 대한 의례와 조상신에 대한 의례가 복합되어 있음을 찾아볼 수 있습니다. 잔을 처음 올리는 초헌례(初獻禮)에서 모사(茅沙)에 술을 3번으로 나누어 조금씩 붓는 좨주(祭酒)를 하는데 바로 이것이 자연에 대한 제사 형식이 남아있음을 보여주는 예라 할 수 있습니다.

유교 제사의 대상을 살펴보면 천신(天神)과 지기(地祇)와 인귀(人鬼)입니다. 천신은 하늘과 관계된 일월 · 성신 · 풍우 등을 말하고, 지기는 땅과 관련된 사직 · 산천 등의 신을 말합니다. 또한 인귀는 조상과 성현의 신을 뜻합니다. 제사를 지내는 주관자의 경우 제사를 지내는 사람의 자격을 구분하여 나라의 안녕을 기원하기 위해 하늘에 제사를 지내는 교제(郊祭)와 왕가의 조상신에게 제사 지내는 체제(禘祭)는 천자인 왕만이 주관할 수 있습니다. 그 외에 제후와 경대부, 일반 백성들도 각기 직분에 따른 제사를 지냈고, 조상신에 대한 제사는 모두가 지냈습니다. 국가에서 지내는 제사[25]는 대사(大祀)와 중사(中祀)와 소사(小祀)로 구분하여 그 대상을 나누어 드렸으며, 동제(洞祭) · 산신제 · 기우제 · 풍어제 · 고사(告祀)와 같은 마을 단위의 제사도 있었습니다. 가례의 경우 중세에 체계가 잡힌 주자가례에 따르면 시기에 따라 여섯 종류의 제사가 있습니다. 사시제(四時祭)는 사계절의 중월(仲月)인 음력 2, 5, 8, 11월에 4대까지의 조상에게 드리고, 초조제(初祖祭)는 가문의 시조에게 드리는 제사로 동지에, 선조제(先祖祭)는 시조와 고조 사이의 선조에게 드리는 제사로 입춘에, 부모에게 드리는 녜제(禰祭)는 계추(季秋)에, 기일제(忌日祭)는 돌아가신 날에, 묘제(墓祭)는 삼월 상순에 지내도록 정해놓고 있습니다. 이 가운데 우리나라에서는 기제사를 가장 중요하게 지내며, 10월에 5대조 이상의 조상에게 드리는 시제(時

문묘배례

祭)가 있습니다.

제사를 드리는 봉사 대수는 사회적 계급에 따라 차등을 두어 드리게 하였습니다. 『예기』「제법」에 따르면 조상에 대해서 천자는 7묘, 제후(諸侯)는 5묘, 대부(大夫)는 3묘, 적사(適士)는 2묘, 관사(官師)는 1묘, 서사(庶師)와 서인(庶人)에게는 묘가 없었습니다. 「왕제」편에서는 자연신에 대해서 "천자는 천지에 제사 지내고, 제후는 사직에 제사 지내고, 대부는 오사(五祠)에 제사 지내니라. 천자는 천하의 명산대천에 제사 지내니 오악의 제사는 삼공(三公)을 보고(삼공의 제사에 준하고), 사독(중국의 네 개의 큰 강으로 양자강, 황하, 회수, 한수를 말함)은 제후에 준하니라. 제후가 명산대천에 제사 지내는 것은 자기 땅에 있는 것으로 하고, 천자와 제후는 자기 땅 안에 있으면서 주후자(제사를 받들어줄 후사)가 없는 자들에게 제사하니라."[26]고 하였습니다.

우리나라의 경우 『경국대전』에 따르면 문무관 6품 이상은 3대를 지내고 7품 이하는 2대를 지내고 서민은 고비(考妣 돌아가신 부모)에게만 제사를 지냈습니다. 또한 『국조오례의』에서는 6품 이상은 3대를 사당에서 제사하고 7품 이하와 서민은 부모만을 제사하도록 하였습니다. 그러나 중세 이후 『주자가례』가 보편화되면서 4대봉사가 일반화되었고 신분제도가 철폐되는 조선 말기에 이르러 서민까지 4대 봉사를 시행하기에 이르렀습니다.

이렇게 제사를 지내는 자의 신분 구분을 둔 것은 "공자께서 말씀하시기를 '그 〔자기가 모셔야 할〕 귀신이 아닌데 제사 지내는 것은 아첨하는 것이다'."[27]라고 한 언급처럼 제사를 통하여 사회적 규범과 신분 질서를 드러냈음을 알 수 있습니다. 사회가 안정되었는지는 누가 어떤 신을 모시는가를 통해서 알 수 있습니다. 바로 제사가 사회의 윤리적 척도가 되었던 것입니다. 이러한 제사의 유래와 체계를 살펴볼 때 제사는 자연생명과 인간생명의 조화와 일치를 추구하는 의례이며 나아가 조상의 영혼생명을 불러내어 생명의 연대 속에서 현세적 삶의 안녕을 추구하였음을 알 수 있습니다. 제사를 지내는 위계를 세움으로써 생명에 대한 사회적 책임과 경외감을 유지하게 하였습니다.

2) 제례의 본질과 자세

제례(祭禮)는 제사(祭祀)를 지내는 예절(禮節)입니다. 『예기』 「교특생」에 제사를 받드는 세 가지 목적이 구체적으로 잘 설명되어 있습니다. "제사에는 기구함(祈)이 있고 보답함(報)이 있고 완화함(由辟)이 있다"고 하였습니다. 즉 복을 구하고, 보답하고, 화를 면하기를 구하는 것이라 하였습니다. 이러한 보편적인 목적이 중세에 이르러서는 더욱 도덕적인 의미를 강조하여 『주자가례』에 "제사는 죽은 이를 계속 공양함으로써 효를 이어가는 것이다. 그러므로 제사는 외물(外物)이 밖에서 이르는 것이 아니라 안으로부터 마음속에서 우러나는 것이며, 근본에 보답하고 처음으로 돌아가는 것이다.〔報本反始〕"라고 하였던 것입니다. 또한 "만물은 하늘에 근본하고 인간의 조상에 근본한다. 이것이 조상신(祖上神)을 상제(上帝)에게 배향(配享)하는 이유이다. 교제(郊祭)는 크게 보본반시하는 것이다."라고 하였던 것입니다. 이러한 내용을 미루어 살펴보면 보본반시의 '본'은 '하늘'을 의미하고 '시'는 조상을 의미합니다. 그 방법은 "조상을 존숭하고 종자를 공경(尊祖敬宗)"하는 것입니다.[28] 근본을 안다는 것은 바로 자기 생명성의 기원을 아는 것입니다. 조상의 생명과 자연스럽게 하나를 이루고 조상의 얼이 자신에게 내재되어 있음을 확인하는 의례입니다. 그러므로 제사는 조상의 신명(神明)을 받들어 복을 받는 의례(儀禮)입니다. 『예기』「제통」은 제사 드리는 까닭에 대하여 잘 부연하여 설명하고 있습니다.

> 현자가 제사를 지낼 때 반드시 복을 받게 되는데 이는 세상에서 말하는 복이 아니다. 복이란 갖춘다는 것이다. 갖춘다는 것은 만사가 순조로움을 말한다. 순조롭지 않음이 없음을 갖춘다고 하는 것은 안으로 성의를 다하고 밖으로 도리에 순조로움을 말하는 것이다.[29]

그러므로 복이란 단순한 행운이 아닙니다. 하는 일이 만사와 조화를 이루어 일이 잘 진행되는 것을 말합니다. 조상의 신명을 받드는 제사는 자신이 하는 일에 대해 성찰할 수 있는 계기를 마련하는 일입니다. 성의를 다하여 예를 행하는 가운데 하는 일이 조상의 뜻과 일치하는지 묻는 의례입니다. 조상의 뜻과 일치할 때 도리의 순조로움을 구할 수 있게 됩니다. 따라서 제례를 드리는 자의 삶의 자세는 무엇보다 중요합니다. 『예기』「제통」은 이어서 제례를 드리는 자의 마음가짐에 대하여 설명하고 있습니다.

오직 어진 사람만이 능히 갖출 수가 있고, 능히 갖춘 다음에 제사를 드릴 수 있다. 그러므로 어진 사람의 제사는 성신(誠信)과 충경(忠敬)을 다하여 제물을 드리고, 예로써 인도하고, 음악으로 편하게 하며, 때에 맞추어 참여하고, 깨끗한 음식을 바칠 뿐으로 구하는 바가 없으니 이것이 효자의 마음이다.[30]

성신과 충경은 제례가 요구하는 마음가짐입니다. "공자께서 말씀하시기를 사람이 어질지 못하면 어떻게 예를 올리고 어떻게 악을 올릴 것인가?"[31] 하였습니다. 진정한 제사는 마음의 제사입니다. 그러므로 공자는 "예를 드릴 때 사치하기보다는 검소한 것이 낫고, 상을 당하였을 때 슬퍼하는 것이 예의 근본이 된다."[32]고 하였습니다. 또한 "비록 그 위(位)가 있으나 진실로 그 덕이 없으면 감히 예악을 짓지 못하며, 비록 그 덕이 있으나 진실로 그 위가 없으면 또한 감히 예악을 짓지 못하느니라."[33]하였습니다. 온전한 마음가짐을 위하여 재계하는 치제(致齊)와 산제(散齊)법에 대하여 『예기』「제의」는 다음과 같이 가르치고 있습니다.

치제는 집안에서 시행하고 산제는 집밖에서 시행하는데, 재계하는 날에 그 거처하시던 모습을 생각하고, 그 웃음과 말씀을 생각하고, 그 뜻하심을 생각하고 즐겨하심을 생각하고, 즐기시던 음식을 생각해서 치제한 3일째가 되면 곧 재계해서 원하는 바를 보게 된다. 제사를 지내는 날에 제실에 들어가게 되면 아련하게 반드시 그 자리에서 볼 수 있을 듯하고, 주위를 둘러 나오려하면 숙연하게 그 얼굴과 음성을 듣는 듯하며, 문을 나와서 들으면 한숨 쉬는 듯 탄식소리를 들을 수 있을 듯 같다. 이런 까닭에 선왕이 효도를 함에 있어서 눈에서는 부모님의 모습을 잊지 않고, 귀로는 부모님의 음성이 끊어지지 아니하고,

마음에서의 뜻하심과 즐겨하심을 마음에서 잊지 아니하였다. 애모하기를 지극히 하면 존재하고, 정성을 다하면 나타나니, 나타나고 존재함을 마음에서 잊지 아니한다면 대개 어찌 공경하지 아니하겠는가?[34]

또한 산제하는 동안에는 말을 타지 않고, 음악을 연주하며 즐기지 않고, 조문하지 않는 것을 중요하게 여깁니다. 율곡 선생의 『격몽요결』「제례」에도 "시제(時祭)에는 산제를 4일하고 치제를 3일하며, 기제(忌祭)에는 산제를 2일하고 치제를 1일간 하며, 참례(參禮)에는 제계하기를 1일간 한다."[35]하여 제사에 지성을 다하여 조상신이 기꺼이 흠향하게 함을 잘 알 수 있습니다.

제사를 받는 사람의 자격에 대해서 성왕(聖王)의 제사의 경우에는 『예기』「제법」을 따라 "인민들에게 유익한 일을 했는가?, 죽음을 무릅쓰고 나랏일에 힘썼는가?, 국난을 물리치고 나라를 안정시키는 데 최선을 다했는가?"[36] 등의 생전의 업적을 기준으로 제정되었지만 조상 제사는 어떤 특별한 자격을 구비해서 드리는 것이 아니라 선조로부터 내려오는 생명의 지속성에 대한 경외와 근본에 보은하는 자세로 반복적으로 상기하며 드렸던 것입니다. 이러한 "평생의례(life cycle ceremony)는 인간의 육체적 변화와 사회적 지위의 변화에 대응하는 문화적 상징 행위로서, 생활의 주체가 되는 인간을 중심으로 한 의례"[37]라 할 수 있습니다. 그러므로 조상 제사는 조상이 무슨 일을 했는가와 상관없이 그의 존재 자체가 나의 근원적 질문과 만날 수 있다는 것입니다. 자기 속에 깃든 조상의 실체를 확인하는 의식으로서의 제사는 사회적 가치나 공리주의적 평가보다 더 근원적인 삶의 의미를 성찰하려는 욕구에서 나왔다고 할 수 있습니다.[38] 그러므로 제사는 정성과 공경으로 드리는 마음가짐을 무엇보다 중시합니다.

다음으로 중요한 것이 제사의 의식(儀式)입니다. 이 의식은 제례를 주관하는 사람을 중심으로 시간과 공간과 제물을 통해 제례의 외적 형식을 갖추어 제례의 본질을 담게 됩니다.[39] 제례의 외적 형식은 단순한 형식이 아니라 제례를 준비하고 참여하는 주례자의 '의식의 흐름' 변화를 통하여 시간과 공간과 예물이 질적인 변화를 이루게 됩니다. 시간은 더 이상 돌이킬 수 없는 지나가는 시간이 아닙니다. 조상들과 소통하는 영적 시간입니다. 일상의 공간은 제사의 공간이 됨으로써 조상과 자손이 만나는 영적 공간이 됩니다. 제물은 조상이 흠향함으로써 영적 양식으로 변모됩니다. 곡삭(告朔) 제물[40]과 관련된 예물 드리는 자세에 관한 공자의 가르침이 있습니다. "자공이 초하루를 고하는 희생양을 빼놓으려 할 때 공자께서 말씀하시기를 '사야 너는 그 양을 아까워하느냐? 나는 그 예를 사랑한다'." 라고 하였습니다.[41] 예가 일회적 행위가 아니라 문화적 행위임을 잘 나타낸 언급입니다. 나아가 이렇게 질화된 의식의 흐름을 일상의 삶에서 지속하는 것이 궁극적인 예의 표현입니다. 『주자가례』에 따르면 제사 공간은 집 안의 정침(正寢), 가묘(家廟, 혹은 사당), 망자의 묘지 등에서 이루어집니다. 가묘는 비일상적인 제사 공간이지만 집 안에 있으므로 일상의 생활공간과 연결되어 있습니다. 가묘는 제사를 드리는 곳일 뿐만이 아니라 가족이 외출할 때나 집안에 대소사가 있을 때마다 살아계신 부모님께 인사를 하듯이 고(告)하는 곳으로 삶의 중추를 이루는 공간입니다. 여기서 조상들의 영적 세계와 자손들의 일상은 분리되어 있지 않습니다. 영적 공간은 일상의 삶에 영향을 미치고 정화시킵니다. 제사를 드리는 시간 역시 반복된 특정한 시기와 시간을 통해 일상적 삶에 중요한 계기를 부여합니다. 계절의 변화에 순응하여 적시에 드리는 제사는 천도(天道)에 영적 시간이 일상의 시간과 통일되어있음을 전제하고 있습니다. 또한 하루의 시작이라 할 수 있는 자시(子時)에 제사를 드림은 만물의 변화가 새롭게 시작되는 시간에 의례로 참여하는 것입니다. 『예기』 「제의」에 이에 대한 가르침이 있습니다.

> 어떤 제사든지 자주 지내지 않아야 한다. 자주 지내면 번잡해져 공경심이 없어진다. 하지만 제사는 너무 오랫동안 지내지 않아서도 안 된다. 오랫동안 지내지 않으면 태만해져 잊어버리기 쉽다. 그러므로 군자는 천도에 맞추어 봄에는 체(禘)를 가을에는 상(嘗)을 지낸다."[42]

천자(天子)와 제후(諸侯)가 사시(四時)에 종묘에서 제사를 올리듯[43] 주(周)나라 이후에도 군자는 이에 따라 사시제(四時祭)를 드린 것입니다.[44] 자연생명의 주기와 영적 생명의 주기를 일치시킴으로써 인간생명에 대한 복을 구하고, 은혜에 보답하고, 화를 면하기를 구하는 것이 가능하다고 보았던 것입니다.

자연생명과 영적 생명의 유대는 진설한 음식의 흠향과 음복에서 더 분명히 나타나는데 이에 대해서는 『예기』「제통」에 잘 설명되어 있습니다.

> 대저 제사에는 준이 있다. 준(餕)이란 제사의 끝이니 알지 않아서는 안 된다. 이런 까닭으로 옛사람이 말하기를 "끝마치기를 잘하는 자는 처음을 잘하는 것과 같이한다." 했으니 준이 그것일 따름이다. 옛날에 군자가 말하기를 "시동(尸童)도 귀신이 먹다 남은 것을 준하는 것이다. 은혜를 베푸는 방법이다. 이것을 가지고 정사를 살필 것이다."라고 했다.[45]

음복(飮福)은 신(神)이 먹은 음식을 먹음으로써 복(福)을 받는다는 뜻입니다. 처음에는 제주(祭酒)를 마시는 것만을 음복이라 하였으나, 후에 와서 모든 제물을 나누어 먹는 준(餕)의 의식을 가리키는 것으로 되었습니다.[46] 제사상에서 조상신이 남긴 음식을 친족이 나눈다는 것은 위로부터

한 생명에 유래한다는 기원과 공동 운명체라는 사회적 생명성을 돈독하게 하는 의례의 중심을 이룹니다. 음식은 그 자체가 생명을 유지하게 하는 물질입니다. 그런데 조상신이 이 음식을 흠향하면서 영적인 물질로 변화됩니다. 제례에 참여하는 모든 이는 이 음식을 함께 먹음으로써 혈연공동체임을 확인하고 지속적으로 유지할 생명력을 얻게 됩니다.

3) 제례의 절차

제례의 절차는 제사에 따라 차이가 있으나 일반적으로 드리는 기제사의 경우 3단계로 구성되어있는데 준비 과정, 제례의 본 과정, 마무리 과정으로 나눌 수 있습니다.

첫 번째 준비 과정에 재계(齋戒), 진설(陳設), 변복취위(變服就位), 출주(出主)가 해당합니다. 재계는 앞의 설명으로 대신하고, 진설은 제구(祭具)와 제기(祭器)와 제수(祭需)를 준비하고 배설(排設)하는 절차입니다. 제구에는 병풍(屛風), 교의(交椅), 신위(神位), 제상(祭床), 향안(香案), 주가(酒架), 소탁(小卓), 소반(小盤), 향로(香爐), 향합(香盒), 모사기(茅沙器), 축판(祝板), 자리, 지필묵연함(紙筆墨硯函), 화로(火爐), 앙장(仰帳), 좌면지(座面紙), 대상(大牀)이 있고, 제기(祭器)에는 시접(匙楪), 탕기(湯器), 두(豆), 병대(餠臺), 모사기(茅沙器), 준항(餕缸), 준작(餕勺), 변(籩), 조(俎)가 있

제기 준비(순천 읍성마을 양반집 부엌)

다. 제수(祭需)로는 반(飯: 밥), 갱(羹: 국), 병(餠: 떡), 탕(湯: 魚, 肉, 蔬), 전(煎: 튀김), 적(炙: 구이), 숙채(熟菜: 나물), 침채(沈菜: 김치), 청장(淸醬: 간장), 과실(果實: 과일), 포(脯)를 준비하여 배설(排設)합니다. 『예기』 「제통」에는 제사 준비에 관하여 다음과 같이 전하고 있습니다.

> 대저 제사라는 것은 반드시 부부가 이것을 몸소 준비하여야만 비로소 안팎의 제관이 갖추어지는 것이다. 제관이 갖추어지면 기구가 갖추어진다. 수초의 침채와 육산의 젓이면 작은 제물이 갖추어진 것이고, 3생의 조와 8궤의 곡식이면 아름다운 재물이 갖추어진 것이다. 여러 가지 곤충과 초목의 열매이면 음양의 물건이 갖추어진 것이다. 무릇 하늘에서 나는 것과 땅에서 자라는 것으로서 진실로 제사에 바칠 수 있는 것이면 없는 것이 없어서 물건을 다했음을 보여준다. 밖으로는 물건을 다하고 안에서는 성의를 다한다. 이것이 제사 지내는 마음이다.[47]

제구와 제수를 준비한 다음 모든 참제자는 예복으로 변복하고 자리를 잡는 변복취의를 수행한 다음 사당에서 신주를 모셔 내오는 출주를 거행합니다. 사당이 없는 경우 지방을 봉안합니다.

두 번째 제사의 본 과정에서 처음에 강신(降神)과 참신(參神)을 행합니다.[48] 강신을 위해 제주가 앞으로 나와서 분향 후 제주는 재배한 후 제주가 강신 잔을 들면 우집사가 강신 잔에 술을 따릅니다. 제주가 그 술을 모사 그릇에 세 번에 나누어 부은 다음 다시 재배합니다. 강신이 끝난 후 참제자 모두가 재배하는 참신을 행하여 조상에게 예를 올립니다. 참신 후에 진찬(進饌)으로 메와 갱, 탕, 찬, 면(麵)과 병(餠), 어(魚), 육(肉)을 진설합니다.[49] 진설 후 초헌(初獻)은 주인이 집사를 통해 신위 앞에 술을 올리고 술안주로 적을 올립니다. 초헌 후 집사자는 독축(讀祝)을 하여 제사를 올리게 된 연유를 조상에게 고하고 마련한 음식을 흠향하도록 권합니다. 독축하는 동안 참사자는 뒤에서 무릎을 꿇고 절한 자세로 고개를 숙이는데 양손은 남자는 왼손이 위로, 여자는 오른손이 위로 오게 포갭니다. 독축이 끝나면 모두 일어나고 제주가 재배한 다음 자리로 물러섭니다. 다음에 아헌(亞獻)은 제주의 주부(맏며느리)가 합니다. 집사가 잔을 들어 주부에게 주면 초헌 잔을 퇴주하고 신위 앞에 술을 올리고 재배합니다. 종헌(終獻)은 형제 가운데 장자 혹은 친척이나 빈객이 합니다. 종헌이 끝난 다음 유식(侑食)을 하는데 제주가 먼저 술을 조금씩 세 번에 나누어 첨작을 합니다. 다음에 주부가 메 뚜껑을 열고 손잡이가 서쪽으로 오게 삽시하고 좋은 찬 위에 정저합니다. 그리고 제주와 주부는 재배합니다. 제주와 주부가 양 신위께 술잔을 가득 채워드리고 진지 잘 잡수시기를 권유 드리는 의식입니다. 다음에 집사자가 제주에게 술과 음식을 조금씩 덜어 먹게 하는 수조(受胙)를 거행합니다. 제주가 앞으로 나아가 무릎 꿇고 앉으면 집사자가 신위 앞의 술잔을 제주에게 줍니다. 제주는 그 술을 모사에 조금 제합니다. 집사자가 여러 신위 앞의 음식을 접시에 덜어주면서 복을 주는 말을 합니다. 제주가 재배하고 술과 음식을 먹습니다.[50] 수조 다음 조상이 안심하고 식사하실 수 있도록 잠시 자리를 비우는 합문(闔門)을 거행합니다. 9식경(아홉 숟갈 먹을 수 있는 정도의 시간) 후, 헛기침을 하고 닫았던 병풍이나 문 열고 들어옵니다. 계문(啓門) 후 갱을 숭늉으로 바꾸고 메를 세 번 떠서 물에 말고 수저 손잡이는 서쪽을 향해 담그는 진숙수(進熟水)를 거행합니다. 다음에 메 뚜껑을 덮고 시저를 제자리에 놓고, 전원 재배하여 보내드리는 사신(辭神)의식을 거행합니다. 집사자가 "이성(利成)" 이라고 하여 제사가 끝났음을 알립니다. 여기까지 제사의 본 과정이 끝나면 마무리 절차에 들어갑니다.

세 번째, 마무리 절차에는 납주(納主), 철상(撤床), 준(餕: 음복)이 있습니다. 납주 과정에서 신주를 사당으로 모시거나 축문과 지방을 태웁니다(분축). 철상에서 퇴줏그릇, 전, 과일, 나물, 촛대, 향로, 제기, 병풍 등을 제자리로 치우고 마지막으로 제사 음식을 이웃과 함께 나누어 먹습니다.[51]

4) 제례와 윤리의식

유교문화에서 죽은 조상이 살아있는 후손들에게 영향력을 행사하는 방식이 제례에서 비롯되었습니다. 이 방식은 간접적이고 윤리적 방식입니다. 공동체의 연대와 명예와 가치관을 유지하게 하는 영향력입니다. 공자께서 "제사를 드릴 때는 마치 살아 계신 것처럼 드리라."[52] 한 대로 부모님이 돌아가신 후에도 마치 살아계신 것처럼 제사를 드리는 이유는 가족 안에 윤리적인 영향력이 지속적으로 유효하기 때문입니다. 유지(遺志)가 바로 그러한 영향력을 의미합니다. 동아시아 문화에서 의례는 윤리의식을 강화합니다. 조선시대에 국조오례가 엄격하게 중시되었던 것은 사회적 규범이 여기서 비롯되었기 때문입니다. 그러나 유교문화에서 가례(家禮)는 유연하였고 각 가정이 고유한 의례로 발전하여 나아갈 수 있었습니다. 가례를 통하여 도덕적 심성을 기르고 도덕적 수행을 예행하는 것이었습니다.

의례는 함께 준비하고 함께 나누는 데서 이루어집니다. 의례는 제물을 준비하는 데서 시작하고 초대하고 나누는 데서 끝납니다. 의례는 사회적 존재로서 사회적 맥락과 삶의 전형을 배우는 자리입니다. 의례에서 나타나는 모든 몸짓 하나하나는 정성을 다하는 거룩한 표징입니다. 『중용』에 있는 '지극한 정성을 기울이면 신과 같이 된다'는 자사의 '지성여신(至誠如神)'의 말씀은 의례의 정신을 그대로 나타내고 있습니다. 은혜를 표하고, 술잔을 올리고 받고, 절을 하는 움직임을 통해 다양하고 은미한 종교적인 체험하게 됩니다. 위에서 아래로 내려오는 생명의식은 수평의 형제적 생명의식으로 확장됩니다. 이것이 전통적인 유교의례에서 도덕의식을 함양하는 방식입니다. 살아서는 인격체로서, 죽어서는 혼으로 관계합니다. 의례에서는 혼이 방문하는 형식을 갖지만 사실 각자의 생명의 연대의식에서 혼을 의식화합니다. 살아있는 사람은 늘 생명을 현재화하는 의식을 필요로 합니다. 사람은 단순히 먹고 생존하는 존재가 아닙니다. 사람은 사회적 관계 속에서 자신의 생명을 현재화합니다. 의식이 있음을 자각합니다. 의례는 역동성을 갖고 있습니다. 자신의 사회적 역할을 확인해 주기 때문입니다. 의례를 수행하는 자는 선해지고 행복하게 됩니다. 이것이 의례의 신비입니다.

제례에 참여하는 가족들은 함께 조상을 추모하고 식사함으로써 식탁공동체를 이룹니다. 음복을 통하여 삶의 의미를 새롭게 깨닫고 관계를 새롭게 합니다. 제례를 통하여 조상과의 만남이 지속되지만 실제로 영이 오는 상태가 아니라 의식 안에서 만남이 이루어집니다. 잔을 나누고, 음식을 나누고, 말을 나누는 가운데 생명의 근원과 의미에 대하여 생각하고 감사하게 됩니다. 생명의 완성이 공경과 우애와 사랑을 통한 도덕적 삶에 있음을 깨닫습니다. 생명성은 한 가족의 범주에 머물지 않고 사회로 확장되어 나갈 것을 예고합니다. 사회에 나아가 자신을 도덕적으로 완성함으로써 생명의 의미를 밝히는 여정에 있음을 확인합니다.

제례는 생명의 잔치입니다. 친지들과 한 생명임을 확인하는 나눔의 잔치입니다. 더 나은 세상을 이룰 것을 기약하는 약속의 잔치입니다. 따라서 가족에게 제례는 도덕적이고 영적인 삶의 계기를 줍니다. 죽음을 생각할 때 사람은 주어진 삶의 의미를 더욱 깊이 생각하게 됩니다. 또한 은총과 축복은 죽음의 두려움을 이겨낼 수 있게 합니다. 사람은 병과 육체적인 허약함을 경험하면서 외적으로 미약한 존재임을 인식하게 되지만 내적으로 더욱 자기 회복을 향하게 됩니다. 제례는 모든 이가 죽지만 함께 살아있는 자손과 소통을 할 수 있음을 확인시켜줍니다. 이러한 공동생명성의 바탕이 사회를 향하여 사생취의(捨生取義)하고 살신성인(殺身成仁)하는 의로운 삶을 살 수 있는 계기를 부여합니다.

제례는 또한 생명의 기원과 의미를 깨닫는 교육의 장입니다. "예로 선다."(立於禮)는 공자의 상징적 말씀처럼 모든 의례 안에 사회의례가 함축되어있습니다. 예의 참여가 바로 교육입니다. 인성과 생활양식의 교육입니다. 문화는 패턴을 가지고 전승됩니다. 고착된 전승이 아니라 그 본래의 의미를 시대와 개인의 정황에 맞게 절충하는 데서 전승이 일어납니다. 따라서 제례의 본질을 이해하는 것이 무엇보다 중요합니다. 조선 말기에 일어난 제례 논쟁은 이러한 관점에서 바라보면 전승에 대한 견해차에서 일어났다고 볼 수 있습니다. 사회와 문화가 복잡해질수록 사람의 분별은 다양하고 심화됩니다. 그런데 의례는 사람을 위해서 있는 것이지 의례 자체를 위해 있는 것이 아닙니다. 시대에 맞게 의례의 형식을 새롭게 구성하는 것이 필요합니다. 이를 자각하는 것이 바로 의례의 정신입니다.

6장
생명의 길

이 장에서는 현대사회에서 새롭게 인식되고 있는 생명현상의 스펙트럼을 몇 가지 관점에서 성찰하고 다학제적으로 논의를 진행해 보고자 합니다. 여기서 다루고자 하는 주제는 생명의 지향성으로서 영성, 사회적 차원에서 의례와 생명담론 그리고 상호의례로서 사회의례, 마지막으로 생명교육의 바탕이 되는 장으로서 가정에 대해서 살펴보겠습니다.

1. 생명과 영성

앞에서 '생명'은 본래 '성명(性命)'이라는 개념에서 유래했다는 설명을 한 바 있습니다. 이 개념이 뜻하는 바는 모든 생명체가 지향성을 가지고 있다는 말입니다. 모든 식물이 태양을 지향하듯이 생명체의 본성은 생명을 유지하기 위해 지향하는 바가 있습니다. 인간은 여기서 더 나아가 도덕적으로 완성체가 되려는 성향이 있습니다. 이것을 우리는 영혼의 성향이라고 하여 영성이라고 합니다. 동서양의 영성의 전통이 다르고 문화적으로도 차이가 있지만 이 영혼의 궁극적 성향을 부정할 수는 없습니다. 동양의 심성론은 도덕적 성향에 대해 분석한 철학적 논구입니다. 서양에서는 그리스도교 전래 이전의 그리스 고대철학에서는 생활의 양식을 이끄는 영혼의 성향으로서 영성철학을 논구하였고[1], 그리스도교 전래 이후에는 하느님과 일치하는 영혼의 관조로 이해되었습니다. 이러한 차이에도 불구하고 영성의 공통된 지향성은 실천적 삶을 이끄는 것입니다. 여기서는 우리 고유의 영성과 보편적 영성에 대해서 살펴보도록 하겠습니다.

1) 한국인의 영성

생명의 주체라 할 수 있는 영성이란 도대체 무엇입니까? 피에르 아도의 언급처럼 영성이 인간의 관조적 생활양식의 한 부분이라면 영성에 대한 관심은 한국인의 관조적(théorétique) 생활양식에 대한 이해로 접근할 수 있겠습니다. 역사적으로 한국인의 영성을 이야기하자면 단군신화로부터 말하지 않을 수 없습니다. 신화에는 환인의 홍익인간(弘益人間)의 정신과 환웅의 재세이화(在世理化)의 정신이 웅(熊)의 고통을 감내하는 원화위인(願化爲人)의 염원과 결합하여 단군이라는 이상적 인간으로 나타나 있습니다. 한국인의 영성은 요약하자면 홍익인간, 재세이화, 원화위인을 이루는 것이라고 할 수 있습니다. 이 고유한 영혼의 성향은 최치원의 난랑비 서문에 의하면 유교와 불교와 도교를 받아들이고 회통시키는 접화군생(接化群生)의 영향력으로 표현되어 있습니다.

이 신화적 표현이 의미하는 바는 인간다움의 성향이 사람과 세계의 변화에 참여하는 가운데 나타나고 있음을 알 수 있습니다. 신이 인간이 되는 변화, 곰이 사람이 되는 변화, 다른 사람을 이롭게 하는 변화, 세상에 조화를 이루는 변화, 모든 살아있는 무리에 접하여 변화를 이루는 영성의 특징을 보여주고 있습니다. 변화의 방향은 위에서 아래로, 아래에서 위로, 또 수평적으로 일어나고 있음을 알 수 있습니다. 이는 한국인이 본분에 따라 어떻게 영성적 경향이 나타나야 하는지를 잘 나타내고 있습니다. 이를 요약하면 변화의 영성이라 할 수 있습니다.

변화를 위한 전제는 상대에 대한 교감과 인식입니다. 나아가 자아 성숙을 위한 지향성과 고통의 감내입니다. 군생과의 일치는 변화가 서로 어우러지는 데서 일어납니다. 그러므로 변화는 일방적이지 않고 상호적입니다. 변화는 고통을 동반합니다. 신화에 따르면 곰의 경우처럼 위로부터 아래로 향하는 낮아지는 영성보다 아래에서 위로 고양되는 영성의 고통이 더 어렵게 표현되어 있습니다. 이는 그리스도교와의 차이라고도 할 수 있다. 위로부터 아래로 향하는 것이 남성의 영성이라면 아래에서 위로 향하는 것은 여성의 영성입니다. 여성은 남성과는 다른 고통의 역사를 안고 살아갑니다. 그 가운데 고통을 생명으로 승화시키는 능력이 바로 여성의 영성입니다. 쑥과 마늘의 고통은 인간이 되어 단군이라는 생명으로 결실을 맺습니다. 그러기에 누가 우위에 있다기보다는 둘 다 서로를 필요로 하는 상관적인 영성의 요소가 됩니다.

한국인의 영성은 신라 불교에서는 원효의 정토종을 통해 민중 지향적이고 동적이며 예술적인 화쟁으로 나타났고, 의상의 화엄종을 통해 철저한 수행을 통하여 개인과 사회가 조화를 이루는 원융무애로 나타났습니다. 고려시대에는 의천을 통한 교관겸수(敎觀兼修)의 천태종과 지눌을 통한 정혜쌍수(定慧雙修)와 돈오점수(頓悟漸修)에 내적 조화의 영성이 잘 나타나 있습니다. 유교의 경우 영성은 심성론에서 그 철학적 특징이 잘 나타나 있습니다. 고려시대 목은 이색(牧隱 李穡: 1328~1396)은 특별히 주체 확립의 논리를 심(心)을 통하여 문학적으로 표현하여 동국의 학문의 특징을 드러냈습니다.

조선유학에서 성리학이 발전하였는데 서산 진덕수(西山 眞德秀 1178~1235)가 저술한 『심경』과 주석서인 정민정(程敏政 1446~1499)의 『심경부주』를 받아들여 이해하는 가운데 더욱 고유한 조선유학의 특성을 발전시켰습니다. 퇴계의 『심경』에 대한 각별한 관심은 제자들에게 깊은 영향을 미쳐 『심경부주』에 대한 질의와 답변을 통하여 철학적 담론이 형성되었습니다. 퇴계의 『성학십도』 가운데 「서명」과 「경재잠」 그리고 「숙흥야매잠」이 유교의 종교적 수행성을 잘 나타내는 부분입니다. 「경재잠」에서는 지경(至敬)에 이르는 마음공부로 예에 맞는 생활 태도에 대해서 가르치고 있으며, 「숙흥야매잠」은 경공부로 『중용』의 삼가고 두려워하는 계신공구(戒愼恐懼)의 마음 자세에 대하여 가르치고 있습니다.

이러한 전통을 이어받은 다산은 『심경』을 주석한 『심경밀험』에서 신(神)과 형(形)이 오묘하게 합하여진 "허령지각"의 마음을 사람이 태어날 때 갖게 됨을 밝히면서 단순히 말하기 어려우므로 심(心)이라 하기도 하고 신(神)이라 하기도 하고 영(靈)이라고 하기도 하며 혼(魂)이라고 하며 다른 글자를 빌어서 썼다고 하였습니다. 사람의 영명(靈明)은 하늘이 품부해준 것이므로 하늘을 인식할 수 있는 근거가 된다고 하였습니다. 영명성의 중요한 인식작용인 지천은 『중용』에서 말하는 수신의 근본입니다. 그리고 『중용』 첫머리의 "천명지위성 솔성지위도"가 바로 지인입니다. 그런데 지인하기 위해서는 지천하지 않으면 안 됩니다. 지천은 바로 은미함을 아는 것이고, 귀신을 아는 것입니다. 즉 지천이란 바로 상제의 명을 아는 것입니다. 즉, 공자가 말하는 "지천명"입니다. 지인과 지천은 대상적 인식이 아닙니다. 사람의 사람됨을 아는 것과 귀신의 은미함을 아는 것은 일체감을 통한 인격적인 인식이자 영적 인식입니다. 다산은 『중용』의 '구즉징'(久則徵: 오래되면 징험한다)을 주석하며 새로운 의미를 부여합니다. "하늘과 사람이 서로 일치할 때 반드시 자기 마음속에 묵묵히 험할 수 있으니 이를 '징'(徵)이라 한다. '징' 하면 도를 믿는 마음이 돈독하게 되어 그만두려고 해도 그만둘 수 없는 까닭에 더욱 오래되고 더욱 진실하게 되어 아득함에 이르게 되는 것이니 용(庸)의 극치이다." 『논어』에서 공자가 '징'(徵)자를 문화 계승적인 의미에서 사용한 것을 다산은 영성이 존재와 현상의 근거를 인식하는 형이상학적 인식 과정으로 이해하고 있습니다.

다산의 마음이해는 근대적 한국인의 영성을 이해하는 창을 열어줍니다.

2) 보편적 영성

보편적 생명의 지향성과 관련하여 논의할 수 있는 주제는 생명이 지향하는 가치라 할 수 있습니다. 인간의 생명성은 가치 지향적입니다. 종교와 철학적 구분과 관계없이 영성은 보편적으로 세 가지 가치를 지향하고 있습니다. 이 지향성은 사람에 따라 차이가 있지만 대체로 세 가지 가치로 카테고리를 좁힐 수 있습니다. 그것은 다름 아닌 인간이 추구하는 보편적 가치로서 진, 선, 미입니다. 영성을 인간 의식이 추구하는 가치에 대한 경향성이라 할 때 지성적인 측면과 감성적인 측면 그리고 의지적인 측면에서 접근할 수 있습니다. 의식과 가치가 완전히 부합하는 것은 아니지만 대체로 일치점을 찾을 수 있습니다. 지성적 의식이 합리적으로 추구하는 가치를 진리라 할 수 있습니다. 도덕적 감수성과 관련하여 추구하는 가치를 선이라고 한다면 예술적 충동과 관련된 가치는 아름다움입니다. 각각의 가치를 지향하는 영성을 달리 표현하면 지적 영성, 사랑의 영성, 미적 영성이라고 할 수 있습니다. 이 세 가지 가치 지향이 인간의 문화적 삶을 이루게 하였다고 할 수 있습니다.

인간 지성의 전통은 지적 영성의 활동으로 말미암은 것입니다. 서양 지성사에 주로 이성의 활동으로 언급하는 것이기도 합니다. 인간 지성은 분석하고, 종합하고, 비판적으로 추론하는 사유 능력을 갖고 있습니다. 인간의 학술적 능력은 이러한 지적 영성에 기반하여 이루어진 것이라고 할 수 있습니다. 공자의 구사(九思)론과 소크라테스의 무지(無知)의 지는 각각 지성적 사유의 중요성을 강조한 대표적인 예입니다. 한때 행동과 유리된 지성활동을 사변(思辨)으로 폄하기도 하였으나 근본적으로 지성활동은 활동적 삶을 위한 성찰과 밀접한 연관성을 갖고 있는 것이기에 지적 영성이라는 표현에서 그 의미를 복원할 수 있습니다. 그런데 지성적 활동은 언어라는 매체가 필요합니다. 언어는 생각을 명료하게 하고 의식을 타인과 나눌 수 있도록 합니다. 언어는 인간의 사유가 시간에 제한을 받지 않고 지속성을 갖게 하고 전승을 가능하게 합니다. 언어를 통해 세상의 사물과 사태는 새로운 의미를 갖게 됩니다. 따라서 지성세계는 개념과 비유로 말미암아 대상세계를 열린 세계에서 바라보게 합니다. 하지만 이러한 지적 영성의 영역은 과학적 연구의 대상으로 기호로 환원할 있는 대상세계와는 다릅니다. 전통적인 과학적 세계관에서는 주관과 객관의 뚜렷한 경계가 있습니다. 그런데 이 단계를 넘어선 지적 영성의 세계에는 경계가 없습니다. 지적 영성이 세계에 참여하고 활동하기 때문입니다. 이와 같은 지적 참여의 단계를 종교적 영성에서 발견할 수 있습니다.

신과 같은 근원적 실체에 대한 사유는 객관화할 수 없습니다. 체험하지 않고 그 실체에 다가갈 수 없기 때문입니다. 그리고 이렇게 지성적 활동을 더욱 명료하게 하기 위해서 행하는 것이 의례입니다. 의례 안에서 깨어있을 수 있으며 직관적으로 그 실체를 올바로 관조할 수 있습니다. 그리스도교의 관상과 불교의 선 모두 대상을 바로 보는 것이 아니라 관계 안에서 바라보는 것입니다. 궁극적 실체를 통해서 대상세계를 바라보고, 대상세계를 통해서 궁극적 실체를 보는 것입니다. 이때 주관은 더 이상 독립하거나 고립되지 않고 세계에 참여하고 있습니다. 종교적 믿음이 실존적이라고 하는 까닭은 이러한 세계 참여와 연관되어있습니다. 이러한 관점에서 바라보면 신학은 세상을 통해 신께로 참여하는 학문입니다. 지적 영성은 세상을 새로운 차원에서 볼 수 있도록 인간의 삶을 높은 단계로 이끕니다. 이 단계에서 우리는 새로운 가치를 경험하게 됩니다.

앞에서 언급한 참여는 달리 표현하면 사랑입니다. 일상에서 참견이란 말을 부정적으로 자주 씁니다. 본래 의미는 함께 보는 것입니다. 관심과 사랑이 있어서 함께 보는 것입니다. 그런데 우리는 그 다른 관점이 거추장스러운 것입니다. 그런데 무엇이든 사랑하면 더 잘 보고 알게 됩니다. 알아서 사랑하는 것이 아니라 사랑해서 안다고들 말합니다. 사랑의 영성이 여기서 시작됩니다. 즉 관계의 영성을 말하는 것입니다. 사랑은 관계를 위해 외부로 향하는 영적 에너지입니다. 사랑을 통해 우리는 자기 존재성을 확인할 수 있습니다. 사랑할 수 없는 사람은 고립되고 소외된 사람입니다. 모든 종교의 궁극적 가르침은 사랑입니다. 인(仁), 사랑, 자비, 자애, 색(嗇 아낌) 모두 같은 표현입니다. 사랑은 사람을 사람으로 존재할 이유를 갖게 합니다. 사랑은 대상을 있는 그대로 보아 본질에 다가가게 합니다. 사랑은 스스로 구속되지 않고 대상을 자유롭게 하므로 자유의 영성이라고 할 수 있습니다. 사랑은 자기를 초월하게 합니다. 부활과 해탈은 사랑의 초월상태라고 할 수 있습니다.

사랑의 영성은 보잘것없는 대상에게서 궁극적 실체를 볼 줄 아는 능력입니다. 대상에 스며 있는 궁극적 실체의 사랑을 보고 거기에 참여하는 것입니다. 결핍을 감싸 안아 채우는 것입니다. 지성보다는 사랑 안에서 인간은 무한한 신적 본성을 체험하게 됩니다. 사랑 안에서 생명의 신비를 체험합니다. 사랑은 생명성의 다른 표현입니다. 사랑은 생명성을 낳고 사랑을 낳습니다. 이것이 사랑의 신비입니다. 사랑은 세상을 움직이는 원동력입니다. 사랑은 태양이 핵융합을 통해 열과 빛을 발하듯 개개의 사랑이 만나 폭발하여 사랑의 에너지로 세상이 사랑으로 유지되도록 합니다. 만일 사랑이 없다면 사회는 유지될 수 없고 사회적 에너지가 없는 세상이 되고 말 것입니다. 사랑은 인격적입니다. 사랑의 영성은 모든 존재에 인격성을 부여합니다. 무생물에서 신에 이르기까지 인격적 대화가 가능하도록 합니다. 이를 통해 사랑은 삶의 지평을 확장합니다.

사랑의 궁극적 목적은 하나가 되는 일치입니다. 깊은 사랑의 관계는 하나가 되게 합니다. 일시적으로가 아니라 지속적으로 그리고 영원히 하나가 됩니다. 어떤 존재와의 조화는 일치를 이루는 첫 단계입니다. 존재의 양상은 서로 다르나 조화 안에서 내적 일치를 이룹니다. 한 존재자가 무에서 와서 다시 무로 돌아감은 일치를 이루는 사랑의 순환입니다. 살아있는 존재는 사랑의 영성을 통해 동적 일치를 지향합니다. 사랑의 영성은 부단히 변화하는 가운데 일치를 이루어내는 힘을 갖게 합니다. 지성보다 빠르게 인식하고 판단하며 행동하게 합니다. 일치는 정지된 것이 아니라 부단히 변화하는 가운데 이루어내는 것이기에 전인적 통찰이 필요합니다. 대상 안에서 나를 발견하고 내 안에서 대상을 발견하는 차원입니다. 안팎이 따로 존재하지 않는 새로운 관계의 차원입니다. 여기서 우리는 일치의 올바른 이해에 다가가게 됩니다.

마지막으로 미적 영성에 대해서 생각해 볼 수 있습니다. 앞에서 언급한 조화를 추구하는 영성이 바로 미적 영성입니다. 일반적으로 사람들은 아름다움을 자연과 예술작품에서 발견합니다. 그런데 우리가 창조적으로 참여하지 않을 때 아름다움의 세계에 깊이 진입할 수 없습니다. 카시러는 예술은 사물이 아닌 형상으로부터의 즐거움이라 하였습니다. 정적인 소재를 형상의 동적 생명으로 전환시키는 것이 예술이라는 것입니다. 그런데 미적 영성은 여기서 더 나아가 삶에서 나타나는 아름다움을 지향하는 영적 성향입니다. 미적 영성은 지적 영성과 사랑의 영성을 이룬 후에 다가갈 수 있는 영성의 차원이기도 합니다. 여기서 말하는 아름다움은 추함의 반대 개념이 아닙니다. 우리말의 '아름다움' 처럼 아우르는 가운데 얻게 되는 가치입니다. 노자의 말씀처럼 더 이상 꾸며서 얻어지는 아름다움이 아닙니다. 왜냐하면 후자의 경우 그 반대편에 추함이 있기 때문입니다. 미적 영성은 늘 존재의 새로운 가능성을 열어 놓습니다.

미적 감각은 예지의 감각입니다. 아직 피지 않은 꽃망울을 보고 피어난 꽃의 아름다움을 미리 보는 영적 인식입니다. 미적 영성의 단계는 모방이나 재현 그리고 형식에 머무르는 것이 아니라 참여하고 일치를 이루는 데서 발견하는 아름다움입니다. 미적 영성이 추구하는 단계는 예술가에 한정되는 예술적 차원이 아닙니다. 발타살(Hans Urs von Balthasar, 1905~1988)이 말하는 신적 영광이 드러나는 단계입니다. 우리는 노자가 말하는 갓난아이의 터지지 않은 웃음(嬰兒之未孩)에서 신적 영광을 보기도 하며, 죽음을 앞둔 노인의 얼굴에서 내적 평안의 고요를 발견하기도 합니다. 이러한 모습은 생명이 조화를 이룬 상태에서 나타나는 아름다움입니다.

능동적인 인간은 예술작품을 창조하듯 아름다운 삶을 창조합니다. 생활세계를 새롭게 창조하고, 관계를 새롭게 구성합니다. 결핍과 결여를 메우고 채워 삶의 차원을 변화시킵니다. 미적 영성은 삶의 자리를 신적 영광이 드러나는 무대로 변모시키는 충동이자 능력입니다. 여기에서 어떤 존재도 소외됨이 없고 차별도 없습니다. 모든 존재는 그 고유한 아름다움으로 자리를 얻게 됩니다. 미적 영성은 모든 존재를 조화의 무대로 초대하는 안목을 가지고 있습니다. 따라서 도덕적 본성과 같이 선험적으로 인간의 삶을 미의 세계로 인도합니다. 예술의 장르는 삶의 아름다움을 구성하는 도구일 뿐입니다. 이를 종합하고 조화할 일이 남아 있습니다. 이는 마치 창세기에 하느님이 만물을 창조한 후에 "보니 좋더라"라고 언급한 표현을 다시 재현하는 일과 같습니다. 미적 영성은 원형적 조화에서 비롯하여 신적 영광을 드러내는 완성으로 나아가는 지향성입니다. 여기서 인간의 미적 영성에 의한 예술적 행위가 의례로 나타남을 부인할 수 없습니다. 미적 영성에 귀 기울이는 사람은 무대의 연출이 누구에 의한 것인지 인식하며 가장 탁월한 역할을 수행하게 합니다. 세상은 인간의 미적 영성의 회복을 기다리고 있습니다.

3) 생태영성

미적 영성을 생태적 관점에서 바라볼 때 생태영성에 대해 생각할 수 있습니다. 지적 영성과 사랑의 영성이 함께 조화를 이루어야 함을 일깨우는 것이 생태영성의 영역이기도 합니다. 인간생명은 인간을 둘러싸고 있는 생태계에 의존하고 영향을 받고 있으므로 생태계와 조화를 이루는 것이 삶의 필연적 과제입니다. 그러나 근대화 과정은 생태계를 이용의 대상만으로 바라보고 착취하여 황폐화에 이르게 하였습니다. 생태계의 파괴가 인간생명의 파괴와 직결되어 있음을 우리는 뒤늦게 깨닫기 시작하였습니다. 인간의 생활양식을 깊이 성찰하지 않으면 안 되게 되었습니다. 생태영성은 이 점에서 성찰의 영성이라고 할 수 있습니다.

생태계 파괴의 역사를 간단히 살펴보면 과학자들은 우주가 150억 년 전에 생성되었다고 추산합니다. 태양은 45억 년 전, 지구는 42억 5천만 년 전에 탄생하였습니다. 지구에 생명체가 살기 시작한 것은 4억 2천만 년 전, 인류의 조상으로 추정하는 오스트랄로피테쿠스는 3백만 년 전에 출현하여 호모사피엔스로 진화하면서 1만 년 전부터 종교와 생활습관 그리고 추상적 사고방식의 인간문화를 이룩하기 시작하였습니다. 도구의 발전은 인간의 생활에 큰 변화를 가져왔습니다. 개량된 도구에 의하여 생산을 증대시키고 인구의 증가와 물품의 교환을 활성화시켰습니다. 16세기에 이르러 서구의 식민지 확장으로 침략과 개방을 통하여 지구화 시대에 진입하게 되었습니다. 이로부터 지구상의 인류는 서구문명의 영향 아래 놓이게 되었으며 서구 과학의 획기적인 발달과 산업화는 인간의 삶의 양식에 큰 변화를 가져왔습니다. 특별히 19세기에 이르러 증기기관과 전기의 발명 그리고 석유의 발견은 이러한 변화에 크게 기여하였습니다.

이 과정에서 자연에 대한 인간의 개입은 많은 문제점을 발생시켰고 18

세기 산업혁명 이래로 지금까지 자연을 대상으로만 보는 자연관은 자연을 이용만 하고 자원을 고갈시키는 결과로 치달았습니다. 인간은 불과 300년이라는 짧은 시간 동안에 150억 년의 자연의 진화 역사에 개입하고 파괴하는 지경에 이른 것입니다. 여기서 우리는 우리를 둘러싸고 있는 환경을 어떻게 바라보았는지 성찰하지 않을 수 없게 되었습니다. 인간은 자연 속에서 태어나 자연의 혜택을 누리다가 다시 자연으로 돌아가는 존재입니다. 곧 인간과 자연은 서로 떨어져 존재할 수 없으며, 보다 큰 온 생명체계의 일부로서 존재합니다. 가이아로서 어머니인 자연이 건강할 때 인간이 그 품에 깃들어 삶을 누릴 수 있는 공동운명체인 것입니다.

자연은 우리에게 묻습니다. 인간은 도대체 어떤 존재인가? 이 물음에 답하기 위해서는 영성적 차원의 인식이 요구됩니다. 환경문제는 기후변화의 영향을 실감하듯 자연 회귀나 자연 친화와 같은 소극적 방법이나 쓰레기 줄이기나 물자 절약과 같은 근시적 방법으로는 더 이상 해결할 수 없는 극한 상태에 이르렀습니다. 극복의 대안으로 단순한 실천 방법론으로서만이 아니라 기존의 가치관과 세계관의 변혁을 포함하는 광범하고 거시적인 인식의 전환이 요구되고 있습니다. 인간생명이 지향하는 가치의 수준이 생태계에 그대로 반영되어 드러나고 있습니다. 생태계의 파괴를 동반한 현대인의 생활양식은 예측할 수 없는 질병의 발현을 야기하여 인간생명을 위협하고 있습니다. 실로 작금의 새로운 바이러스로 인한 급속한 질병의 확산으로 우리는 삶의 위기를 경험하고 있습니다.

우리는 생태계와 대화를 열어가야 합니다. 이것이 의례적인 응답의 한 방법입니다. 우리가 상대방에게 한 잘못을 고백해야 할 시간입니다. 생태적 고백은 단순한 말이 아니라 생태계를 향한 인격적 응답이어야 합니다. 다른 인간뿐 아니라 생태계를 인격적으로 대함은 내면의 영적인 성숙이 동반될 때 가능합니다. 생태영성은 생태계의 본질이 근원적으로 같다는 전제에서 의식 활동을 시작합니다. 인간생명이 생태계와 전일성(Holism)을 이루고 있음을 자각하고 있는 상태입니다. 생태영성은 근본적으로 전일적 생태 가치를 지향하는 깨어있음입니다. 프란치스코 교종이 2015년에 반포한 회칙 〈찬미 받으소서〉는 생태적 깨어있음이 복음의 정신이므로 교회가 회개와 행동으로 이를 받아들일 것을 촉구하는 가르침입니다.

이 회칙은 현대문명의 폐해로 말미암아 인간이 지구에 끼친 생태적 과오에 대한 깊은 성찰과 회개를 촉구하고 있습니다. 이 가르침은 지구환경을 개발의 대상으로 보지 말고 우리의 몸을 이루고 우리의 생명을 품어 살리는 누이이며 어머니로 받아들여야 함을 깨우치고 있습니다. 인간의 그칠 줄 모르는 탐욕은 지구의 재화를 고갈시키고 불평등한 과소비는 기후변화를 일으켜 생활양식을 파괴하기에 이르렀습니다. 환경오염은 인간의 삶의 질을 저하시키고 사회체계를 붕괴시키고 있습니다. 나아가 이러한 환경과 사회의 훼손은 직접적으로 가난한 이들의 삶을 위협하고 있습니다. 그리스도인뿐만이 아니라 지성인은 어느 누구보다 이 사태에 책임이 있으며 지구와 가난한 이들의 부정의에 대한 울부짖음에 귀 기울여야 할 의무가 있습니다. 그러나 우리는 회칙이 반포된 이후 얼마나 변화된 삶을 살고 있는지, 교회는 얼마나 구체적인 생태적 회개의 삶의 양식을 제시하고 있는지 묻지 않을 수 없습니다. 진정한 회개야말로 우리의 삶을 변화시킬 수 있으며, 지구와 인격적 관계를 회복할 수 있습니다. 물 한 방울이 이웃의 생명과 깊은 연관성이 있다는 사실에 눈을 떠야 합니다. 회칙은 지구가 우리와 가장 가까이 있으며 우리의 도움을 필요로 하고 있는 이웃이며 사랑의 대상이라는 사실을 가르치고 있습니다. "네 이웃을 네 몸처럼 사랑해야 한다."(마태 22, 39)는 성경 말씀은 지구 사랑에 대한 특별한 가르침으로 다가옵니다. 실로 우리는 생활양식의 변화를 통해 무뎌진 감각을 일깨워 생태적 영성을 회복해만 합니다.

"내가 미래의 모든 세대들을 위하여 나와 너희, 그리고 너희와 함께 있는 모든 생물들 사이에 세우는 계약의 표징은 이것이다. 내가 무지개를 구름 사이에 둘 것이니 이것이 나와 땅 사이에 세우는 계약의 표징이 될 것이다."(창세 10, 12-13)

"너희는 온 세상에 가서 모든 피조물에게 복음을 선포하여라."(마르 16, 15)

2. 의례와 생명담론

과거와 달리 현대사회는 기술과 정보가 인간의 삶을 지배하고 있습니다. 정보에 의해서 관계를 맺고 유지하는 사회구조를 갖고 있으므로 정보의 가치에 따라 관계가 유지된다고 할 수 있습니다. 따라서 정보의 도구인 언어상징의 기능이 어느 때보다 중요하게 되었습니다. 과학기술의 발달로 과거에 감정의 표출과 소통의 도구로 한정되었던 언어의 차원이 정보의 구성과 전달뿐만이 아니라 사회적 행위로서 새로운 양상을 띠게 되었습니다. 따라서 인간이 언어를 도구로 사용한다기보다 인간의 삶이 언어에 의해서 규정되는 차원이 새롭게 열렸다고 할 수 있습니다. 언어의 사회적 관점 변화는 언어에 대한 새로운 이해와 사용의 지평을 열어가게 되었습니다. 달리 표현하면 언어적 전회로 말미암아 전통적인 언어의 수행적 차원을 다시 소급하여 생명담론을 분석하기에 이르렀다고 할 수 있습니다. 여기에 새로운 생명의 길이 나 있음을 예견하게 합니다.

1) 사회담론의 역사

인간의 상징체계에 깊은 관심을 가진 카시러에 따르면 소피스트들에게는 물리적인 사물의 세계에서 언어에 관한 설명을 찾는 것은 헛된 일이었습니다. 그들은 현실적 과제인 사회적 현실에 대해 어떻게 말하고 행동해야 하는지 인간 언어에 대한 새로운 그리고 단순한 연구 방법을 발견하였습니다. 그것은 문법이나 어원학이 아니라 수사학입니다. 소피스트들은 명칭을 사물의 성질을 표현하기 위한 것이 아니라 인간의 정동을 분기하고, 행동을 재촉하는 것으로 보았습니다. 즉 언어의 실용적 측면을 중시한 것입니다. 이러한 사고는 아리스토텔레의 수사학에서 일부 수용되었지만 크게 발전하지 않았습니다. 근대에 이르러 훔볼트에게 새롭게 그 단초가 나타났습니다. 그는 언어는 에르곤(ergon, 이미 만들어진 것)으로서 보다 오히려 에네르기아(energia, 활동)로 여겨져야 한다고 보았습니다. 그는 언어의 구조에 관한 본질이나 기원을 묻지 않고 언어의 구조적 문제들에 대해서 물었습니다. 이러한 관점은 언어의 구조는 바로 "세계를 바라보는 태도"로서 삶의 구조 반영으로 본 것입니다. 여기서 한 걸음 더 나아가 언어를 삶의 양식이자 행위로 판단하기 시작한 것은 논리 실증적 세계 이해를 극복하고자 한 일상 언어 학파로부터 시작되었다고 할 수 있습니다. 오스틴(John Austin)을 비롯한 일련의 학자들이 보인 언어의 행위적 관점은 수행적 언어관을 정초하기에 이르렀고 이는 언어와 의례의 상관성에 대한 철학적 관심으로 발전할 수 있었습니다. 또한 수행적 언사는 담화의 바탕이 되어 사회적 언어의 차원을 열어 놓았습니다.

20세기 후반에 이르면서 담론 기능이 사고와 추론의 과정과 불가분의 관계를 맺고 있음을 재인식하기 시작하였습니다. 즉 언어는 정보 전달을 위한 단순한 부호가 아니라 인간의 사고 과정에 작용하는 사용자의 사회적 문화적 속성, 정체성, 가치와 이념, 심리상태, 태도나 신념 등을 나타내는 다양한 인지적(Cognitive) 요인을 반영하는 지시기능(Indexicality)을 가지고 있음을 인식하게 되었습니다. 이러한 사고 전환에 크게 기여한 학문적인 경향이 유럽을 중심을 발전한 기호학과 미국을 중심으로 발전한 사회언어학입니다. 이 두 경향으로부터 언어 사용자의 성격을 새롭게 규정하게 되었습니다. 즉 언어 사용자는 수동적인 존재가 아니라 능동적으로 언어를 이용하고 필요에 따라 언어를 변화시켜나가는 능동적인 존재입니다. 따라서 문장의 의미는 무엇을 지시하느냐가 아니라 그 문장이 어떤 의도가 있느냐가 중시됩니다. 담론을 구성하는 데도 적절하고 유효한 규칙을 중시하는 것이 아니라 규칙 자체를 담론자들의 구성물로 보고 담론적 장치를 이용하여 자신의 목적을 달성하고자 하는 것입니다.[2]

언어 행위를 통하여 "사회적 현실"을 반영하고 재창출해 나가는 과정은 그 수행 주체가 누구이든 의미가 풍부한 담론현상을 제공하기 마련이며 이를 분석함으로써 우리는 담론의 구조와 기능에 대한 통찰력을 얻을 수 있게 되었습니다. 특별히 사회담론 분석은 인간의 정치적 활동이 낳은 모든 유형의 언어적 산물을 대상으로 하여 그 속에서 언어 사용자들이 의도를 관철하고, 의미를 창출하며, 목적을 달성해 가는 과정을 분석하는 것입니다. 이 분석과정에서 사회담론 또는 텍스트를 분석하여 그 속에서 사회적, 문화적, 이념적, 또는 심리적으로 구성된 정치 현실을 찾아내는 것이 가능할 것입니다. 사회담론 생산자를 언어 과정의 능동적인 주체로 보고 그들이 일상적인 정치활동 속에서 언어규칙을 이용하여 자신의 의도를 관철하고 의미를 창출하며 목적을 달성하는 과정을 이해하기 위해서 그들이 생산한 담론을 전체적 맥락(Context) 속에서 해석학적 또는 현상학적으로 접근할 필요가 있습니다.[3]

언어와 담론 연구는 사회적 의례 안에서 정형화된 공식적인 담화뿐 아니라 일상적인 대화, 토론 등의 담론도 포함할 수 있습니다. 또한 이러한 공적 · 사적 담론과 더불어 담론을 가능하게 하는 여타의 견해와 텍스트도 정치적 통제와 지배전략으로 해석될 수 있습니다. 담론은 정치 조작의 대상이며, 통제의 기제이고 집단 이해의 실천적 매개가 됩니다. 따라서 담론은 견해가 다른 경쟁 집단 간 투쟁의 장이고 사회적 의미가 변증법적으로 구조화되고 도전받고 해석되는 역동적인 의미생성의 공간입니다. 최근 대두되고 있는 비판적 담론 분석(critical discourse analyse)에서는 담론이 어떻게 이념과 불평등한 권력관계를 재생산하는 데 기여하고 있는가를 밝히고 있습니다. 따라서 우리의 주된 관심사인 생명담론의 형성과 사회적 영향력에 대해 살펴볼 필요가 있습니다.

2) 사회담론으로서 생명담론

우리나라 생명문화의 현주소는 매스컴을 통하여 매일 접하는 자살, 낙태, 학대, 인권 유린, 성폭력 등의 개념을 통해 부정적으로 인식되고 있습니다. 생명 경시 풍조에 대한 경향이 날로 심해지는 가운데 이를 염려하는 여론이 팽배하며 이에 대응하는 정부와 민간단체가 다각적인 노력을 기울이고 있습니다. 한편으로 고령화와 연명의료와 같은 개념을 통해 생명공학의 발전을 통해서 사람들은 치료와 생명 연장에 대한 기대가 날로 높아지고 있기도 합니다. 각 종교와 생명 관련 사회단체는 생명 수호와 생태운동의 저변화를 통해서 생명 경시에 대한 경각심을 불러일으키고 사회운동으로 발전시켜나가고 있습니다. 학자들은 다양한 외국의 생명사상을 연구 소개하고 전통문화 안에 내재되어있는 생명사상에 대한 연구를 통해 이론적으로 이를 뒷받침하고자 노력하고 있습니다. 그러나 우리나라의 생명담론은 각각의 담론이 보편적 사회담론으로 발전하지 못하고 생활공동체를 중심으로 제한적으로 유지되고 있는 실정입니다. 그런데 이러한 생명담론은 근래에 나타난 것이 아니라 근대화 과정에 내재하여 있는 부작용을 극복하는 과정에서 이미 나타났다고 할 수 있습니다.

대표적인 사회 생명담론은 70년대에 이르러 개발 논리와 대량생산에 저항하는 한살림과 같은 도농 간의 협동조합을 통한 생명운동과 함께 시작되었습니다. 한살림과 같은 생명운동은 도시에서 시작된 녹색운동과는 달리 비판적 사회담론에 기여하는 바가 컸고, 실천적인 면에서 의식변화에 많은 기여를 하였습니다. 그러나 점차 유기농 판매가 일반화되면서 실천적 삶을 통해서 공유되었던 생명담론은 소규모 공동체 내부로 제한되고 축소되어 갔습니다. 유기농도 기업화되면서 도농의 교류와 같은 이상적 관계를 유지하기 어렵게 되었습니다. 따라서 특정 종교재단에 의한 실천적 생명운동으로 축소되었습니다. 이후 경제사회적으로는 GDP의 증가와 더불어 건강과 관련된 식생활의 개선을 위한 웰빙이 담론의 주를 이루게 되었습니다. 근래에는 생명담론과 관련되어 나타난 새로운 현상은 고령화와 더불어 웰빙에서 웰다잉으로 변모하거나, 취업을 위한 성형이 사회담론으로 다루어지고 있기도 합니다. 이러한 현상은 취업에 대한 왜곡된 사회적 욕구와 평판이 깊이 개입되어 있음을 인식하게 합니다. 개인은 웰빙이나 웰다잉이 그리고 성형이 개인적 삶의 지향점으로 설정되고 정치권력은 보건의료적 관점에서 삶의 질을 관리 통제하는 것을 과제로 삼고 있습니다. 여기서 개인의 생명현상이 권력과 연계되어 있음을 알 수 있습니다. 따라서 개인의 삶은 권력에 의해 길들여지고 이러한 것이 최선의 삶의 방식인 양 착각하게 됩니다. 이 과정에서 사람들은 본질적인 생명담론에 다가가기보다는 위(僞) 생명담론을 참된 생명담론으로 착각하게 됩니다. 이러한 위 생명담론으로는 올바른 생명문화를 창조할 수 없습니다.

현대사회의 생명담론의 주제가 개인의 자율적 건강관리 수준에 머물러 있다면 생명담론은 자연생명의 차원에 머물러 있는 것이라 할 수 있습니다. 생명담론이 사회적 생명의 차원으로 고양될 때 생명윤리의 문제를 다룰 수가 있습니다. 생명담론이 자연적 차원에서 사회적 차원으로 확장되고, 더 나아가 종교적 또는 도덕적 차원의 생명담론이 나타날 때 건강한 생명현상을 기대할 수 있습니다. 하지만 최근에 제정된 연명의료법안의 입법 과정이 보여주듯 이 같은 사회적 논의가 타국의 사회경제적 수준에 비해 상당히 뒤늦은 바 있으며 이를 위한 학술적인 논의도 사회담론에 바탕이 될 수 있는 심층적이며 설득력 있는 논의를 이끌어내지 못하였습니다.

우리나라는 생명담론의 구성에 미숙하며 담론의 주제도 외연이 너무 크거나 집단의 이익 중심으로 편중되어있어 실질적 인간생명에 도움을 주는 것에게서 멀리 나와 있습니다. 예를 들면 슈바이처와 요나스의 생명의 형이상학, 리프킨의 노동의 종말, 러브록의 생명과 생태 위기의 연관성, 카프라의 신과학적 영성, 장회익의 온생명, 프랑스의 생명철학과 미국의 과정철학적 생명사상, 유영모와 함석헌의 생명사상에서 에코페미니즘에 이르기까지 다양한 학술적 생명담론이 이어지고 있습니다. 그러나 문제는 이러한 생명담론이 비판적으로 논의되어 사회담론화되지 못하고 지식인들의 사적 담론으로 머물러있다는 사실입니다. 우리 문화에 타당한 생명담론이 되기 위해서는 어떤 생명담론이 생명문화로서 타당한지 또한 어떤 방식으로 담론의 확산이 가능한지 문화적 차원에서 담론 분석과 그 실천적 방안이 모색되어야 할 것입니다.

3) 공동체 담론 – 생명도시 구축

지역사회의 생명도시 구축은 매우 중요한 모델이 될 수 있습니다. 예를 들어 경기도 시흥시가 추구하고 있는 생명도시 건설은 이념과 실천에 있어서 고유한 모델을 구축하는 목표를 갖고 추진하고 있습니다. 이를 위해서 기존의 생명정책과 담론을 비판적으로 성찰할 필요가 있습니다. 생명정책과 담론이 상호 조화를 이룰 수 있을 때 바람직한 생명도시의 비전을 가질 수 있을 것입니다. 구체적으로 자살률, 실업률과 같이 생명을 위협하는 사회경제적 요소에 대한 인식과 대안이 필요합니다. 사회적 보호 장치가 마련된 이후에 생명문화에 대한 논의가 가능하기 때문입니다. 정책은 기존 지역사회가 가지고 있는 생명문화의 인프라를 파악하고 활성화하는 것이며, 담론은 어떻게 사회담론으로 구체화할 것인가에 대한 방법을 모색하는 것입니다. 생명문화의 인프라는 원리적 측면에서 서사와 의례와 축제의 관점에서 각각 문화적 가치를 찾아낼 필요가 있습니다. 이를 위해 지역사회가 갖고 있는 자연적인 가치와 역사 전통적인 가치와 미래적인 가치를 모두 고려해야 할 것입니다. 생명담론은 어떤 방식으로 자발적인 담론을 이끌어 가게 할 것인가가 중요합니다. 사회적 관계를 재구성하기 위한 방법으로 생명문화 교육은 매우 중요합니다.

사회 보호 장치는 위급한 상태에서 보호받을 수 있는 생명 보호 장치를 의미합니다. 이를 위한 생명포스트의 운영이 필요합니다. 자살 예방, 고독사 예방, 외국인 노동자 인권 보호 등과 같은 긴급한 일에 대처할 수 있는 자발적인 시스템의 운용이 요구됩니다. 적어도 어린이, 노인, 장애인, 외국인을 위한 생명포스트가 필요합니다. 이는 위급한 상황이 발생했을 때 신속히 대응할 수 있는 시스템을 말합니다. 기존의 사회복지 행정 시스템을 활성화하는 것도 큰 도움이 될 것입니다. 전체적인 현황 파악과 운용 실태에 대한 민관 간의 친밀한 협조 체계를 구축하는 것입니다. 지역적으로 단위를 이루어 전통문화에 기반을 둔 생명 두레와 같은 생명의 네트워크를 구성하는 것도 하나의 방안이 될 수 있을 것입니다.

생명문화 인프라의 활성화를 위해 현재 운용되고 있는 인프라에 대한 평가와 개선을 위한 두뇌 집단의 지속적인 연구와 아이디어를 수용할 수 있는 개방적인 창구가 필요합니다. 역사·문화 탐방, 자연 탐방, 의례와 축제의 형식과 내용의 제고를 위한 방향성 모색, 미래 가치를 위한 에너지 정책, 나눔의 정책, 재활용 정책이 일상에 자리 잡도록 도모할 필요가 있습니다. 인프라의 활성화는 시민의 라이프스타일을 바꿀 수 있도록 돕는 일이 될 것입니다. 예를 들어 갯골 탐방을 통해 갯벌이 가지고 있는 환경 친화의 잠재력과 현재의 훼손 수준과 미래 가치를 파악할 수 있도록 도와야 할 것입니다. 염전의 생활사를 통한 소금의 중요성과 다양성에 대한 인식뿐만이 아니라 인간의 삶에서 소금과 같은 역할이 얼마나 중요한 것인지 도덕적 인식으로 나아가는 것이 필요합니다. 이 점에서 특화된 갯벌이나 염전 생활사 박물관은 매우 필요한 시설입니다.

이와 연계해서 생명담론을 일으키기 위한 지속적인 교육 프로그램을 운용할 필요가 있습니다. 교양교육은 자존감을 높여주고 삶의 가치를 새롭게 인식하게 합니다. 교양교육은 강의와 독서를 통한 두 가지 방법이 가능합니다. 강의는 매체를 통하여 내용을 축적하고 지속해서 확산할 수 있는 장점이 있습니다. 수강자는 함께 관심사를 공유하고 생명의 연대로 나아갈 수 있는 기반이 됩니다. 독서는 생명포스트와 함께 운용하여 독서를 통하여 삶의 안목을 넓히고 자발적으로 담론의 주체가 되게 합니다. 도서관은 책을 모아놓은 곳일 뿐 아니라 어떻게 읽어 나갈 것인지를 지도하는 곳이어야 합니다. 움직이는 이동도서관이나 작은 지역도서관에서 책뿐만이 아니라 여가를 선용하는 교양교육도 병행할 필요가 있습니다.

나아가 생명 관련 시설을 통한 생명의식의 활성화가 필요합니다. 보건소, 병원, 약국을 통한 생명문화의 재정립을 시도할 수 있습니다. 병원은 치료뿐만이 아니라 치유 받을 수 있는 곳이어야 합니다. 약국은 약만을 구입하는 곳이 아니라 생명에 대한 새로운 인식을 가질 수 있는 교육의 장소가 되어야 합니다. 예를 들어 약사는 중독과 관련된 질환을 미연에 방지하고, 젊은이들의 복약 오남용에 대한 부작용을 계몽하여 건강한 생활에 대하여 교육할 수도 있을 것입니다. 행려자에 대한 치료와 보호를 위한 특별한 조치를 생각할 수 있습니다. 이를 위해 약사와 의사들의 연대와 교양교육과 이를 위한 행정 차원의 지원이 필요합니다. 이 모든 사회적 관계 안에 생명담론이 내재하도록 하는 것입니다.

교육기관도 생명도시의 콘셉트에 맞추어 특화된 생명교육이 필요합니다. 생태 친화적인 유아교육, 초중고에서 왕따와 폭력이 없는 학교, 미래세대의 인격자를 배출하는 교육, 학원이 없어도 제대로 된 인격교육이 가능한 학교 육성을 위해 노력해야 합니다. 모든 교육은 궁극적으로 생명교육이 바탕이 되고 생명교육으로 귀결되어야 합니다. 전통 예절교육이나 고전교육, 위생과 건강교육 모두 생명교육의 일환으로 시행할 수 있을 것입니다. 그리고 생명교육은 시민이 참여하는 예술문화로 완성될 수 있어야 합니다. 대중문화의 차원에서뿐만이 아니라 세련된 문화가 자리 잡을 수 있는 기획이 필요합니다. 이를 위해 개성 있는 예술가 집단이나 연주단체를 키우고 지원하는 것도 좋은 예가 될 수 있습니다.

생명도시는 기본적으로 생태적인 차원을 넘어서 살맛나는 도시라는 뜻입니다. 따라서 어떤 점에서 살맛이 나며, 어떻게 살맛이 나게 할 것인가가 관건입니다. 서로 존중받고, 배려하고, 기여하는 도시가 될 때 생명도시라 할 수 있을 것입니다. 한국적 의미에서 생명도시란 예의가 있는 도시이며 교양이 있는 도시입니다. 지성인이 사회에 기여하고 가난하고 어려운 삶의 처지에 놓인 사람들이 보호받고 함께하는 도시가 생명도시입니다. 따라서 이러한 공동체의 과제를 공론화하고 함께 고민하는 생명의 장이 마련되어야 합니다. 정기적으로 민관이 지역사회의 과제를 함께 나누고 해결하고자 하는 생명담론을 불러일으키는 열린 대화의 자리를 마련하는 것이 필요합니다. 이를 위해 시민들이 함께 참여할 수 있는 방송이나 유튜브와 팟캐스트를 이용하는 것도 가능할 것입니다. 생명도시는 자유도시의 한 형태로 시민의 능동적인 참여를 이끌어내는 생명포럼을 통해 발전해 나가야 할 것입니다.

3. 상호의례로서 사회의례

사람은 다른 사람과의 직·간접적인 관계 안에서 실존하는 사회적 존재입니다. 이 관계를 고프만(Erving Goffmann)이 말하듯 사회적 만남(social encounters)이라고 할 수 있습니다.[4] 이 관계는 어떤 상황(occasion) 안에서 성립합니다. 관계 안에서 사람들은 서로 정황을 어떻게 바라보는가를 의식하고 상대를 평가하고 자기 자신에 대한 평가를 기대하기도 합니다. 이 과정을 통해 어떻게 행동할 것인가를 최종적으로 선택하게 됩니다. 이러한 미시 사회적 관계는 사회를 움직이는 의미와 가치를 부여합니다. 이에 따른 사회적 행위는 단순한 반응이 아니라 사회의 도덕 질서를 보장하는 행위의 규칙으로 상호의례라 할 수 있습니다. 의례는 앞서 살펴보았듯이 유교문화에서는 보편적인 행위 규칙으로 이해되어 왔습니다. 본 장에서는 현대사회에서 나타나고 있는 상호의례의 현상을 이해하여 사회를 움직이는 동력으로써 의례의 중요성과 새로운 양상에 대해 살펴보려 합니다.

1) 상호작용 의례

미드(George H. Mead, 1863~1931)의 사회작용주의 이론에 따르면 인간의 사회적 만남에서 형성되는 관계적 의미는 보편적인 것이 아니며, 고정된 것이나 절대적인 것도 아닙니다. 관계적 의미는 시간과 공간에 따라 다양하게 바뀔 수 있기 때문입니다. 따라서 사회는 정적인(static) 구조라기보다 사람들의 협상을 통해 지속적으로 변화하는 과정 속에 있다고 해야 할 것입니다. 이런 점에서 미드는 사회적 현상인 상호성(Reciprocity)을 중요하게 보았습니다. 그리고 이 상호성은 상징적 의사소통의 과정을 통해서 나타납니다. 여기서 중요한 것이 역할(role), 사회화(socialization), 의사소통(communication), 행위(action)에 관한 이론입니다.

고프만은 뒤르켐의 의례 개념과 성/속 개념을 미시사회학적으로 변형하고, 미시사회학자 짐멜과 사회심리학자 미드의 영향을 받아 일상의 삶과 무의식적인 군집현상을 분석하며 개인의 일상생활에서 나타나는 여러 가지 사회적 상호작용에 대한 연구가 중요하다고 보았습니다. 고프만은 특히 일상생활(everyday life)의 사회학과 관련해서 개인들의 우연한 만남이나 순간적인 만남 그리고 일상적인 만남에 대해 관심을 가졌습니다. 사회적 상호작용(social interaction)은 개인들 사이에서 발생하는 이러한 사회적 만남의 다양한 형태를 가리킵니다. 예를 들면, 공식적 상황은 병원이나 학교 수업, 기업의 회의 같은 데서 나타나고, 비공식적 상황은 거리에서 우연한 만남에서 이루어집니다.

사람들은 길에서 서로 다른 사람을 스치듯 지나치면서 아무런 말도 하지 않지만 예의 바른 무관심(civic inattention)이나, 무표정이나 몸짓과 같이 언어 이외의 표현 방식을 통해 소통을 하는 경우가 있습니다. 고프만은 이를 초점이 없는 상호작용(unfocused interaction)이라고 하였습니다. 이에 반해 개인이 다른 사람들과 직접 말하거나 행동을 하는 경우에는 초점이 있는 상호작용(focused interaction)이 발생합니다. 고프만은 초점이 있는 상호작용의 경우를 '만남(encounter)' 이라고 합니다.[5] 우리의 일상생활은 다른 사람과의 만남으로 이루어집니다. 친구와의 대화, 의사의 환자 진찰, 회사 동료와의 토론, 스포츠 활동 등 일상적인 대면 접촉을 모두 '만남' 이라고 할 수 있습니다.

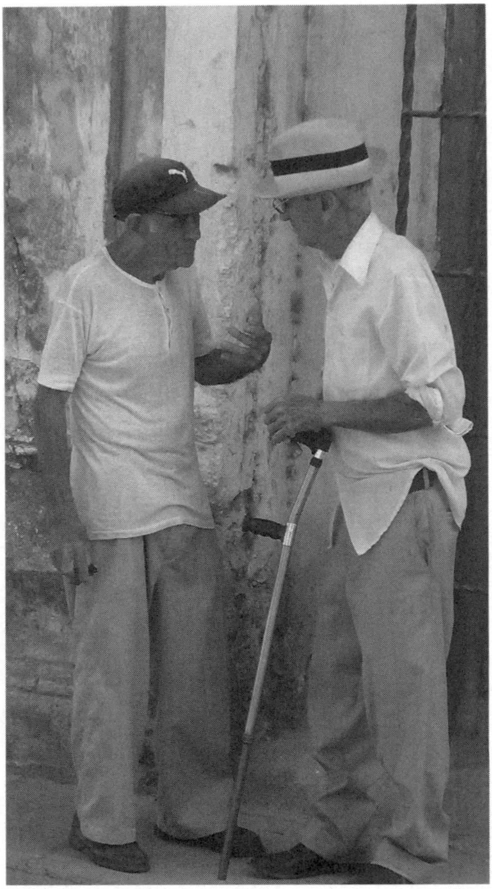

만남(하바나, 쿠바)

사회적 만남이 지속되기 위해서는 규칙이 있어야 합니다. 고프만은 이 규칙을 이해하기 위해서 드라마를 이용하였습니다. 사회적 역할은 연극 장치와 같이 사회적으로 규정된 기대를 말하는 것입니다. 역할은 특정한 사회적 위치에 있는 사람에게 요구되는 기대로부터 나타납니다. 고프만은 이러한 사회생활을 연출(dramaturgy)이라고 하였습니다. 연출은 사회적 상호작용의 복잡함을 관찰하고 분석하기 위해 무대, 배우, 청중의 연극적 비유를 사용하는 방법입니다. 모든 사람은 청중인 다른 사람에 대해 배우가 되며, 배우인 다른 사람에 대해서 다시 청중이 됩니다. 각각의 상황에 적용되는 기대는 배우들이 그들의 행위를 이끌고 지시하기 위해서 사용하는 사회적 각본을 구성하게 합니다. 여기서 그의 상호작용 의례가 시작됩니다.

고프만은 그의 저작 『상호작용 의례』(*Interaction Ritual*, 1967)에서 사회적 상호작용을 냉소, 의례, 신뢰의 복합체로 보았습니다. 상호작용 의례는 참여자들이 의례 규칙(ritual rules)을 수호하고 준수함으로써 유지되며, 서로 의례를 주고받음으로써 각자가 긍정적인 가치를 지닌 존재로서 자아 정체성을 획득하고 유지하는 과정입니다. 고프만은 일상적 상호작용에서 특정 대상에 대한 의례의 상징적 의미를 주목하였습니다. 실제로 상호작용은 의례 규칙에 따라 이루어집니다. 그렇지 않으면 상호작용의 질서는 교란되고 무너질 것입니다. 개인의 자아도 상호작용 의례를 수행하는 과정에서 형성되고 실현된다고 보았습니다. 상황을 초월한 본질적 자아가 있기보다 구체적 상황에서 매 순간 형성되고 실현되는 상황적 자아가 있을 뿐입니다. 복수의 상황에 따라 그만큼 복수의 자아가 존재합니다. 한 상황에서도 자아는 주어진 배역을 연기하는 자아, 상호작용이라는 게임에서 승부를 겨루는 타산적이고 전략적인 자아의 면모를 동시에 지니게 됩니다. 개인에게는 함께 상호작용을 하는 다른 이들의 자아도 지켜주고 질서와 규칙을 수호하는 자아도 있습니다. 이런 복합적 자아를 지닌 개인은 의례 규칙의 제약을 받지만, 또 적극적으로 자아를 획득할 수 있는 자율성도 가지고 있습니다.

고프만은 모든 사회적 상호작용이 공유하고 있는 요소로 존대와 처신을 중시했습니다. 존대는 함께 상호작용하는 상대를 정중하게 대하는 태도입니다. 존대의례에는 연출의례와 회피의례가 있습니다. 연출의례는 상대를 배려하는 데서 나타나고 권장되는 행동입니다. 상대를 존중하는 호칭이나 찬사, 인사 등의 적극적인 표현이 여기에 속합니다. 이에 비해 회피의례는 상대의 권리를 침해하지 않으려는 데서 나타나는 행동입니다. 상대의 사생활을 존중하고, 상대가 원치 않는 사항에 대해 언급을 삼가거나 불편하지 않도록 못 본 체하는 것입니다.[6] 이 연출의례와 회피의례는 공자의 예론과 외적으로 드러나는 형식적인 면에서 크게 다르지 않습니다. 연출의례는 공자가 "인이란 자신이 서고자 할 때 남부터 서게 하고, 자신이 뜻을 이루고 싶을 때 남부터 뜻을 이루게 해주는 것이다."라고 한 자세와 유사합니다. 회피의례는 "예가 아니면 보지 말고, 예가 아니면 듣지 말고, 예가 아니면 말하지 말고, 예가 아니면 행동하지 말라."는 내용을 그대로 따르고 있습니다. 고프만의 상호의례가 형식적인 측면에 치우쳐있지만 사회적 의례가 사회를 유지하는 원동력이라는 점은 공자와 동일합니다.

처신은 개인의 사회적 자아를 구성하는 행위로 고프만은 주로 옷차림, 몸가짐, 언행 등 외적인 점을 중시했습니다. 남들로부터 믿을 만한 상대로 인정받기 위해 자아를 연출하는 것이기 때문입니다. 우리는 일상에서 부정적인 일의 결과에 대해 처신을 어떻게 했기에 그런 결과를 가져왔느냐고 묻는 경우가 있습니다. 적절한 처신은 분수를 지키고 침착하게 의사소통을 하여 상대를 당혹스럽게 하지 않는 태도를 말합니다. 처신은 사회적 지위를 인식하는 자의식을 바탕으로 이루어집니다. 변화하는 상황 속에서 자신을 표출하는 사회적 지위는 정황에 따라 다르게 나타나야 할 것입니다. 사람들은 가정, 직장, 모임 등에서 자신의 지위에 맞게 행동하려 합니다. 그리고 자신의 처신이 적절했는지 상대의 반응을 통하여 확인합니다. 더불어 상대의 처신을 평가하고 이에 반응합니다. 부단히 반복되는 상황이 잘 유지될 때 상호의례의 관계가 적절하다고 평가할 수 있습니다. 유교 전통에서 가장 이상적인 처신은 교언영색(巧言令色)하지 않는 것이었습니다.

처신을 잘하기 위해서는 사회적 맥락을 잘 파악하는 것이 중요합니다. 위신을 세워준다는 것도 처신의 한 방법입니다. 상대가 너무 겸손하거나 제대로 처신하지 못할 때 나서서 위신을 세워주는 일은 사회적 관계에서 중요한 역할로 평가됩니다. 이러한 경우 존대와 구분하기 어렵기도 합니다. 존대와 처신은 사회적 자아를 구성하여 행위자의 인격이 나타나게 합니다. 사회적 자아는 외적 자아로서 사회적 상황과 상황에 대한 판단력 그리고 상대의 행동을 분석하고 대응하는 역학적 구도 속에서 형성됩니다. 유교문화 전통에서는 내적 자아를 성실하게 하는 데서 명석한 판단과 적절한 행동이 가능하다고 보았습니다. 이에 대해서 가르친 경전이 바로 『중용』입니다. 희로애락이 적절하게 드러난 상태를 이상적인 의식상태로 본 것입니다.

사람들은 존대받기 위해서 올바로 처신하지만은 않습니다. 소신이 있는 사람은 자신이 하는 일과 관계에 가치를 부여하여 일관되게 처신합니다. 이것은 당장 앞에 있는 상대의 평가에 의존하지 않는 자세입니다. 보편적 가치를 얻으려 할 때 우리는 상대의 평가에 단순히 의존하지 않습니다. 이는 한 사람의 사회적 태도가 시간과 장소를 초월할 수 있다는 점을 보여줍니다.

2) 사회적 에너지로서 상호의례

콜린즈(Randall Collins)에 따르면 뒤르켐은 사회를 결합하는 기제가 무엇인지 물은 바가 있습니다. 그리고 이에 대해 사회적 의례가 사회 결속력의 강도를 변화시키는 기제라고 답하였습니다. 의례가 효과적으로 수행될 때 사람들의 마음에 의례의 효과가 남아 정서적 반응을 일으킬 때 사회가 하나로 결합할 수 있다고 합니다. 이렇게 결속된 사회는 추상적 통일체가 아니고 의례 참여의 효과와 의례에서 충전된 상징을 통해 형성된 유대를 느끼는 사람들에 의해서 구성된 실체라고 할 수 있습니다. 계층화되고 갈등하는 집단으로 구성된 사회를 하나로 결합하는 것은 무엇인가? 그것은 그 집단 내부에서 유대가 창조되고 유지되도록 작용하는 사회적 의례가 답이라 할 수 있습니다. 집단에 따른 유대감의 차이는 집단이 가지고 있는 사회적 의례의 자원의 차이가 이를 결정한다고 하겠습니다. 이로 말미암아 계층화가 생기고 집단 간 갈등이 생기기도 합니다. 그렇다면 의례는 갈등과 지배의 발원지라고 할 수 있습니다. 의례가 사회경제적으로 상호 신뢰할 수 있는 토대를 제공하면서 또한 집단 간 가치체계의 부동의가 일어날 때 갈등은 사회적 의례를 통하여 더욱 증폭되는 것을 우리는 경험하고 있습니다.[7]

촛불시위에서 경험하듯 실로 강력한 의례의 경험은 새로운 상징적 대상을 창조하고 중요한 정치 사회적 변화에 불을 지피는 에너지를 생성합니다. 상호작용 의례는 사회변혁의 기제가 됩니다. 정치적 시위, 스포츠와 콘서트에서 초점이 집중되고 정서를 공유할 때 이러한 에너지를 경험합니다. 이 에너지는 또한 중독성을 가지고 있습니다. 상호의례는 이 경험을 통해 개개인에게 믿음과 상징성을 부여해 줍니다. 공유되는 정서적 에너지의 강도에 따라서 신념을 형성하게 됩니다. 이러한 신념은 기억에 의존하고 새로운 정서에 의해서 추동됩니다. 따라서 개인의 의식은 의례를 통하여 부단히 새롭게 형성되고 사회화합니다. 이 점에서 뒤르켐의 말처럼 개인의 의식은 집합의식의 일부가 됩니다. 인간의 사회적 경험과 사회화는 부단히 삶 전체에서 일어나는 상호작용의 의례를 통하여 이루어진다는 것입니다.

콜린스는 상호의례의 요건으로 정서적 합류 못지않게 초점 공유를 중시하였습니다. 사회적 관심사에 대한 초점 공유가 의례를 작동시키는 결정적 구성 성분으로 본 것입니다. 그는 공식적인 절차 없이 관심의 초점과 정서의 공유가 이루어지는 것을 '자연적 의례'로 보았고, 공식적인 절차를 통해 이루어지는 상호작용을 '공식적 의례'로 보았습니다. 자연적 의례와 공시적 의례는 집단 상징과 소속감을 창출하지만 강도의 차이를 크게 보여줍니다.[8] 그리고 자연적 의례와 공식적 의례는 초점 공유와 정서적 합류가 일어나느냐에 따라 성공 여부가 결정됩니다. 우리는 소규모의 모임이나 정치 집회에서 의례의 다양한 모습을 경험하게 됩니다. 지루한 모임이나 흥분된 자리 그리고 강요된 모임에서는 초점과 정서 공유의 어려움을 경험합니다. 성공한 의례는 우리의 관심을 지속적으로 불러일으키고 정서적으로 안정되며 공감을 갖게 합니다.

현대사회에서 대중 매체의 발전으로 통신매체를 통한 초점과 정서 공유가 가능해졌습니다. 원격 커뮤니케이션, 원격진료, 방송예배, 원격교육, 홈쇼핑 채널 등에서 발견하듯 공식적인 의례에서 제한적 효과를 가지고 있으며 자연의례에서 직접적인 의례의 참여가 정서적 효과를 강화합니다. 자기가 좋아하는 연주회에 비싼 비용을 지불하여 참여하거나 지지하는 정치 집회에 참여하는 경우 거리에 상관없이 참여의 열망이 더 강하게 작용하는 것을 발견하게 됩니다. 콜린스는 이러한 관계의 반복적 흐름을 '자기 강화적 상호작용 의례사슬' 이라고 하였습니다. 우리는 인기 연예인의 팬 사인회나 정치 지도자의 유세, 그리고 종교 지도자의 친견에서 이러한 현상을 쉽게 발견합니다. 이것은 대면 접촉이 갖는 의례의 정서적 강화 측면을 잘 이해하도록 돕습니다. 대면 접촉에서 일어나는 의례의 물질적 측면은 초점 공유와 정서적 합류를 더욱 강화합니다. 가톨릭 미사에서 신자들이 성체를 영하는 것과 페스티벌에서 장식을 화려하게 갖추는 것, 정치 집회에서 깃발을 흔드는 것, 등의 현상을 말합니다.

한편 전자정보시대에서 의례의 간략화도 경험하게 됩니다. 대면 접촉이 일어나지 않는 경우에 의례 절차의 간소화가 이루어집니다. 의례적 태도를 언어상징으로 대신하는 경우 자연스런 간략화가 일어납니다. 카톡이나 이메일 사용에서 쉽게 발견할 수 있습니다. 이를 극복하는 방법으로 나타난 것이 자신의 감정을 나타내는 이모티콘의 사용입니다. 감정(emotion)과 아이콘(icon)의 합성어로 된 이모티콘이 감정 표현을 돕는 것은 사실입니다. 하지만 이모티콘의 제한된 상징으로 개인이 표현하고 있는 고유한 관심과 정서를 담아내는 데 한계를 가지고 있습니다. 해석과 의미의 왜곡이 가능하다는 것입니다. 전자기기의 발달은 화상통화와 화상회의와 같은 대면 접촉의 가능성을 열어주었습니다. 이것은 직접 대면의 중요성을 말해줍니다. 그러나 화상 대면은 의례의 간소화를 확인시켜 주고 오히려 다른 부작용을 불러옵니다. 화면에 대한 신뢰는 중독성을 불러일으킵니다. 가상현실도 현실로 착각하게 합니다. 어린이들이 쉽게 게임에 중독되고 어른이 스마트폰이나 티브이 화면에 중독되는 것도 이와 유사합니다. 문제는 누군가 화면을 원격 조정한다면 우리의 초점과 감정이 조작될 수 있다는 것입니다. 영화 《그녀(Her)》는 현대인의 감정이 어떻게 조작되고 왜곡될 수 있는지를 잘 보여주고 있습니다. 윤리적 논란이 되는 섹스로봇은 인간의 의례가 어디로 향하고 있는지 그 극단을 보여주고 있습니다.

상호의례는 역으로 사회적 에너지를 왜곡시킬 수 있다는 점도 있습니다. 공식적인 정치의례나 종교의례에서 잘 나타났음을 알 수 있습니다. 전체주의는 전형적인 사회에너지의 왜곡을 보여줍니다. 전체주의에서 사람들의 초점은 강요되고, 사회적 감정은 조작됩니다. 신흥종교에서 나타나는 종교적 감정도 이와 유사한 현상을 보여줍니다. 사회경제적 변혁기에 나타나는 신흥종교는 사회적 연대가 약하고 소외된 계층에게 깊은 호소력을 갖고 있습니다. 그들의 입장을 대변하고 새로운 사회적 연대를 구축해 줍니다. 신흥종교에 참여하는 사람들은 기성종교에서 해결하지 못한 내적 갈증을 해소하기도 합니다. 신흥종교는 기성종교의 체계를 모방하고 보완하여 치밀하게 신자들을 관리하여 소외됨이 없도록 의례를 강화하여 역할과 소속감을 갖게 합니다. 그러나 종교적 가르침의 지향성이 보편성을 상실하고 배타적인 사회적 관계를 조장할 때 사회에 심각한 부정적 영향을 미치게 됩니다. 세월호 참사와 코로나 19 바이러스 사태에 신흥종교가 깊이 연관되어있는 것은 상호작용의례가 어떻게 부정적인 사회적 에너지로 작용하는지를 잘 보여준 예라고 할 수 있습니다.

3) 의료현장에서의 상호의례

현대사회에서 생명과 관련된 전문직의 협업이 가장 많이 요구되는 곳이 의료현장입니다. 사람들이 질병의 예방과 치료를 위해 가장 많이 찾는 곳이기 때문입니다. 그렇지만 병원은 종사자의 이직률이 높은 곳이기도 합니다. 반면에 최근 전문 의료인의 협업에 대한 관심이 점차 커지고 있기도 한 곳입니다. 결론적으로 향상된 팀워크를 통해 건강 및 사회복지 실무자, 관리자 및 조직에 거의 보편적인 열망이 되고 있습니다. 사실 팀워크는 전문직 관계를 관리하며 이상적 치료를 제공하는 방식이라고 할 수 있습니다. 이러한 입장은 연구자와 정책 입안자로부터 상당한 주목을 받고 있습니다. 그러나 협업의 복잡한 성질에 대한 비교적 제한된 이해만을 갖고 있는 형편입니다.

서구의 의료현장에서 직군 간 협업의 필요성의 대두는 19세기 산업화 과정에서 건강과 사회의료에 정부의 개입이 증가하고 의사, 간호사, 사회복지사의 직군 간 협업의 필요성을 인식하면서 시작되었습니다. 직군 간 팀워크가 중시된 작금의 발달은 '질병 중심 의학' 에 대비해서 밸린(Ballin)에 의해 1950년대 중반 사람을 신체와 심리적 전체로 볼 필요가 있다는 '환자 중심주의' 의 전일론(Holism)적 패러다임의 등장과 함께 중시되었다고 할 수 있습니다. 최근의 환자 중심의 치료 개념은 협력, 팀 기반

접근 방식을 취하고 있습니다. 현실적으로 의료현장에서의 직군 간 협업의 필요성은 보건의료 종사자의 과중한 업무에 따른 이직률과 업무의 불안정에 따른 의료 사고가 원인이 되고 있습니다. 또한 내부적인 원인으로는 전문화에 따른 위계 성립과 의사소통 부재와 직군 간의 소외현상 심화를 들 수 있습니다.

이를 극복하기 위한 기술적 방안으로는 팀워크와 협동을 향상하기 위한 네트워크의 여러 형태를 개발하고 과학기술의 발전으로 환자들의 복잡한 요구를 처리할 수 있는 전문보건 및 사회복지 전문가들로 구성된 팀이 필요합니다. 또한 효과적으로 팀워크의 능력을 보장하기 위해 개인에게 필요한 태도, 지식과 기술에 대한 교육과 훈련이 필요합니다. 직군 간 팀워크의 성장을 위한 자금 지원은 절실합니다. 더불어 건강 및 사회의료 시스템의 악조건을 완화하는 데 도움이 되기 위해서는 경험적, 개념적, 이론적 기반을 팀워크로 가져올 수 있느냐에 달려있습니다. 이를 위해서 전문가가 함께 일하는 방식에 영향을 미치는 요소 및 문제의 복잡한 배열을 심도 있게 검토하는 것이 필요합니다. 이는 전문가 간의 팀워크를 이해하는 데 도움이 됩니다. 팀워크를 장려하는 중재의 효과에 대한 증거를 조사하고 평가에 대한 접근 방법이 논의될 수 있을 것입니다.

나아가 의료현장의 협업에 대한 깊은 이해를 발전시키기 어려운 현실은 전문성의 상호이해에 대한 부분 못지않게 공식적인 상호의례에 대한 이해가 부족하기 때문이라고 할 수 있습니다. 직군 간 협업에서 새롭게 요구되는 사회학적 요소로 앞에서 논의한 '상호작용의례' 가 중요한 기능으로 작용할 수 있습니다. 고프만에 따르면 자아는 자타가 모두 존중받을 만한 사람이 되고자 하는 욕구 동기에서 형성됩니다. 이러한 욕구는 상호작용의례를 통하여 자아 연출을 시도합니다. 이것이 연극적 관점에서의 상호작용의례입니다. 여기서 게임, 몰입, 전략, 프레임, 담화의 형태들이 나타납니다. 의례는 자아연출의 기능뿐 아니라 수행적 기능도 담지하고 있습니다. 수행적 기능은 자아가 존중뿐 아니라 스스로 자기 완성을 지향하고 있음을 암시하고 있습니다. 따라서 수행적 관점에서의 상호작용의례는 자아 개발, 윤리적 분별, 전문직의 사회적 소명, 인격 완성을 향한 일련의 내면적 성취를 꾀하게 합니다.

의료현장에서 나타나는 과도한 스트레스로 인한 정서적 소진은 대부분 수행적 기능을 유지하기 어려울 때 나타납니다. 의례를 중시하는 동아시아 유교 문화권에서 전통적인 의례가 왜곡되어 권위주의로 자리 잡아 협업을 방해하고 일의 성과를 제한하는 경우가 빈번히 나타나고 있습니다. 직군 간 협업의 과제는 전통적인 의례의 사회적 기능과 의미를 재인식함으로써 문제 해결에 다가갈 수 있을 것입니다. 이를 위해서 상호작용의례를 병원 문화를 중심으로 재구성하고 이들의 형태를 통해 직군 간 협업의 구조를 심층적으로 인식하는 것이 필요합니다. 이는 단순한 기대에 부응하는 것이 아니라 문화적 조건에 따른 협업의 특성을 밝히고 실용화할 수 있는 근거를 마련하는 일이 될 것입니다.

개인적으로 수행할 과제는 스트레스의 정체를 알아내는 일입니다. 이것은 개인의례의 성찰적 차원입니다. 그것이 과중한 일 때문인지, 자신의 능력의 한계인지, 구조적이며 필연적으로 동반하는 것인지 제대로 인식할 필요가 있습니다. 과중한 일이 노동의 조건 때문이라면 외적인 노동조건의 개선을 통해 해소할 수 있을 것입니다. 의지적으로 해결할 수 없을 때 같은 스트레스를 받는 동료들과 연대하고 사회적 조건을 개선할 방안을 모색해야 할 것입니다. 쉽지 않은 일이나 해결의 방안을 모색하는 노력이 스트레스를 줄일 수 있는 희망을 갖게 합니다. 만일 능력의 한계 때문이라면 자율적인 교육을 통해 능력을 키워 해결해 나갈 수 있습니다. 그런데 가장 문제가 되는 것은 정도의 차이가 있을 뿐이지만 스트레스가 구조적이며 관계적 삶에서 필연적으로 동반하는 경우입니다. 필연적으로 동반하는 경우에는 피할 수 있는 여지가 없습니다. 필연적이며 해소할 수 없는 삶의 조건을 부조리한 경우라 할 수 있습니다. 인간의 삶이 해결할 수 없는 부조리한 삶의 조건 속에 놓여있다면 이로 인한 스트레스는 해결할 길이 없게 됩니다. 그렇다면 여기서 우리는 스트레스가 현대인에게만 국한된 것인지 생각해볼 필요가 있습니다. 만일 이러한 조건이 인간의 삶 속에 보편적으로 내재된 것이라면 고전 속에서 그 해결의 실마리를 찾아볼 수 있을 것입니다.

부조리를 주목한 철학적 문학가가 바로 카뮈입니다. 카뮈는 『시지푸스 신화』에서 부조리 개념을 철학적으로 구체화하였습니다. 카뮈에게 주제가 된 것은 부조리의 상황 속에 노출된, 즉 "모순, 이율배반, 불안, 무능이 지배하는 세상에서" 과연 현대인이 살아갈 만한 가치가 있는가를 판단하는 것이었습니다. 이러한 질문의 배경에는 부조리한 삶의 정황에서 인간의 본질에 대한 질문이 더 이상의 의미가 없으며 전통적인 신 역시 부조리한 저항의 대상일 뿐이라는 전제가 있었습니다. 여기서 철학적 관심이 되는 것은 더 이상 세계를 인식하고 행동하는 원리로서의 체계가 아니라 신도 이성도 더 이상 명증하지 않을 때 우리는 어떻게 해야 하는가를 절실히 묻는 것입니다. 이것은 세계의 문제일 뿐 아니라 자기 자신의 실존 문제입니다. 카뮈는 영혼, 본질, 존재, 인과, 초월에 대해서 묻지 않고 부조리한 삶을 살아야 하는 이유를 묻습니다. 이 점에서 카뮈에게 자살이 철학적 질문으로 대두되었습니다. 그러나 그는 『시지푸스 신화』를 통하여 부조리에 답하고 있습니다. 부단히 반복하여 굴러 내린 돌을 밀어 올리는 것은 부조리에 대한 저항이자 진술 양식입니다. 부조리한 삶을 대면하지만 그 삶을 기꺼이 끌어안고 의미를 부여함으로써 저항의 삶을 이루어냅니다. 삶은 설명의 대상이 아니라 마주할 수 있을 뿐이라는 것을 밝힙니다. 부조리의 대척점에 열정이라는 사랑을 대치시킵니다. 여기서 비로소 삶의 가치가 드러나기 시작합니다.

4. 생명과 교육

모든 교육의 원형은 생명교육이라 할 수 있습니다. 생명의 가치를 보존하고 유지하는 방법을 가르치는 교육은 모두 생명교육입니다. 나아가 존엄한 삶을 사는 삶의 양식을 가르치는 것도 생명교육입니다. 처음부터 스스로 배울 수 있는 사람은 아무도 없습니다. 교육은 관계에서 시작되며 교학상장(教學相長)이라는 말처럼 상호성을 가지고 있습니다. 생명교육은 가정에서 시작됩니다. 하지만 현대사회에서 가정의 중요성이 많이 약화되었습니다. 일인가구가 많아진 것은 그만큼 관계성이 약화되었다는 것을 의미합니다. 그럼에도 불구하고 가정은 생명교육의 모태로 중요한 위치를 점하고 있습니다. 4절에서는 가정의 의미를 다시 생각해보도록 하겠습니다.

1) 생명교육의 장으로서 가정

인간은 결핍된 존재입니다. 교육을 통하여 결핍을 해소해 가는 존재입니다. 불완전하게 태어난 인간은 교육을 통하여 육체적으로 그리고 정신적으로 나아가 영적으로 성숙하게 됩니다. 인간이 살아가는 삶의 장은 성장을 돕는 교육의 장입니다. 기본적인 교육의 장은 가정과 학교와 사회입니다. 그러나 현대사회에서 가정과 학교와 사회는 위기를 맞고 있습니다. 교육의 관점에서 그 고유한 역할을 상실해 가고 있기 때문입니다. 이는 교육이 시대의 흐름에 맞게 그 정체성을 새롭게 확립할 필요가 있음을 말해주는 것이기도 합니다. 이를 위해 큰 범주에서 교육의 주체가 누구인지 그리고 그 기능과 역할은 무엇인지 성찰할 필요가 있습니다.

첫 번째로 사람은 태어나자마자 가정에서 부모에게 양육되기 시작합니다. 따라서 사람이 처음 교육을 받고 자라는 곳은 가정입니다. 가정교육은 무엇보다 생명을 보존하는 생명교육입니다. 함께 먹고 입고 쉬며 자라는 법을 배웁니다. 하지만 단순히 육체적으로 자라기만 하는 곳이 아닙니다. 식사에서부터 시작하여 씻고 옷을 입는 법, 인사하는 법, 연장을 다루고, 꽃과 나무를 가꾸고, 동물을 사랑하는 법을 배웁니다. 인격의 바탕이 되는 예절과 관습을 가정에서 배우게 됩니다. 또한 사랑, 신뢰심, 수치심, 자립심과 같은 도덕적 자질을 가정에서 배웁니다. 가족 간의 대화를 통하여 말하는 법을 배우고, 사회적 관계를 유지하는 태도를 배우고, 자연을 바라보고 사랑하는 법을 배웁니다. 이것은 자기 존중의 의례입니다. 그리고 함께 기도하고 종교의례에 참례하는 가운데 가족 공동체의 종교적 신념을 받아들이는 신앙교육이 이루어지는 곳입니다.

두 번째로 아이는 자라면서 학교교육을 필요로 합니다. 아이는 학교에서 사회와 역사 전통에 대해서 배우고 자연을 탐구하고 사회적 활동의 방법을 배우게 됩니다. 신체적 그리고 예술적 자질을 함양하고, 지적 관심사를 심화시키게 됩니다. 이 점에서 학교교육은 생명교육을 바탕으로 하는 지성교육입니다. 지성교육은 인간이 지닌 고유한 가치와 신념을 실현하기 위해 지식과 인격을 체계적으로 함양하는 교육과정을 말합니다. 지성교육은 단순히 지식교육으로 한정되지 않으며 지식이 자연과 사회 안에서 조화를 이룰 수 있도록 하는 덕성교육을 포함하고 있습니다. 따라서 학교교육에서 지식과 더불어 성실성과 근면성의 개인의 덕목뿐 아니라 협동과 배려와 같은 사회적 덕목을 함께 함양하게 됩니다.

성균관 대성전

세 번째로 사람이 필요로 하는 교육은 사회교육입니다. 학교에서 기본적인 교육을 함께 받으며 사람은 사회적 존재로서 살아가게 됩니다. 학교를 떠난 장소에서 배우는 사회교육은 가치관이 서로 다른 타인과 더불어 사는 법을 배우는 규범교육입니다. 학교교육이 지식의 습득 과정을 중시한다면 사회교육은 공동체의 지향성을 중시합니다. 전통적으로 사회교육은 가정을 중심으로 한 인간관계에서 비롯되었습니다. 현대사회에서 사회교육이 이루어지는 곳은 열린 사회적 만남의 장으로 확장되었습니다. 사회교육이 지향하는 것은 공동선입니다. 공동선은 개인의 사회적 성취에 머무르지 않고 공동체의 가치를 완성하는 데 있습니다. 공동체의 지향성은 개인의 사회적 지평을 열고 사회에 반영된 자신의 가치를 성찰하여 보편적인 가치를 이루어 나가게 합니다.

이렇게 보면 가정의 생명교육은 학교의 지성교육의 바탕이 되고 지성교육은 사회적 규범교육의 바탕으로 작용하게 됩니다. 따라서 가정교육과 학교교육과 사회교육은 상관적으로 인간이 바람직한 인격을 갖추는 데 있어서 필수적인 요소이며 이 상관관계를 이해하는 것은 우리가 당면한 교육의 위기를 좀 더 심층적으로 이해하고 개선하는 데 도움이 됩니다. 이러한 관점에서 사랑과 나눔이 없는 가정의 위기는 가정교육의 위기를 의미합니다. 그리고 지성이 없는 지식교육은 도구화된 학교교육의 위기를 말해줍니다. 나아가 소통이 없는 고립되거나 분열된 사회는 공동선의 바탕이 되는 규범의 원리가 뿌리내릴 수 없는 사회교육의 위기를 의미합니다.

2) 공동의 신념과 생활문화의 전승

가족은 기초공동체로서 문화 담지체의 역할을 담당하고 있습니다. 가족은 노동의 협동체이면서 문화전승자입니다. 과거에 전문적인 일을 전수 받는 도제의 일은 대부분 가정에서 일어났습니다. 따라서 가정에서의 교육은 인격교육뿐 아니라 생존을 위한 노동과 작업을 전수하기도 하였습니다. 대부분 일은 사회에 마련된 직업 현장에서 이루어지지만 부분적으로 아직도 전문적인 일은 세습되고 있습니다. 구체적인 노동과 작업이 개별화되었지만 가족의 전통에 따라 특정한 직업을 세습하거나 조상들의 장인 정신을 이어가는 경우를 지금도 종종 발견할 수 있습니다. 예술이나 학문과 관련된 직업은 가족 내에서 고유한 전승적 가치를 점하고 있습니다. 종교 역시 공동의 신념체계를 공유하는 형태를 띠고 있습니다. 부모님이 유교이면 자식은 유교적 관습에 따라, 불교이면 불교 관습에 따라, 그리스도교인이면 그리스도교 관습에 따라 가족이 함께 생활합니다. 하지만 현대사회에서는 이러한 관습에 변화가 나타나고 있습니다. 다른 종교에 대한 이해의 폭이 넓어졌으며 가족 구성원이 서로 다른 신앙이 있는 경우도 늘어났습니다. 또한 서구에서 유입된 종교는 전통적인 종교와 조화를 잘 이루어 토착화되었습니다. 가톨릭 신자들이 유교와 그리스도교가 결합한 유교적 그리스도교의 형태를 띠고 신앙생활을 하는 것은 대표적인 사례입니다.

동아시아에서 설과 추석 명절은 효를 근본으로 하는 가족 공동체 의례로 중요한 의미가 있습니다. 명절은 조상에 대한 효성과 추모 그리고 가족의 결속을 확인하는 축제입니다. 사람들은 먼 거리를 마다하지 않고 이동하여 부모 형제와 조상을 만납니다. 현대사회에서 이러한 민족 대이동은 정보 교류의 특별한 장으로 그 가치가 새롭게 인식되고 있습니다. 음식을 통한 물적 나눔과 상호 정보 교류 그리고 조상을 통한 영적인 교류가 이루어집니다. 노인들은 자식들로부터 존경받고 자식들은 부모로부터 사랑을 확인합니다. 대부분의 가족은 가례라는 고유한 의례를 가지고 있습니다. 조상을 숭배하는 후손들의 정성과 조상의 유지(遺志)를 이어 도덕적으로 부끄럽지 않은 삶을 살아감으로써 가문의 명예를 드높이는 일은 가족에게 무엇보다 중요합니다. 어떤 직업을 갖느냐가 중요한 것이 아니라 조상을 욕되지 않게 의미 있는 일을 하고 있느냐가 중요한 것입니다.

가족의례는 간접적으로 일상의례를 가르치는 교육의 장이기도 합니다. 가족 구성원 모두가 예절을 준비하며 본분과 일의 맥락을 깨닫도록 돕는 것이 바로 교육입니다. 공동체의례는 개인의례를 형성하도록 돕습니다. 개인의례는 자아 정립과 인격 형성에 기여합니다. 그러나 의례가 형식에 치우칠 때 본래의 의미를 상실하게 됩니다. 의례는 본분을 자각하게 하고 맥락에 따라 사고하고 행동하도록 돕습니다. 현대사회에서 의례의 상실이 심각할 정도로 나타나고 있습니다. 관계 형성이 의례를 통해서 이루어지지 않고 관심사에 따라 이루어졌다가 더 이상 유용하지 않으면 단절되곤 합니다. 윤리적인 문제가 이해 상충에 있다는 것은 이를 잘 반영하고 있습니다. 의례 없이 인격적인 만남이 이루어질 수 없습니다.

3) 관계적 생명윤리

삼강오륜(三綱五倫)[9]에 나타난 동아시아의 전통적인 규범은 가족 관계를 근간으로 발전한 윤리 규범입니다. 가족의 윤리는 사랑의 윤리이고 동반의 윤리입니다. 가족의 윤리는 관계에 따른 책임의 윤리에서 나옵니다. 그리고 책임의 윤리는 생명의 윤리에 기반하고 있습니다. 가정은 인간생명의 기원이 되는 기초 공동체로서 인간생명의 생성과 소멸 과정에 대한 윤리적 책임을 담지하고 있습니다. 가족 공동의 생명성이 보호되고 유지될 때 가족 공동체의 선을 지향할 수 있습니다. 가족 윤리는 한 개인의 당위적 행위를 요구하지 않고 가족 공동체의 합의와 결정을 중요하게 여깁니다. 이 결정은 정황에 따른 최선의 선택이므로 구성원이 자연스럽게 따르도록 유도하는 것입니다. 공자는 이러한 관계적 윤리를 이끌어내는 덕목을 지, 인, 용으로 요약하였습니다. 지혜와 사랑과 용기는 관계의 윤리에서 가장 필요한 덕목입니다. 지혜는 관계의 맥락을 파악하기 위하여 필요한 덕이고, 사랑은 상대에게 연민을 갖는 마음이며, 용기는 상대를 위해 실천하는 의지입니다.

관계의 윤리는 인간 존재성을 규명하는 과정입니다. 마르틴 부버가 잘 밝혔듯이 한 개인은 타자와의 관계성 속에서 존재의 의미를 갖게 됩니다. 부버는 관계를 세계에 대한 나의 태도로 표현하였는데 세계에 대한 나의 태도에는 '나와 너' 의 관계에서의 나와 '나와 그것' 의 관계에서의 나입니다. '나와 너' 의 관계에서의 나는 '나와 그것' 의 주체(Subject)가 아니라 주관성(Subjectivität)을 갖고 상대를 만나는 것입니다. 이 만남은 인격적인 만남이며 내가 한 존재로서 있게 하는 만남입니다. 이 만남은 대상의 본질에 상호 참여하게 하는 만남입니다. 이 만남은 상대를 나의 의도대로 보는 것이 아니라 "있는 그대로 보는 것입니다."[10]

사실 상대는 나의 의도와 상관없이 나의 본질이 드러나게 합니다. 세계는 나의 본질을 시시각각으로 드러내는 거울입니다. 나는 관계적 존재이기에 관계하지 않으면 현존할 수 없습니다. 관계를 좁히거나 넓히고, 얕게 하거나 깊게 할 수 있어도 피할 수는 없습니다. 관계의 윤리가 당위가 아닌 까닭이 여기에 있습니다. 관계의 윤리는 존재와 당위 사이에 놓여 있고 존재와 당위를 잇습니다. 인간의 현존성은 관계의 현상입니다. 부버가 말하듯 내가 지금 여기서 겪는 고통은 나의 것이고, 지금 있는 것이고, 여기 있는 것이고, 그렇게 있는 것, 바로 이러한 고통의 완전한 현존성이 나에게 고통 자체의 본질을 드러내 보이는 것입니다.[11] 나아가 나와 너의 본질을 드러내 만남을 일으킵니다. 여기서 고통은 관계성으로 존재를 매개하고 고통에 참여하는 존재의 본질을 드러내는 것입니다.

관계적 생명윤리는 관계적 생명성에 대한 자연스러운 응답이자 존재의 진정한 본질을 드러내라는 요청입니다. 자연스러운 만남으로 이루어진 가정은 관계의 윤리를 규범화하지 않고 자연화합니다. 자녀 양육과 부모 봉양은 호혜의 원리입니다. 이 가운데 가정이 담당하고 있는 보살핌과 치유의 영역이 나타납니다. 현대사회가 잃어가고 있는 것은 이 자연의 원리입니다. 가족의 형태와 관계의 변화에도 불구하고 변하지 말아야 하는 것은 관계적 생명성에 대한 자연의 원리입니다. 윤리는 불변의 준칙을 따르는 것이 아니라 정황에 대한 사려 깊은 분별을 동반하는 가운데 상대를 받아들이는 데서 시작됩니다. 참된 만남 안에서 도덕적 판단과 행위는 자연스럽게 따르기 마련입니다. 행동규범을 정형화하고 따르는 것이 아니라 인격적으로 사랑의 응답을 하는 것입니다. 현대 가정이 겪고 있는 소외의 문제는 가족 구성원이 자기 현존을 위해 생활하는 관계의 형식화에 있습니다. 소통의 양에 비해 내용 없는 대담이 주류를 이루고 형식적으로 관심사를 공유하는 데서 그칩니다. 이를 극복하기 위해서는 당면한 가족의 현상을 깊이 성찰할 필요가 있습니다. 관계적 생명윤리는 보편적 삶의 양식을 제시하는 것이 아닙니다. 변화하는 다양한 가족의 형태 안에서 삶의 고유한 가치를 불러내는 창조적이고 역동적인 관계적 생명성을 요청하는 것입니다.

5. 예술과 의례

발터 벤야민이 잘 지적했듯이 전통적으로 예술과 의례 사이에는 연관성이 있습니다. 종교적 의례로부터 예술이 생성되었으므로 의례와 예술은 본질적으로 연결되어 있고, 오늘날 예술은 과거에 행해졌던 의식과 유사한 기능을 합니다. 예술의 본질을 이해하는 가장 좋은 방법은 의식과 예술의 관계를 이해하는 것이라고도 할 수 있습니다. 벤야민은 이에 관해 다음과 같이 설명합니다.

> 예술작품이 본래의 모습을 잘 나타내고 있는 것은 종교의식 속에서이다. 주지하다시피 가장 오랜 예술작품은 처음에는 마술적 의식, 다음에는 종교의식에 봉사하기 위해서 태어났다. 그런데 여기에서 결정적으로 중요한 의미를 지니는 사실은, 예술작품의 이러한 분위기(aura)적 존재 방식이 한 번도 의식적인 기능과 분리된 적이 없었다는 점이다.[12]

예술작품이 종교의식 안에서 유지하고 있었던 사회적 가치는 근대의 순수예술 안에서 그 사회적 기능을 부정하는 결과를 가져왔지만 예술은 새로운 사회적 의례 안에서 그 기능을 회복하기에 이르렀다고 할 수 있습니다. 그것이 바로 "전시가치" 입니다. 모든 예술 양식은 새로운 전시가치를 가지면서 대중들에게 다가가게 되었습니다. 복제는 또 다른 방식으로 예술의 대중화를 가능하게 하였고 사회의례를 확장하였습니다. 종교의례를 위해서 부속되었던 예술작품은 이제 주도적으로 사회의례를 구성한다고 할 수 있습니다. 하나의 미술 작품이 특정한 장소에 걸리고 사람들이 이를 바라보는 것 자체가 의례를 구성합니다. 연주회에서 연주자에 의하여 곡이 연주되고 청중들은 예술 의례에 참여하며 의식 세계의 변화를 경험하고 곡의 가치를 새롭게 평가합니다.

이러한 예술의 영역은 함축적으로 예술가의 자기표현의 의미보다 더 중요합니다. 예술의 의례적인 측면은 삶의 지평을 확장해주고 가치의 영역을 새롭게 발견하게 합니다. 그것은 마술적, 종교적 의미를 배제하는 것이 아니라 사회적 차원 안에서 고전적 의미를 다시 경험하고 초월하게 합니다. 이것이 바로 우리의 일상 안에 내재된 의례적 예술의 가치와 삶을 회복하는 하나의 길이 될 수 있을 것입니다. 5절에서는 인간의 몸짓에 내재된 의례를 춤을 통해서 접근하도록 하겠습니다.

1) 춤: 생명의 몸짓

> 대저 제사 지내는 데에는 세 가지 중한 것이 있다. 헌의 속은 관보다 중요한 것이 없고, 소리는 승가보다 중요한 것이 없고, 춤은 무숙야보다 중요한 것이 없다. 이것이 주나라의 법도이다. 무릇 세 가지 법도는 외물을 빌어서 군자의 뜻을 더하는 것이다.[13]

『예기』의 이 문장을 풀이하면, 통치자가 제사 지내는데 세 가지 중요한 것이 있으니 제물을 바치는데 강신제를 지내는 것보다 중요한 것이 없고, 음악은 당(堂) 위에 올라가 노래하는 것보다 중요한 것이 없고, 춤은 무숙야보다 중요한 것 없다는 의미입니다. 고대 중국에서 무(舞)란 통치행위로서 요구되는 것이었습니다. 따라서 계급에 따라 갖추어야 할 춤이 있기 마련입니다. 이에 따라 고대 교육에서 춤은 교육과정에서 필수적으로 다루었습니다. 어원을 살펴보면 무(舞)는 발을 사용하여 서로 등을 지고 있는 형태입니다. 또한 제관이 옷소매에 장식을 휘날리어 날개 같은 형상을 문자로 한 것입니다. 고대 그리스에서 춤은 코러스가 행하는 율동으로 orchesis라 하였습니다. 영어의 dance는 12세기에 중세 불어 dancier(현대 불어 danser)에 기원을 두고 있습니다. 그 단어는 아마도 저지대 프랑크족의 dintjan과 옛 프리지안의 dintje 즉, "떤다"는 의미가 있는 개념과 가깝습니다. dance는 의태어로 춤추는 행위를 묘사하고 있습니다.[14] 우리글의 '춤'은 단 위에서 춤을 추는 여성의 모습을 닮고 있어서 전통적인 의례의 의미를 그대로 재현하는 듯합니다. 이 세 가지 의미를 모두 함축하는 문자로 동일한 음을 가지고 있는 무(巫)를 추론해 볼 수 있습니다. 우주목을 중심으로 돌면서 춤을 추고 있는 무당은 하늘과 땅을 잇는 영매의 역할을 하는 사람입니다. 영매는 영적으로 고양되기 위해서 춤을 춥니다. 이 문자는 강신과 노래와 춤의 형상을 잘 나타내고 있습니다. 의미를 풀이해 보면 무(舞)란 신명이 나서 나를 없게(無) 하여 춤추는 나를 있게 하는 것입니다.

현대인이 잃어버린 유산 가운데 하나가 춤입니다. 현대사회에서는 무용가나 연예인이 아니면 춤을 추지 않습니다. 그들이 추는 춤도 사회적인 춤이라기보다는 예능입니다. 춤은 몸의 실존을 확인하고 생명의 역동성을 표현하고 소통과 조화로 나아가는 길을 열어줍니다. 무의식을 열어 의식화합니다. 춤은 가장 원형적이고 보편적인 언어입니다. 그러나 현대인은 말로 또는 글로 이러한 역할을 대신하고자 합니다. 춤의 상실이란 몸의 언어 상실을 의미합니다. 소통의 주체로서의 몸의 상실입니다. 사람들이 규칙적인 운동을 통해 몸의 건강을 유지하지만 운동은 춤이 아닙니다. 춤은 의례의 한 부분으로 시작된 것처럼 사회적 행위와 밀접한 상관관계를 갖고 있습니다. 종교적 의례에서 비롯한 춤은 일상에서는 생명성의 표현입니다. 춤은 노래와 짝을 이루고 삶의 진정성을 재현합니다. 그 점에서 춤은 참됩니다.

춤은 몸과 마음의 통일을 지향합니다. 춤을 춘다고 춤이 되는 것이 아닙니다. 한 개인에게선 몸과 마음의 통일을, 사회를 향해서는 조화와 일치의 지향성을 갖고 있을 때 비로소 춤다운 춤이 됩니다. 춤이 제례에서 비롯되었다는 것이 이 점을 잘 함축하고 있습니다. 이러한 춤의 함의는 일상의 삶에서는 생존을 위한 일과 밀접하게 결합하여 있습니다. 사람은 기계적으로 일하지 않습니다. 일은 몸이 하지만 정신이 판단하고 일에 강약이 있어야 하기 때문입니다. 일은 함께할 때 수월하고 효율적으로 마칠 수 있습니다. 어부가가 있듯이 농부들의 월령가가 있습니다. 이 노래와 함께 일은 춤이 되어 삶을 정겹게 일구게 합니다. 함께하는 가운데 춤은 일률적이지 않고 일에 맞추어 창의적으로 구성됩니다. 삶의 정서에 따라, 삶의 주기에 따라 춤은 그 율동을 달리하여 삶의 질을 윤택하게 합니다.

춤을 통해 나타나는 개념의 의인화는 삶의 가치를 더욱 부각합니다. 세네카는 프레스코 벽화에 나타난 세 여신 카리테스의 춤을 통해 의인화된 자비(Gratia)가 즐거움을 경유해 표상됨을 다음과 같이 적절하게 설명합니다. "이것은 일반적으로 은혜를 베풀고 입는 사람들이 느끼는 즐거움과 똑 닮았다. 그들이 젊은 모습을 한 이유는 은혜에 대한 기억은 결코 늙어 없어지지 않는다는 것을 표상한다. 그들이 처녀인 까닭은 선물이 순수하므로 모든 사람에게 우러러 공경받기 때문이다. 그들이 헐거운 옷을 입고 있는 까닭은 은혜란 제약되어서도 의무로 지워져서도 안 되기 때문이며, 그들의 옷이 투명한 까닭은 은혜가 전면에 드러나고자 하는 속성이 있기 때문이다."[15] 우리나라의 민속놀이인 강강술래는 춤과 노래가 어우러져 달을 형상화하여 마을 공동체의 풍요와 일치를 재현하였던 것입니다.

2) 생명의 서사로서 춤

춤은 몸의 언어로 표현한 서사입니다. 춤은 삶의 재현으로 시작이 있고 도약을 거쳐 절정에 이른 다음 마침에 다다릅니다. 춤을 통한 삶의 재현은 실존적 삶의 의미를 구체화하고 체화시킵니다. 삶의 재현은 노동으로부터 여가에 이르는 삶의 전반적인 영역을 포괄하고 있습니다. 노동은 생존을 위한 생산 활동에서부터 생활세계를 창조하는 데 이르는 삶의 여정의 바탕이 되고 있으며, 여가는 놀이에서부터 창작, 사랑과 이별, 삶과 죽음에 이르는 삶의 여정을 예술적으로 표현하는데 필요한 시공간을 제공합니다. 이 열린 시공간에서 추는 춤은 삶의 자기 연출입니다. 노동하고 작업하는 몸은 놀고 창작하는 몸으로 차원을 달리합니다. 고정된 행위에서 벗어나 몸은 더 격렬하게 움직이며 활동의 극대화를 추구합니다.

멈퍼드(Lewis Mumford, 1895~1990)가 예술 발전에 3단계가 있다고 하였는데 이 3단계가 춤에 딱 들어맞습니다. 1단계는 자폐적이고 유아기적인 자기 동일시의 단계입니다. 2단계는 사회적이고 청소년적인 단계로 단순히 주목받고자 하는 것이 아니라 인정받을 가치가 있는 무엇을 창조하려는 노력을 통해 자기과시가 상호 소통으로 나아가는 단계입니다. 마지막 3단계는 개성적이고 성숙한 단계로 여기서 예술은 개인이나 공동체의 직접적 요구를 초월하여 삶의 새로운 양식을 낳게 되는 단계입니다.[16] 춤은 하나의 예술로 자기 표출로부터 시작하여 형식과 균형을 갖춘 창의적인 노력을 통해 그리고 성숙한 사랑을 통해 상호 소통으로 이행하는 과정을 보여줍니다.

놀이의 의례화 과정에 춤이 개입됩니다. 춤은 서사화를 촉진하고 행위의 의미를 확장합니다. 서사가 가지고 있는 요소는 메시지와 그 하부구조로서 메시지를 이루는 요소로서 상징적 비유와 구체적 체현입니다. 비유가 동작의 선이라면 체현은 구체적 몸의 동작 그 자체입니다. 몸이 만들어내는 언어는 음성의 언어와 달리 원초적이고 시각적입니다. 춤은 보조적 언어로 음악이 필요하고 음악과 함께 표현의 요소를 충실하게 창의적으로 실현합니다. 몸의 언어는 단순한 반복이 아니라 정황에 맞는 시의적이며 창의적 요소를 중시하여 체현된 언어의 신비성을 고양합니다. 춤은 정이면서 동입니다. 변화 그 자체입니다. 정동의 사이에 놓여있는 것이 춤입니다. 그러므로 춤은 하나의 드라마입니다. 아이의 춤에서 어른의 춤에 이르기까지, 아마추어에서 예술인에 이르기까지 모든 춤은 삶의 진정성을 표현합니다. 진정한 고백이 이루어집니다. 고백은 자신의 삶을 송두리째 여는 수행입니다. 모든 신화적 제의가 춤으로부터 시작되는 까닭이 여기에 있습니다.

춤은 몸이 가지고 있는 신비를 드러냅니다. 일차적으로 우리는 선을 바라봅니다. 동선을 따라 관객의 정동을 움직입니다. 그 동선은 그저 객관화된 동선이 아닙니다. 동선을 바라보는 사람들은 그 선의 초대에 응하여 합류하게 됩니다. 춤의 선은 단선이 아니라 중첩된 복선이 나누어지고 다시 합류합니다. 이것이 춤의 사회성입니다. 춤은 동선에서 무의식적으로 생명성을 발견합니다. 생명성은 합류하는 데서 역동성을 갖게 됩니다. 현대사회의 춤은 무대로 말미암아 경계를 만들어졌으나 고대의 춤에는 경계가 없었습니다. 합류하도록 추었습니다. 춤 속으로 모두가 초대되었습니다. 이러한 점에서 춤은 기교가 아닙니다. 춤은 삶의 절규이자 재생입니다. 그리스도교적으로 부활 의식입니다. 춤 속에서 모두 새로운 삶을 꿈꾸고 그렇게 살리라는 확신을 하게 됩니다. 나의 이야기를 쓴다는 것은 더더욱 내 몸으로 체현한다는 것을 의미합니다. 완전한 체현은 종교적 의례가 아니면 불가능합니다. 그러므로 샤먼은 영의 여행을 하였고, 무당은 신내림을 받은 다음에 비로소 공적인 춤을 출 수가 있었습니다. 엄밀히 말하여 사적인 춤은 존재하지 않습니다. 춤은 공동의 고백이고 구체화입니다. 춤은 언어화이고 사회화입니다.

3) 생명의 의례인 춤

춤이 의례라는 것은 춤의 기원과 밀접한 관련이 있습니다. 춤이 원초적인 놀이에서 비롯되었다는 것은 놀이가 무목적이듯 춤이 궁극적인 지향성을 갖고 있지 않음을 의미합니다. 춤은 춤 자체가 목적이 됩니다. 이 가운데 춤은 의례의 연행성과 수행성의 두 요소를 잘 표현하게 됩니다. 연극적 행위를 통해 삶의 현실을 재현하고 해석합니다. 춤의 해석은 삶의 상징화입니다. 춤의 상징은 단순한 서술이 아니라 인간의 고유한 의식 활동입니다. 고양된 동적 활동입니다. 따라서 춤의 행위 가운데 삶의 진정성이 나타나게 됩니다. 춤이 삶 자체가 되도록 합니다. 가뭄에 기우제를 위하여 처녀들이 높은 언덕에 올라서 마치 지금 비가 내리듯 기뻐하며 춤추며 뛰노는 것이나 굿이 끝나고 난장에 동네 사람들이 뒤섞여 흥겹게 춤을 추는 것이 그것입니다. 여기서 춤이 지향하는 목적성을 생각하기보다는 위기 속에서 그 춤이 갖는 의미를 생각할 필요가 있습니다. 진정한 기우제와 굿의 의례는 의례 자체가 삶의 위기를 극복하는 방안이 되고 있음을 보여줍니다.

개개인이 고유한 삶의 장을 가지고 있듯이 춤은 장을 구성합니다. 춤을 추는 장은 단순하거나 즉흥적인 장이 아니라 일회적이고 독창적이며 고유한 장입니다. 하지만 살아 숨 쉬는 생명의 장은 닫힌 장이 아니라 열려 있고 모두를 초대하는 장입니다. 초대에 응한다는 것은 춤으로 함께 장을 확장하는 것을 의미합니다. 열린 장 가운데 자신의 위치를 확인하게 됩니다. 유동적인 장은 자신 삶의 정위(定位)를 파악하게 합니다. 춤은 악기의 연주와 같이 다양한 소리를 어울리게 하는 조율의 효과가 있습니다. 스스로 추는 춤 가운데서 그리고 함께 어우러지는 춤 속에서 율동을 맞추고 조화를 이루어 마치 화음으로 앙상블을 이루어내듯 춤도 공간 속에서 나타나는 동적 하모니를 이루어 냅니다.

의례적 행위가 단절되어있지 않듯이 춤사위는 분리되지 않습니다. 춤사위의 연속성은 시간과 공간의 질화(質化)를 구성합니다. 춤이 시공간에 구속되지 않는 것은 의식의 흐름과 함께 춤이 진행되기 때문입니다. 예측하기 어려운 춤의 창조적 율동은 시간과 공간을 규정하고 지배합니다. 인식과 동작의 차이는 선험적의 조건의 여부에 있습니다. 춤의 동작은 삶의 새로운 길을 내듯이 새로운 움직임으로 나아가는 것입니다. 동일한 의례가 반복될 수 없듯이 동일한 춤은 없습니다. 또한 춤을 구성하는 몸은 도구가 필요하지 않습니다. 몸 자체로 완전한 표현을 구사합니다. 몸 각각의 구조와 기능을 새롭게 결합해 고유한 몸의 언어를 생성합니다. 간혹 사용하는 춤의 도구는 몸의 연장선에 있습니다. 제기와 같이 과장되지 않게 조심스럽게 도구를 사용하는 절제가 춤의 형식과 내용을 구성합니다. 칼 위에서 춤을 추는 무당은 그 절제와 긴장을 잘 표현하고 있습니다.

춤이 제의적인 것으로 완성되는 점에서 무의식의 의식화입니다. 춤은 잠재의식을 불러일으키고 의식화합니다. 전통적으로 점을 치는 행위는 춤을 추는 것과 같습니다. 산가지를 나누고 괘와 효를 알아보는 행위는 무의식을 알아내는 행위입니다. 단지 한 개인의 무의식 세계를 알아내는 것이 아니라 공동의 근저를 길어내는 것입니다. 점이 정적인 행위라면 춤은 동적인 행위입니다. 해원(解寃)이나 살풀이가 이 같은 의미를 잘 말해주고 있습니다. 점을 통해 무의식의 세계에 해결되지 않은 관계의 응결을 보게 됩니다. 춤은 관계를 확인하고 응결을 해소합니다. 합리적 방식이 아니라 미적 방식을 통하여 감동하는 정서로 풀어냅니다. 춤을 춘다는 것은 의식과 무의식의 경계를 허무는 일입니다. 종교적으로 기도의 정적인 상태에서 이 경계를 회통시킵니다. 춤은 동적인 상태에서 하나로 묶어냅니다. 이것은 원초적인 방식으로 내면을 통일시키는 것입니다. 사람의 궁극적 삶의 가치는 나날이 갈라서는 분리를 소통하고 회통시키는데 있습니다. 춤이 의례라는 것은 바로 이 통일의 지향을 두고 하는 말입니다.

그러므로 춤은 생명의 놀이면서 축제입니다. 춤은 자유를 지향하고 있습니다. 굿의 마지막 마당에서 일어나는 난장(亂場)은 자유를 잘 표현하고 있습니다. 난장은 모든 구성원에게 그리고 어떠한 움직임에도 열려있다는 것입니다. 그러기에 춤은 방종이 아닙니다. 그 안에 질서가 있습니다. 창조적 질서가 있습니다. 생명성과 역동성 그리고 일치성이 드러납니다. 이 조화의 질서가 가치를 이끕니다. 구약성경 속에서 이스라엘 백성이 모세에 의해서 구원된 후에

어린 발레리나, 에드아르 드가(1880, 드레스덴)

기쁨에 겨워 춤추고 노래하는 장면이 나옵니다. 진정한 해방을 의미하는 노래와 춤입니다. "나는 주님께 노래하리라. 그지없이 높으신 분, 말과 기병을 바다에 처넣으셨네. 주님은 나의 힘, 나의 굳셈. 나에게 구원이 되어 주셨다. 이분은 나의 하느님, 나 그분을 찬미하리라. 내 아버지의 하느님, 나 그분을 높이 기리리라. …" 예언자이며 아론의 누이인 미르얌이 손북을 들자 여자들이 모두 그 뒤를 따라 손북을 들고 춤을 추었다. 미르얌이 그들에게 노래를 메겼고 그녀들은 춤을 추며 따라 불렀다. "주님께 노래하여라. 그지없이 높으신 분, 말과 기병을 바다에 처넣으셨네."(탈출기 15, 1-21)

춤은 자유와 해방의 표현입니다. 춤의 예술성은 자유를 전제로 나타납니다. 춤은 단순한 모방이나 재현이 아닙니다. 춤은 직관적으로 사유하는 작업입니다. 몸의 연주입니다. 내면에서 솟아오르는 영혼의 감응을 표현하는 일은 삶의 정황에 대한 심층적 이해에서 가능합니다. 춤은 삶의 내용을 새롭게 재구성해 낸다는 점에서 예술적 주석이라고 할 수 있습니다. 춤의 예술가들은 단지 삶을 묘사하는 데서 그치지 않고 새롭게 해석할 가능성을 열어 주었습니다. 예술가들은 삶의 여백을 새롭게 읽어낼 줄 아는 작가들입니다. 미술의 여백, 음악의 쉼표는 단순히 빈 공간이나 시간이 아니듯이 무한히 열려있는 창조의 공간에서 삶의 새로운 지평을 열어갑니다. 한 동선으로 말미암아 여백은 하늘과 땅으로 나뉘고 정지로 말미암아 변화는 변곡점을 넘어서 영혼을 울립니다. 춤은 공간을 채색하고 형상으로 담화를 구성합니다. 춤과 더불어 나타나는 멜로디는 비유를 만들어 화성을 이룹니다. 춤은 모든 지평을 통일시키고 도약시킵니다. 시공을 넘어서는 예술의 영원성을 담고 있기 때문입니다. 그러므로 춤은 추어 사는 것입니다.

맺는 글

생명의례의 회복을 위하여

1. 당면한 과제들

1) 저출산과 생명문화

우리나라 출산율이 1명 이내(0.98)로 떨어지면서 매스컴이 저출산에 대한 우려의 목소리를 높이며 정부의 대책을 촉구하고 있습니다. 2000년대 이후 떨어지기 시작한 출산율은 정부의 재정 투입을 통한 노력에도 불구하고 전혀 개선되지 못하고 현재 상황에 이르렀습니다. 실제로 그동안 정부의 노력은 일관성이 없고 비효율적인 정책으로 예산만을 낭비한 정책으로 평가되고 있습니다. 특히 보조생식술 지원과 출산보조금 지급에 있어서 체계적이며 합리적인 정책 운용을 시행하지 못하였습니다. 정책 담당자들은 그나마 이 정도 유지되는 것이 출산 정책 덕분이라고 강변할 지도 모릅니다. 우리의 현실을 돌아보면 출산할 수 있는 젊은 부부들의 삶의 조건이 개선되지 않고 있으며, 결혼할 수 있는 적령기의 청년들의 고용 안정성은 더욱 나빠지고 있습니다. 안정된 직업을 가지고 있는 젊은이들도 주거와 육아 부담, 자녀교육의 현실적인 여러 문제 때문에 결혼을 미루고, 결혼하더라도 미래에 자녀를 갖지 않으려 하고 있습니다. 이런 추세가 지속된다면 아마도 출산율은 더 떨어질 것입니다. 미래에 인구 절반이 일하여 나머지 절반을 부양해야 한다는 예측이 보도되고 있습니다. 즉 노인들도 일하지 않으면 생존할 수 없는 처지가 된다는 것입니다. 경우는 다르지만 이러한 처지에 놓인 노인들을 우리는 빈번히 목격하고 있습니다.

출산율이 떨어지는 것을 우려하기에 앞서 이러한 사회 현상이 가진 여러 가지 의미를 제대로 파악하는 것이 급선무라고 생각합니다. 출산율 저하가 세계적인 추세라면 우리 역시 이를 공동의 사회적 과제로 받아들이고 대처해 나가야 할 것입니다. 출산율 저하가 가지고 있는 사회적 문제가 무엇인지 냉철하게 파악해야 합니다. 출산율이 낮으면 경제활동 인구가 줄고 고령층의 노동생산성이 떨어져서 경제 성장이 둔화하기 때문에 출산율을 높여야 한다는 것은 더 이상 인구정책의 타당한 근거가 되기 어렵습니다. 출산율 유지를 위한 구시대적인 인식을 이제 바꾸어야 합니다. 과거에 출산율이 높을 때는 산아제한을 해서 낮추어야 한다는 정책을 폈습니다. 그때에도 주된 이유는 경제 성장이었습니다. 출산율의 적정선을 임의로 정할 수 없으며 출산율 자체를 경제 성장의 주요 지표로 삼아서도 안 될 것입니다. 위기 상황에서 사람은 자연히 출산하기를 꺼리게 됩니다. 따라서 우리 사회가 어떤 위기 상황에 놓여있는지 살피지 않으면 안 됩니다.

출산율이 저조한 데에는 내적인 이유와 외적인 이유가 있을 수 있습니다. 고용 안정성이 낮고 주거비용이 높으며 유아의 공적 돌봄의 상태와 교육의 공적 기능이 열악한 것은 외적인 이유가 될 수 있습니다. 내적인 이유는 인간다운 삶의 영위와 관련되어 있습니다. 삶의 외적 조건이 충족되었다고 해서 인간다운 삶을 살 수 있는 것은 아닙니다. 인간은 풍요로운 삶의 조건을 자신만을 위해 탐닉하며, 이웃이 열악한 상황에 놓여있더라도 외면할 수 있는 이기적 존재입니다. 내적 조건은 생명에 대한 경외감과 존중감을 갖는 삶입니다. 이러한 내적 조건은 물질로 해결할 수 있는 것이 아니라 문화적 차원에서 전승되고 계발되는 생명의식입니다.

정부의 출산정책이 지난 10년간 100조에 달하는 예산을 쏟아붓고도 효과를 보지 못한 것은 외적인 조건에 치중하였기 때문입니다. 이 사회 안에 태어나는 새 생명이 어떤 경우에서라도 존중받고 고유한 자기 삶을 살아갈 수 있다면 누구나 기꺼이 출산하려 할 것입니다. 그런데 갓 출생한 어린아이에게 어두운 미래가 예견된다면 누구도 미래세대에게 자신의 힘든 삶의 경험을 대물림하려고 하지는 않을 것입니다. 그것은 태어나는 아이와 부모 모두에게 불행을 안기는 일이 되기 때문입니다. 우리 사회에서 언제부턴가 출산이 축복받는 일이라는 전통이 사라졌습니다. 아이 키우는 일이 과중한 일과가 되었고 사회적으로 뒤처지는 요인이 되었기 때문입니다. 젊은 부부간에 공동육아 의식이 확대되었지만 소가족 제도에서 아이를 키우는 부담은 줄어들지 않고 있습니다. 국가의 양육지원책도 또한 이를 뒷받침하지 못하고 있습니다. 젊은 부부들은 경쟁사회에서 한번 뒤처지면 회복하기 어려운 상태로 심리적 부담을 갖고 살아가고 있습니다. 과중한 사회적 경쟁심리는 어린이의 양육에 나쁜 영향을 미치기 마련입니다.

열악한 사회적 조건 하에서 가임기 부부에게 아이를 낳으라고 강요할 수는 없습니다. 출산의 내적 외적 조건이 충족되지 않으면 우리 사회는 저출산의 상태를 그대로 수용해야 할지 모릅니다. 정부가 힘을 쏟아야 할 부분은 생명의식 저변을 확충하는 일입니다. 정책 개발을 통해 외적 조건을 개선하는 일 못지않게 생명문화 조성에 심혈을 기울여야 할 것입니다. 생명의 공간을 확장해야 할 필요가 있습니다. 젊은이들이 여유 있는 삶을 살 수 있도록 사회적 배려를 해야 합니다. 긴장의 끈을 늦추고 행복할 수 있는 사회적 장치들이 필요합니다. 생명은 기계문명으로 생산할 수 있는 것이 아닙니다. 내적인 조건을 갖추는 일은 외적인 조건을 조성하기보다 더 어렵습니다. 이러한 일이 우리나라에서 매우 시급한 과제가 되고 있습니다. 이를 위해 소규모의 지역 공동체 안에서 생명의식을 회복하는 일부터 고민해야 합니다. 노년과 장년층이 함께 참여하여 지혜를 더 할 수 있는 세대 간 대화를 마련해야 합니다. 이를 통해 출산함으로써 새롭게 드러나는 삶의 가치가 사회 안에서 존중되고 보호받을 수 있어야 합니다. 생명보다 더 존엄하고 고귀한 것은 없습니다. 그러나 생명의 가치를 당위로 다가가서기보다는 누구나 고귀한 생명의 가치를 느낄 수 있는 사회가 조성되어 자연스럽게 느끼며 살아갈 수 있도록 해야 합니다. 이를 위해 생명의 서사와 생명의 축제, 생명의 의례 등 전통적인 생명문화가 현실에 맞게 새롭게 구성될 필요가 있습니다. 생명문화의 회복을 통해 일깨워진 생명의식은 아래에서 위로 삶의 구조를 바꾸고 활기를 불어넣는 계기를 제공할 것입니다.

2) 유기되는 새 생명

우리나라에서 한 해에 약 8000명의 신생아가 유기되어 부모의 양육에서 소외되고 있습니다. 극소수의 아이들이 입양되고 나머지 아이들은 보육원과 같은 시설에서 양육되고 있습니다. 기혼의 자녀들이 부모의 이혼으로 방치되는 경우와 경제적으로 어린 생명을 양육할 수 없는 10대 미혼모(부)들이 신생아를 유기하는 경우가 늘고 있습니다. 청소년들이 심지어 화장실이나 PC방에서 아기를 출산한 후 유기하여 사망하는 경우도 있습니다. 젊은이들이 성에 대한 올바른 인식이 없이 교제한 결과입니다. 그러나 결과가 어떻든 우리 사회는 이들을 아이를 낳았다는 사실만으로도 보호하고 양육을 도와줄 필요가 있습니다. 미혼모(부)가 스스로 아이를 양육할 의지를 갖지 못함으로써 많은 아이가 보호받고 건강하게 양육되어야 할 시기에 부모를 떠나 심리적 육체적 고통 속에서 유기되고 있습니다.

드문 경우이지만 아이를 혼자서 출산한 어린 산모가 아이를 살해하는 경우도 있습니다. 이런 선택의 배후에는 도움을 청하기 이전에 스스로 감당할 수 없다는 섣부른 판단의 결과일 수도 있지만 미혼 자녀가 아이를 갖는 것을 용납하지 못하는 기성세대의 완고한 가치관 때문이기도 합니다. 이러한 기성세대의 편협한 가치관이 우리 사회의 새 생명을 위협하고 있습니다. 새 생명은 그 생명의 시작이 어떠하든 세상에 존재할 수 있는 존엄한 인권을 가지고 태어납니다. 한 생명의 탄생과 더불어 생명성을 유지하고 보호해야 할 책임이 부모뿐만이 아니라 사회에도 부여되어 있습니다. 이 생명의 존엄성을 침해하는 것은 천부인권의 침해입니다.

그러나 현실은 냉혹하게도 이 미혼모(부)들을 외면하고 있습니다. 부모조차 미혼모(부)를 외면할 때 이들은 사회로부터 철저하게 소외되는 것입니다. 이 소외는 결국에는 나약한 새 생명에게 생존의 위기를 불러옵니다. 미혼모(부)에 대한 사회복지 차원의 지원이 확대되어 새 생명으로 인하여 사회적 삶이 단절되지 않고 새로운 계기를 가질 수 있도록 지원해야 할 것입니다. 지방 자치단체의 차원에서 어린 생명이 처한 문제를 해결하기에는 재정적으로나 복지 차원에서 대비가 미흡한 실정입니다. 정부 차원에서 새 생명을 지원하기 위한 매뉴얼이 시급합니다. 또한 이들이 서로 연대하여 도우며 자립할 수 있는 소규모 생명의 공동체를 구성할 수 있도록 종교단체가 인도주의 입장에서 적극적으로 나서야 할 것입니다. 어린 생명은 부모와의 유대가 절대적으로 필요합니다. 부모 역시 아이를 유기했을 때 갖게 되는 상실감은 해결하기 어려운 것이므로 아이와 함께 생활하며 당면한 교육과 사회 복귀의 문제를 해결하도록 돕는 것이 가장 바람직합니다.

어떤 상황에서 태어났던 새 생명은 세상의 새로운 빛입니다. 새 빛이 잘 밝혀지도록 하는 일이 기성세대가 지고 가야 할 생명에 대한 책무입니다. 인간생명의 문제는 규범과 법규로 해결할 수 없는 깊은 심층과 넓은 외연을 갖고 있습니다. 여기서 인간의 덕성이 요청됩니다. 내 생명의 고귀함은 다른 생명의 존엄을 지켜주는 데서 드러납니다. 더욱이 나약한 생명에 대한 태도는 우리 사회의 생명의식을 여실히 보여주고 있습니다. 새생명에 대한 적극적인 지원과 보호는 젊은이들의 성의식 개선에도 크게 기여할 것입니다. 한 생명체는 단지 독립된 개별 생명이 아니라 전체 생명의 그물망 안에서 서로 연관된 생명의 매듭임을 인식해야 할 것입니다.

3) 권력과 성의식

몇 년 전 한 여검사의 성추행 피해에 대한 용기 있는 고백에 잇따른 미투운동으로 우리 사회 지도층에 잠복해있던 성 문제가 하나하나 추하게 드러난 일이 있었습니다. 조직사회에서 예외 없이 밝혀지고 있는 일련의 성추행과 성폭력의 사태는 우리 사회의 성윤리와 성의식이 어디까지 왜곡되고 추락하였는지를 잘 나타내고 있습니다. 또한 이러한 퇴폐적이고 무례한 사회 현상은 우리 사회가 안고 있는 성에 관한 오랜 폐습에 뿌리를 두고 있음을 짐작하게 합니다. 누구보다 사회적 모범을 보여야 할 각계의 지도층 인사가 스스럼없이 약자를 성적으로 유린하고 침묵을 강요했다는 것은 사회적 지위를 이용해 인권을 침해한 것으로 사회적 책임을 면할 수 없습니다. 문제는 가해자들이 침묵하고, 부인하고, 마지못해 사과하고 있다는 사실입니다. 내심 이 정도의 일은 예전에는 대수롭지 않게 받아들일 수 있었다고 스스로 강변하고 있는지 모릅니다. 진실로 문제인 것은 가해자들이 스스로 자신들이 한 일이 어떤 일인지 잘 인식하지 못하고 있다는 것입니다. 피해자들이 요구하는 것은 사실 인정과 진정한 사과입니다. 그리고 그러한 폐습과 악행이 근절되기를 바라는 것입니다. 그러나 사태의 진행 과정을 살펴보면 단지 법의 심판에 의존해야 하는 실정입니다.

가해자들의 공통점은 사회 조직 안에서 아랫사람을, 특히 여성을 자신의 성적 욕구 충족의 대상으로 삼았다는 사실입니다. 사회적 지위를 이용하여 성을 권력의 도구로 삼아 저항할 수 없는 약자의 처지를 이용하여 유린했다는 데 있습니다. 또한 성을 노골적으로 탐닉하는 후안무치한 행위를 공공연하게 자행하여 자신의 권위를 나타냈다는 것입니다. 피해자는 지인들에게 노출된 상태에서 이차적인 피해를 보지 않을 수 없는 상태에 있었으며, 반복되는 상황에서 스스로를 자책하며 진실을 밝히기를 회피하기에 이르렀습니다. 어느 누구, 어디에도 호소할 곳이 없는 피해자는 신체적으로 그리고 심리적으로 심각한 위기에 이르게 되었고, 우울증으로 고통을 당하고 자살을 시도하기도 하였습니다. 주위 사람들은 이러한 사실을 알면서도 방관하고 묵인함으로써 성적 사회병리가 더 심각하게 악화되도록 방치하였습니다.

성은 인간에게 자의식을 이루는 가장 내밀하고 민감한 영역입니다. 따라서 육체적으로나 심리적으로 보호해주어야 하고 보호받아야 합니다. 그런데 이러한 인간의 약점을 탐닉하면서 예술적 표현이라는 미명하에, 교육과정이라는 미명하에 또는 조직의 단결이라는 미명하에 성추행과 성폭력을 일상화해왔습니다. 그들에게 사회적 지위는 그들의 언행을 규범화하고 정당화하는 형식이 되었습니다. 그들이 일상적으로 아랫사람에게 행하는 태도는 관심과 배려의 차원에서 수용해야만 하는 것입니다. 그들은 가치를 창조하고 생성하는 공인된 지성이자 권력자이며, 아랫사람들은 그들의 뜻을 따라야 하는 시종에 지나지 않았습니다. 그들에게는 성적인 추행이나 폭력도 예술적 행위로 위장하고 권위의 표현으로 가치를 부여할 수 있는 퍼포먼스입니다. 그들이 진짜 사람이고 다른 이들은 단지 그림자일 뿐입니다.

이러한 성의 왜곡과 인권침해는 단지 공공사회 문제뿐만이 아니라 마을과 가정에도 빈번히 일어나고 있습니다. 섬마을 여교사에 대한 학부모의 성폭력, 지적장애 청소년에 대한 마을 사람들의 성폭행, 근친이나 이웃 사람에게서 당하는 유아의 성폭행 등이 그 정도의 심각성을 말해줍니다. 또한 아내를 욕구 충족의 대상으로 삼는 성폭행은 가정에서도 적지 않게 일어나고 있습니다. 이러한 사실들은 여성들이 가족의 수치가 드러날까 감내하고 있기 때문에 잘 드러나지 않고 있습니다. 특별히 농촌의 다문화 이주 여성들에게 드러나는 성폭력과 노동력 착취는 심각한 인권문제가 아닐 수 없습니다. 이혼할 수 없는 법적인 약점을 이용하여 이주 여성들을 성적으로 학대하고 노동을 강요하는 가정이 많다는 것은 40%에 이르는 이혼율이 잘 말해주고 있습니다.

이러한 일련의 성 문제는 성에 관한 사회의식이 심각한 수준에 이르렀음을 보여주는 증거라 할 수 있습니다. 일반인들도 종종 인터넷과 스마트폰을 통해 성을 단지 사고팔 수 있는 상품으로 인식하는 정도에 이르고 있습니다. 물적 대상이라는 것은 소유할 수 있다는 것을 말합니다. 사회 지도층의 성 인식은 법적인 제재를 받기 때문에 위축된 감은 있으나 크게 다르지 않습니다. 한 부장판사의 성매매가 예가 될 수 있습니다. 성매매가 불법임에도 불구하고 유사 성행위 업소가 암암리에 성행하고 있는 현실입니다. 군에 입대하기 전에 성매매하거나 신입사원에게 성매매를 강요하는 폐습은 근절되지 않고 있는 듯합니다. 이러한 일련의 행위는 성에 대한 왜곡된 인식에 기인하고 있습니다. 그리고 사회가 유사 성행위를 암묵적으로 용인하고 있기 때문입니다.

성은 무엇보다 인격의 표현이자 교류입니다. 성은 사랑하는 사람의 화합과 일치를 지향하고 서로에게 헌신하는 예표입니다. 인격적인 통합은 서로의 인격을 고양해주고 신의를 지키도록 합니다. 서로 신의를 지킴은 정결로 나아갈 수 있는 분별력과 절제력을 키워줍니다. 일시적 충동을 절제하고 상대방의 인격을 존중하는 데서 진정한 신뢰의 관계가 가능합니다. 또한 올바른 성의식은 인간의 품위와 자유와 삶의 가치를 찾을 수 있도록 도와줍니다. 성은 결코 놀이가 될 수 없습니다. 성은 내적인 통합과 새로운 생명을 지향하는 고귀한 행위입니다. 성을 통해 의식의 고양을 체험할 수 있으며 삶의 고통을 이겨내는 사랑의 열정을 경험하게 됩니다. 성은 상호적이고 인격적으로 완성되는 것입니다. 이 점에서 성은 신비스럽습니다. 그러므로 성을 호기심의 대상으로 삼을 수 없으며 예술을 빙자하여 임의로 표현할 수 없는 것입니다. 성에 대한 의식과 태도는 그 사람의 인격과 덕을 숨김없이 드러낸다고 할 수 있습니다. 누구나 부끄러운 삶이 있습니다. 그러나 부끄러움을 모르고 사는 사람만이 세상에 부끄러워할 일이 없을 뿐입니다.

일련의 성추행과 성폭행 사태를 법적으로 단호히 다루어야겠지만 사회에 잠재된 인권침해의 악습을 어떻게 근절할 것인지 사회적 논의를 발전시키는 계기로 삼아야 할 것입니다. 종교인과 지도층과 지식인의 잘못은 어느 누구의 잘못보다 그 사회적 여파가 큰 만큼 지속해서 사회적 책임을 질 수 있도록 법과 규범을 강화해야 합니다. 매스컴은 성 상품화를 지양하고 공적 담론을 통해 성과 생명성의 관계에 깊은 관심을 두도록 이바지해야 할 것입니다. 또한 우리 각자는 스스로의 성의식을 돌아보는 성찰의 계기로 삼아야 할 것입니다. 지금이 바로 성이 인간 본성이 그대로 드러나는 발현처임을 깊이 자각할 때입니다.

4) 존엄한 죽음

국내 언론에 따르면 한국인 3명이 2016과 2018년 스위스에서 조력자살로 생을 마감했다고 합니다. 2019년 봄 기준으로 자발적 안락사를 지원하는 국제단체 디그니타스(DIGNITAS)에 가입한 한국인이 32명으로 스위스에서 안락사를 준비하는 사람이 107명에 이르고 있습니다. 하지만 조력자살을 원하는 모든 사람을 받아주지는 않으며 의료와 정신적 심사를 통과해야 하고 안락사 과정에는 법적인 문제가 없도록 경찰과 디그니타스 직원이 동행해 영상을 기록하게 됩니다. 조력자살에 드는 총비용은 약 1만 달러로 실제로 심사에 통과해 최종 승인된 이들 가운데 대략 80% 정도는 중도 포기한다고 합니다.

안락사는 크게 의사의 도움으로 약물을 주입해 죽음을 앞당기는 적극적 안락사와 의료적으로 필요한 조치를 하지 않아서 죽게 되는 소극적인 안락사로 나뉩니다. 두 가지 안락사는 회복 가능성이 없는 말기환자의 고통을 덜어 준다는 목적을 갖는 점에서 유사합니다. 우리나라에서도 2018년 2월부터 연명의료결정법안이 시행되면서 회생 가능성이 없는 환자는 자기 결정이나 가족의 동의를 통해 무의미한 연명의료를 받지 않고 존엄한 죽음을 맞이할 수 있게 되었습니다. 그러나 적극적 안락사는 우리나라에서는 허용되지 않습니다. 세계에서 적극적 안락사가 허용된 곳은 스위스, 네덜란드, 벨기에, 룩셈부르크와 미국의 뉴멕시코, 캘리포니아, 워싱턴 등 일부 주입니다. 이중 외국인의 안락사를 지원하는 곳은 스위스가 유일하며 의사조력 자살을 지원하는 비영리 기관으로 디그니타스를 비롯해 3개 단체가 활동 중입니다.

지난 2018년 5월 104세의 호주의 식물학자 데이비드 구달은 "고령 탓에 삶의 질이 악화됐고 행복하지 않다" 며 치명적 질환이 없음에도 스위스로 가서 안락사를 선택하였습니다. 또 현재 파킨슨씨 병과 관절염 그리고 망막퇴화증을 앓고 있는 가톨릭 신학자 한스 큉도 그의 마지막 회고록(*Erlebte Menschlichkeit*)에서 "나는 나 자신의 그림자로 존속하길 원치 않는다. 인간은 인간적인 방식으로 살아간다는 것에 대한 자신의 이해에 따라 삶을 영위할 수 있는 희망을 갖지 못할 때 죽을 권리를 갖는다."라고 하며 어느 시점에 조력 자살을 위해 스위스로 향할 것이라고 언급한 바가 있습니다.

연명의료결정과 더불어 우리사회에서 지속적인 관심사가 되고 있는 것이 의사조력자살이라고 할 수 있습니다. 이러한 관심사는 완화될 수 없어 감당하기 어려운 환자의 지속적인 육체적인 고통과 이러한 상태가 야기한 무의미한 삶과 관련되어 있습니다. 연명의료결정 법안에 명시되어 있듯이 연명의료를 중단하더라도 통증 완화를 위한 의료 행위나 영양분 공급, 물 공급, 산소의 단순 공급은 중단할 수 없도록 되어있습니다. 연명의료는 때때로 생명을 연장시키는 것이 아니라 죽음을 연장시키는 것이 되며, 또한 환자의 상태가 가족들의 삶의 질에 상당한 영향을 미치고 있습니다. 이러한 이유에서 자살률이 높은 우리나라에서 의사조력자살을 긍정적으로 고려해볼 필요가 있다는 입장도 있습니다. 실제 스위스 디그니타스의 설립 목적이 의료적인 측면뿐만이 아니라 자살을 하려는 사람들을 정신적이며 감정적인 측면에서 돕는 데 있다고 밝히고 있습니다.

연명의료와 의사조력자살은 윤리적인 문제를 논의하기에 앞서 개념적인 이해의 어려움을 가지고 있습니다. '존엄', '연명', '자율권' 과 같은 개념의 의미가 모호하기 때문입니다. 가톨릭교회에서 죽음과 관련하여 사용하는 성사의 명칭도 제2차 바티칸 공의회 이전에 죽음을 앞둔 사람에게 베풀던 임종예식인 종부성사가 모든 병자에게 확대되어 병자성사가 되었습니다. 성사적 의미가 죽음의 과정으로 확장된 셈입니다. 교회가 죽음의 마지막 순간으로부터 고통에 다가선 점이 있습니다. 그런데 쟁점이 되는 논의는 근본적으로 고통을 거부할 권리가 죽음을 선택하는 권리가 될 수 있다는 데 있습니다. 현실적으로도 모호한 경계가 실재하고 있습니다. 호스피스완화의료의 과정에서 고통을 완화시키기 위해 진통제를 투여하는 경우에 의사의 판단과 진통제의 양에 따라 의도한 결과는 아니지만 의사조력자살과 유사한 임종과정이 일어날 수 있습니다.

직관적으로 인간은 세상에 태어남을 선택할 수 없듯이 죽음을 선택할 수 없습니다. 인간 스스로에게 생사여탈권이 없다는 것입니다. 과연 그러한 것인지요? 우리는 태어남과 죽음을 동일한 존엄성의 차원에서 생각할 수 있습니까? 우리는 인간이 존엄하다는 것을 첫째, 동물과 다른 성찰적 의식을 가진 존재라는 측면, 둘째, 사회적 삶을 사는 존재라는 측면, 셋째, 초월적 존재와 관계하는 존재라는 측면에서 고려해 볼 수 있습니다. 여기에서 더 나아가 인간은 존엄한 가치를 실현하기 위하여 자기생명을 바치는 것을 가장 고귀한 삶으로 평가합니다. 이렇게 고귀한 삶을 선택할 때 인간은 자신의 권리를 행사하는 것이 아니라 믿음을 지키고, 타인의 생명을 구해야 한다는 사회적 책임감으로 말미암아 의로운 선택을 하는 것입니다. 이러한 삶을 선택하는 경우 우리는 가장 인간답다고 합니다.

대부분의 경우에 가치실현의 측면에서 죽음을 바라보면 수동적이지만 죽음을 준비할 수 있다는 측면에서 능동성을 가지고 있습니다. 우리의 생명문화 가운데 곡기를 끊고 스스로 임종을 준비하는 관습이 있습니다. 의료적으로는 식음료의 자발적 포기를 통한 죽음의 선택이라 합니다. 퇴계 선생, 성철 스님, 신영복 선생도 이렇게 임종을 준비하였습니다. 이러한 자의적 임종은 대부분 약물에 의존하지 않음으로써 자연사로 분류됩니다. 여기서 중시할 점이 자율성입니다. 미국의 철학자 부루스 밀러는 임종기의 자율성에 대해서 4가지 측면에서 언급한 바가 있습니다. 첫째, 외부의 압력을 받지 않고 환자가 자유로운 의지에 따라 내린 결정인가. 둘째, 환자의 가치관에 따른 진정성이 있는 결정인가. 셋째, 환자가 다른 선택의 가능성이 있음을 충분히 인지하고 선택한 것인가. 넷째, 가치 결정의 근거에 확신을 갖고 행위의 결과를 수용할 수 있는가[1] 입니다.

임종기의 자율권이란 배타적 권리가 아니라 호혜적이며 배려의 권리입니다. 특별히 환자가 속해있는 가족을 향한 환자의 마지막 선택인 점에서 그렇습니다. 임종기에 놓여있는 환자들은 의사표현에 제한이 있으므로 연명의료계획서를 통하여 담당의사와 함께 환자 자신의 임종기 결정사항에 대해 미리 의사표시를 하게 됩니다. 이 상황에서 환자 자신이 고려하게 되는 것은 무엇보다 환자 사후의 가족의 삶에 대한 염려입니다. 때로는 가족에 대한 지나친 염려가 환자의 올바른 판단을 가로막기도 합니다. 가족들의 조언과 배려는 환자가 올바른 판단을 하는데 도움이 됩니다. 따라서 환자의 판단은 환자 개인의 일방적인 판단이 되어서는 안되며 의료적 판단과 가족의 배려가 함께 고려되어야 합니다.

임종기의 의료적 결정은 최선의 선택이 되기보다는 부득이한 선택이 되기 마련입니다. 환자는 자신이 처한 모든 상황을 고려해야 하지만 올바른 판단이 어렵고 자신이 결정하고 행할 수 있는 사안은 한정되어있습니다. 의료적인 결정도 임상적인 사안에 대해서는 전적으로 의사에게 의존할 수밖에 없습니다. 따라서 임종기의 연명의료결정은 개인의 선택이 아니라 환자를 중심으로 한 사회적 결정이라 할 수 있습니다. 이 과정에서 반드시 지켜야 할 태도는 환자와 가족과 의료진이 모두 윤리적인 고려를 하고 있느냐 입니다. 하지만 임종을 앞에 두고 환자에게 보편적 윤리 기준을 적용하기는 어렵습니다. 임종기 환자의 상황이 환자마다 다르고 이에 따른 개별적 판단을 요구하고 있기 때문입니다. 가장 이상적인 판단은 환자와 가족과 의료진이 모두 동의할 수 있는 윤리적 판단을 이끌어내는 것이지만 통상적으로 각각의 입장이 달라 합의점에 도달하기 어렵습니다. 이것이 연명의료결정 법안이라는 강제적 규정이 제정된 까닭이기도 합니다.

그렇다고 해서 법안이 모든 사안을 해결해 주는 것은 아닙니다. 법은 당사자 간의 갈등을 줄이고 환자의 권익을 보호하기 위한 소극적이며 최소한의 제도적 장치입니다. 환자는 죽는 순간까지 존엄성을 지키기 위해 자율권을 갖고자 합니다. 가족과 의료진이 연명의료가 생명의 존엄성을 지키는 것이라고 생각하여도 환자 스스로 그러한 결정을 수용하기 어려울 수가 있습니다. 이러한 차이는 존엄성에 대한 서로 다른 이해에 기반을 두고 있습니다. 고통과 자아 상실은 환자가 겪고 있는 심각한 현실이며 가족과 의료진은 간접적이며 의학적 데이터에 의한 환자의 상태에 다가갈 뿐입니다. 가족과 의료진이 환자의 고통을 이해하지 못한다면 환자는 심각한 고립의 상태에 빠지고 말 것입니다. 고통의 정도를 법으로 규정할 수는 없습니다.

연명의료결정법을 제정한 이유와 목적이 호스피스·완화의료와 임종과정에 있는 환자의 최선의 이익을 보장하고 자기결정을 존중하여 인간으로서의 존엄과 가치를 보호하는 것으로 되어 있으나 실질적인 목적은 무의미한 연명의료에서 빚어지는 과잉의 진료를 방지하기 위한 것입니다. 하지만 어떤 시술과 처치가 과잉인지 환자는 알 수 없습니다. 법은 전문적인 영역에 대해서 구체적으로 규정할 수 없으며 의료진의 환자에 대한 존중과 배려를 따를 수밖에 없습니다. 이러한 조건에서 요구되는 것이 의료진과 환자 그리고 환자 가족들과의 인격적인 관계입니다. 상호간에 인격적 관계가 가능하다면 환자에게 존엄한 임종의 상태가 보장될 수 있을 것입니다. 인격적 관계는 법을 넘어서 인간의 존엄한 가치를 구현하게 합니다.

환자는 고통의 완화만을 요구하는 것이 아닙니다. 인간답게 삶을 마무리 할 수 있기를 원합니다. 영적인 위안을 받고 가족 친지들과 못다 한 마지막 사랑을 나누고자 합니다. 육체적인 고통보다 더 고통스러운 것은 소외와 관계의 부조화를 해결하지 못하는데서 오는 고통입니다. 심리적이며 영적인 고통을 완화하기 위해서는 사회와 가족의 각별한 관심이 요구됩니다. 이 고통은 종교적 의례만으로 해결될 수 있는 문제가 아닙니다. 진정한 화해와 소통의 자리가 마련되어야 합니다. 영적으로 마음의 고통을 완화하는 것은 환자만의 과제가 아니라 인간이면 누구나 가지고 있는 삶의 과제입니다. 따라서 가족들 또한 환자를 통하여 영적 완화의 의례에 참여하며 생명이 주는 마지막 가치를 배우는 기회를 가질 수 있습니다. 화해의 자리는 진정 환자가 가족들에게 주는 마지막 선물이 될 것입니다.

생명 문화와 연명의료의 현장을 잘 살펴보면 우리는 어느 정도 죽음의 대한 권리를 인정하고 있는 셈입니다. 하지만 좀 더 구체적으로 환자에게 고통을 거부할 권리, 과잉의 진료를 거부할 권리, 가족들에 대한 염려와 부담에서 벗어날 권리가 보장되어야 합니다. 나아가 영적인 완화를 보장받을 권리가 부여되어야 합니다. 이렇게 자율성을 침해받지 않는 삶의 조건 속에서 우리는 존엄한 죽음을 맞이할 수 있을 것입니다. 의사조력자살은 어떤 의미에서 자율성을 침해받은 상태에서의 결정일 수 있습니다. 이러한 결정을 내리는 사람들의 삶의 조건을 깊이 공감하는 가운데 영적 완화의 기회를 제공해야 합니다. 그렇게 하기 위해서는 이러한 선택을 하는 사람들이 처해 있는 다양한 삶의 조건과 문화적 배경을 살펴 볼 필요가 있습니다. 의사조력자살을 단지 죽음에 대한 자율적 권리를 행사하는 것으로 단순화해서는 이러한 사회적 현상의 심층적인 지평에 다다를 수 없습니다. 우리는 한 개인의 죽음이 사회에 주는 의미와 존엄한 가치를 상실하지 않도록 해야 합니다.

윤리를 사회적 삶을 유지하기 위한 행위적 규범으로 인식하고 있습니다. 하지만 단순히 규범을 따르는 삶을 윤리적이라 하기 어렵습니다. 윤리적인 삶이란 정해진 보편적 규범을 단순히 따르는 것이 아니라 주어진 삶의 정황 속에서 매 순간 분별하고 수행하는 삶을 살면서 과연 올바른 선택이었는가를 성찰하며 행하는데 있습니다. 성찰하는 삶 속에서 규범에 대한 새로운 이해를 통해 고유한 가치를 실현할 수 있는 윤리적 내적 기반을 마련할 수 있을 것입니다. 옳고 그름의 척도는 인격에 따라 상대적입니다. 따라서 고양된 가치실현을 보여줄 수 있는 윤리적 선택일지라도 누구에게도 강요되어서는 안 될 것입니다. 강요된 가치는 자유로운 선택이 아니므로 더 이상 고양된 가치가 될 수 없기 때문입니다. 죽음 앞에 누구도 자유롭지 않습니다. 그러나 나의 죽음을 나의 신념과 가치관에 따라 윤리적으로 어떻게 맞이할 것인가를 결정하는 것은 삶의 마지막 과제임이 분명합니다. 마지막 생명현상인 죽음을 왜곡시켜서는 안 될 것입니다.

2. 사회의례의 장으로서 병원

현대사회에서 대부분의 사람이 태어나고, 병을 치료받고, 생의 마지막 임종기를 보내는 장소가 병원입니다. 병원은 바로 생명의 시작과 마침이 이루어지는 곳이며, 또한 육체와 정신의 고통을 제거하고 회복하는 곳이기도 합니다. 따라서 사람은 생애 가운데 가장 약한 순간을 병원에서 보내는 셈입니다. 병원에서 사람은 건강과 고통 그리고 생명의 의미를 깨닫게 됩니다. 이 점에서 병원은 생명문화의 산실입니다. 그러나 현대사회에서 병원은 의료적 처치만이 주된 임무를 담당하고 있습니다. 사람은 몸의 회복만으로 살지 않습니다. 현대사회에서 병의 근원은 마음의 문제와 더욱 밀접하게 관련되어 있습니다. 따라서 현대 의료는 몸의 복원과 회복

못지않게 마음의 문제에 관심을 가져야 합니다. 예를 들어 산모가 영아와 더욱 친밀한 유대를 유지하도록 돕는 것이나 환자의 무료한 병원 생활을 활기 있게 해주는 것, 중환자들을 위한 영적 치유 프로그램, 마지막 임종기를 아름답게 보낼 수 있도록 배려하는 것이 그런 것입니다. 이것은 마음의 치유와 관련이 있습니다.

몸과 마음의 조화를 추구하는 공간으로서의 병원은 생명문화의 공간으로서 새로운 요청을 받고 있습니다. 이러한 요청은 종교적 의례와 휴식 공간의 마련으로 충족될 수 있는 것이 아닙니다. 환자와 의료인, 보호자와 간병인, 원목자와 봉사자들을 위한 생명문화를 새롭게 조성해야 하는 포괄적 과제를 안고 있습니다. 바람직한 생명문화의 공간을 조성하기 위해서는 이 생명문화의 핵이라 할 수 있는 환자의 말에 기울여야 할 것입니다. 환자들이 무엇이 필요하고 병원은 어떻게 이에 다가갈 수 있을지 심사숙고해야 할 것입니다. 나아가 의료인, 원목자, 봉사자에 이르는 여러 구성원의 목소리에 귀 기울여 다양한 생명담론을 수렴하고 조절하는 체제를 갖추어야 할 것입니다. 생명담론이 조성될 수 있을 때 비로소 생명문화를 향한 발걸음을 내디딜 수 있기 때문입니다.

1) 만남과 나눔의 공간

병원은 대부분 질병으로 말미암아 예기치 않았던 만남이 이루어지는 공간입니다. 병원에서는 의사와 환자와의 만남, 간호사와 환자와의 만남, 친인척과 지인과의 만남, 나아가 환자와 환자들 사이의 만남, 보호자와 보호자들 사이의 만남 등 수많은 만남이 이루어집니다. 환자는 의도적이지는 않지만 이 새로운 만남을 구성하는 주체입니다. 따라서 이 장소에서 이루어지는 만남은 특별합니다. 인간은 관계적 존재로서 환자에게 관계는 매우 중요합니다. 병의 치료뿐만이 아니라 자신의 사회적 관계를 확인하고 나아가 생명의 의미를 깨닫는 계기를 부여하기 때문입니다. 환자와 가족들은 사람뿐만이 아니라 하느님이나 부처님과 같은 초월적 대상을 만나기도 합니다. 나아가 고통과 좌절과 희망 속에서 자아를 만나게 됩니다. 이 점에서 병원은 특별한 체험의 공간입니다.

이 소중한 만남이 자연스럽게 이루어지기 위한 배려가 필요합니다. 환자 상호 간에 서로 방해받지 않고 만남이 이루어지기 위해서 병원 안팎으로 다양한 공간적 배려가 필요합니다. 다양한 치유의 체험이 가능하도록 열린 종교적 공간이 제공되어야 합니다. 환자가 병원에서 암묵적으로 특정한 종교를 강요받는 듯한 심리적 압박을 받는다면 이는 오히려 치유를 방해하는 일이 될 것입니다. 자아 성찰과 발견의 계기를 마련해 주기 위해서 각별한 관심을 기울여야 할 것입니다. 심리 상담이나 영적 상담은 이 과정에서 중요한 역할을 할 수 있습니다. 직접적인 만남이 아니라도 여러 가지 간접적인 만남이 가능하도록 배려하는 것은 질병으로 야기된 소외에서 벗어날 수 있는 좋은 기회가 될 것입니다. 이는 자아 발견을 돕는 첫 단계입니다.

일반적으로 태어남은 긍정적이고 죽음은 부정적으로 인식하고 있습니다. 그러나 이 태어남과 죽음 사이에 우리는 나날이 죽고 새롭게 살고 있습니다. 살아감이란 사실 죽어감의 동의어이며 단지 관점을 달리한 표현일 뿐입니다. 따라서 개인적 차원이든 사회적 차원이든 죽어감을 의식할수록 인간의 삶은 그 고유한 가치가 드러나게 됩니다. 그러나 고독하게 죽어가는 사람은 소외로 말미암아 사회적 삶을 상실하게 되었기에 역시 자신의 사회적 죽어감을 의식하기 힘들게 됩니다. 죽어감을 의식한다는 것은 그만큼 만남의 사회적 관계와 삶에 가치를 부여하고 있다는 것을 의미합니다. 이는 의식의 흐름을 자각하는 것이고 실존하고 있음을 확인하는 것입니다. 죽어감의 의식은 사회적 고통의 인식입니다. 몸 차원에서의 고통은 개인에 머물지만 정신 차원에의 고통은 사회와 밀접한 관계를 맺고 있습니다. 몸의 통증은 치료제로 어느 정도 완화할 수 있지만 정신의 고통은 쉽게 완화되지 않습니다. 관계의 차원이 새롭게 설정되지 않으면 해소될 수 없는 고통입니다. 또한 고통을 개인적 차원에 한정하고 피하려는 소극적 자세에 삶이 머물 때 사회적 고통은 더욱 해소하기 어려워집니다. 오히려 사회적 고통에 적극적으로 공감하고 동참할 때 삶은 생기와 의미를 되찾게 되며 고통의 완화에 대한 가능성을 기대하게 됩니다.

사회의 부조화로 인한 고통의 인식은 사회참여의 자각입니다. 사회적 고통을 공유하고 살아감은 사람다운 죽어감입니다. 사람은 누구나 죽어갑니다. 그 가운데 타인의 삶을 존중하는 죽어감은 죽어감의 본래의 의미를 실현하는 인간다운 죽어감입니다. 친족과 지인의 임종 순간을 지키는 까닭은 누구나 겪어야 할 순간을 함께하는 가운데 자신의 죽음을 미리 예행하게 되기 때문입니다. 죽어감을 동반하는데 생명의 경외가 일어납니다. 생명현상은 지속적으로 동반을 통하여 나타났습니다. 여인은 아이를 낳으며 어머니로 새로 태어납니다. 이렇게 함께 태어나듯이 죽어감도 홀로 죽어가지 않습니다. 죽어감은 매 순간 서로에게 삶의 새로운 의미를 부여합니다. 사랑하는 사람의 죽음을 바라보는 사람은 함께 죽어가며 지금까지 경험하지 못한 삶을 사는 것입니다. 그러므로 사람은 홀로 죽지 않습니다. 그리고 죽는 가운데 사는 것입니다.

2) 내적 성장을 위한 교양의 공간

고통을 지칭하는 영어 개념 'pain' 은 그리스어로 '형벌' 이라는 뜻을 가진 'poine' , 라틴어로 '벌 · 처벌' 이라는 뜻의 'poena' 에, 'suffering'

은 라틴어로 '참고 견디어내다' 뜻을 가진 'subfferre' 에 어원을 두고 있습니다. 한자로 '고(苦)' 의 본뜻은 어원적으로 '달다' 는 '감(甘)' 에 반대되는 개념으로 쓴 약초 '도(荼: 씀바귀)' 의 형성(形聲)을 통해 맛이 쓴 것을 말하고 있습니다. 이렇듯 어원을 살펴보면 통용되는 의미와 차이가 있지만 그 개념의 본래 의미가 무엇이었는지 다가갈 수 있습니다. 고통도 그리스적인 의미와 라틴적인 의미가 차이를 보입니다. 일반적으로 pain은 육체적인 고통을, suffering은 정신적인 고통을 의미하지만 어원적으로 모두 육체적 그리고 정신적 고통의 의미를 담고 있습니다. 고대 중국인들은 고통을 맛에 비교하여 고통에 대해 감각적으로 섬세하게 표현하려 하였음을 알 수 있습니다. pain이 감당하지 않으면 안 되는 고통을 의미한다면 suffering에는 밑바닥에서부터 고통을 이겨내는 인간의 의지가 담겨 있습니다.

실로 인간은 태어날 때부터 죽는 순간까지 고통과 필연적인 관계를 맺고 있습니다. 고통 없이 태어날 수 없고 고통 없이 죽을 수 없기 때문입니다. 이렇듯 인간의 삶은 고통을 동반하고 있습니다. 따라서 모든 종교는 고통의 극복을 가르침의 중요한 요소로 삼고 있습니다. 유대교에서 어린 아이의 할례는 유대 공동체의 일원이 되는 고통의 의례입니다. 욥기에 나타난 의로운 욥이 기꺼이 겪는 고통은 고통을 통해 하느님의 의로운 아들이 갖추고 있는 선한 의지를 보여주고 있습니다. 그리스도교의 고통은 예수 그리스도의 고통과 성모 마리아의 고통으로 나누어 볼 수 있습니다. 예수 그리스도의 고통은 인간의 죄를 대속하는 하느님의 고통이며, 마리아의 고통은 모든 사람의 구원을 위해 아들의 고통을 감내하는 어머니의 고통입니다. 공통점은 사랑의 고통입니다. 불교에서는 모든 고통이 무상한 것에 대한 집착에서 오는 것이므로 팔정도를 통한 깨달음으로 이를 벗어남을 지혜로 삼습니다. 유교에서 고통은 "날이 추워진 다음에 송백이

늦게 시듦을 안다."라고 한 공자의 비유 말씀이나 "하늘이 장차 큰 임무를 내리려 할 때 반드시 먼저 그의 마음과 뜻을 고통스럽게 한다."라는 맹자의 말씀을 볼 때 오히려 군자의 덕성을 드러내는 매개체가 됩니다.

나가사끼 성당 성모상

사람은 배우는 존재입니다. 배움 안에 희망이 있습니다. 환자의 지식은 고통을 극복하기 위한 질병에 대한 지식에서 시작하나 곧 한계에 다다름을 알게 됩니다. 알 수 없는 것이 있다는 것을 자각하는 순간 지식에서 지혜로 나아가게 됩니다. 고통을 극복하기 위한 수많은 기다림의 순간은 마음의 양식을 필요로 하게 됩니다. 이때 병원 종사자들은 환자들을 위하여 다양한 형태로 마음의 양식을 제공할 필요가 있습니다. 의료인과 보호자들을 위한 교양프로그램도 고려되어야 할 것입니다. 환자들을 위한 보편적으로 제공되는 프로그램은 많은 시간을 무료하게 보내는 환자들에게 병원이 교양을 쌓을 수 있는 새로운 교육의 장으로 받아들이게 될 것입니다. 다양한 교양프로그램은 환자 스스로 개인적 관심사를 심화시키고 환자와 보호자와 의료인 사이의 담화를 성숙시키게 될 것입니다. 예를 들어 어린

환자들을 위한 놀이치료와 예술치료가 어린이 스스로 자신이 받는 치료에 대한 이해와 수용 태도를 개선한 바가 있습니다.

병동별로 보호자와 환자를 위한 작은 도서관을 운영하거나 병원 로비가 정기적인 예술공간으로 이용될 때 환자들은 병원을 치료뿐만이 아니라 생활공간으로서 이해하고 이용하게 될 것입니다. 이를 통해 환자들도 스스로 예술적인 표현에 참여할 수 있으며 여러 환우들에게 기쁨을 줄 수 있다는 자부심을 갖게 될 것입니다. 의료인들도 여기에 참여하고 격려하는 가운데 단지 환자로서가 아니라 동일한 인격체로서 환자들을 바라보는 새로운 안목을 갖게 될 것입니다. 치료의 과정에 교양의 나눔이 동반될 때 일방적인 관계가 아니라 상호 인격적 교류가 자리 잡게 될 것입니다.

3) 영성의 공간

병원은 희생과 기쁨, 온유와 친절, 나눔과 배려, 관용과 용서, 믿음과 인내, 탄원과 포기, 희망과 좌절, 사려와 깨어있음, 성찰과 지혜, 평화와 일치의 질적 시간이 흐르는 영성의 공간입니다. 영성은 순수하고 고양된 상태에서 나타나는 조화된 의식의 성향이라고 할 수 있습니다. 고통 가운데 인간은 스스로 특별한 의식의 흐름을 경험하게 됩니다. 이 경험은 일시적인 것이 아니라 좀 더 통일적이고 고양된 수준을 지향하고 있습니다. 인간의 의식은 늘 상관적 관계 안에서 나타나고 있으며 지향성을 갖고 있습니다. 바람직한 지향성을 갖도록 유도하는 의식의 흐름을 영성의 차원에서 경험할 수 있습니다. 종교적 차원이 아니더라도 고통을 통하여 인간은 내적 의식의 흐름에 집중하게 됩니다. 어떤 사심도 들어설 수 없는 상태에서 영성, 즉 초월을 향한 성품이 작용합니다. 의료인이나 환자 그리고 가족들 모두 진정성을 갖게 됩니다. 이 점에서 병원은 의식을 질화시키는 영성의 공간입니다. 여기에 어떤 영리적 관심사만이 존재한다면 병원은 스스로 영성의 공간임을 포기한 것입니다. 현대 의료문화가 회복해야 할 점이 여기에 있습니다.

병원은 의례의 공간이고 상호 배려와 고백과 경청의 공간입니다. 생명의 신비를 체험하고 나누는 장소입니다. 본질에서 인간이 인간 되게 하는 생명에 다가서게 합니다. 이 공간에서 일어나는 모든 말과 행위는 의례를 동반하며 생명을 지향하고 있기에 특별한 힘을 발휘하게 됩니다. 한마디의 말에, 한 번의 눈길에, 한 번의 손길에서 생명은 영향을 받고 믿음을 일으킵니다. 이렇게 상호 간에 일어나는 신비스러운 경험은 생명의 경외를 더욱 확신하게 합니다. 이 과정에서 사람들은 변화를 경험합니다. 예측된 변화가 아니라 내적 성숙과 새로운 삶의 의미를 조망하게 됩니다. 생명은 단순한 유지와 연명에 있지 않고 더 높은 차원을 향한 지향성을 갖고 있음을 깨닫게 됩니다. 고통과 죽음도 삶의 한 부분임을 받아들일 때 사람은 일상을 유지하는 생명의 차원을 넘어서 전인적으로 고양된 가치를 실현하게 됩니다. 인간은 고통을 단지 이겨내기보다 고통을 마주하고 의미를 찾는 존재입니다. 단일 생명체에서 공동의 생명성으로 변화하는 가운데 인간의 자유는 그 무엇도 생명을 구속할 수 없다는 자각에 이릅니다. 이때 삶은 그 자체로 예술입니다. 이러한 아름다움이 펼쳐질 수 있도록 배려하고 체험하는 곳이 바로 영성의 공간입니다. 병원이 생명문화의 산실이어야 하는 까닭이 여기에 있습니다.

3. 개인의례의 회복

이제 의례의 현대적 의미에 대해서 생각해 볼 차례입니다. 그런데 의례의 의미를 살피기 위해서는 역설적으로 무엇이 무례인지를 밝히는 것이 더 합리적이라는 생각이 듭니다. 무례를 밝히는 가운데 의례의 의미가 자연스럽게 드러날 것을 기대할 수 있기 때문입니다. 지금까지 살펴본 바에 의하면 의례는 사회적 관계를 결속력 있게 해주는 무형의 문화 장치입니다. 의례가 없다면 사회적 삶은 불가능할 것입니다. 그런데 사람들은 현대사회를 의례적인 사회로 판단하기 쉽지 않을 것입니다. 그 까닭은 무관심과 혐오의 사회 현상을 도처에서 발견할 수 있기 때문입니다. 사회적 소수자나 약자에 대한 무관심과 혐오가 그것을 잘 말해주고 있습니다. 또한 과소비로 인한 생태 파괴와 경제적 불평등이 가속화되고 있습니다. 이러한 왜곡된 의식은 사회적 가치를 함께 공유하거나 나누기 어렵다는 차별의식에서 나타납니다. 가진 자가 삶의 양식과 정책을 결정할 수 있다는 계층에 대한 비인격적인 구분이나 그들보다 도덕적 우위에 있다는 배타적 우월감이 작용한 경우라 할 수 있습니다. 무관심과 혐오가 증폭되면 사회적 안정을 해치는 갈등과 폭력이 나타나게 됩니다. 이야말로 타인의 존엄성을 해치는 일이자 자신의 존엄성을 포기하는 무례한 일입니다.

1) 사회적 무관심과 혐오

사회적 무관심은 다른 말로 하면 자신의 안위와 행복만을 추구하여 사회적 사안에 대해 자각이 없는 불감증이라 할 수 있습니다. 루이스 멈퍼드가 잘 지적했듯이, 이 무관심은 기술문명에 대한 환상과 복제의 폐단이 낳은 후유증이라고 할 수 있습니다. 기술문명은 인간의 주의력과 참여 그리고 개성 창조의 기회를 빼앗아갔습니다. 끊임없는 반복은 무관심(acedia)을 낳았습니다.[2] 이 병은 실로 인간의 근본적인 도덕성을 무너뜨리는 사이코패스의 독성을 갖고 있습니다. 이 병에 걸린 사람들은 곳곳에서 자신만의 이익 증대를 위해 연대를 형성하고 세력을 강화하여 선량한 시민들의 삶을 위협하고 있습니다. 더 큰 문제는 누가 이 병에 감염되었는지 쉽게 드러나지 않는 데 있습니다. 갑자기 증세를 드러내는 이 역병은 쉽게 치료할 수도 쉽게 예방할 수도 없는 악질입니다. 위급한 상황에서는 보고도 못 본체하는 외면이라는 현상으로 나타납니다. 어제의 이웃이 오늘 의도적인 무관심의 대상이 될 수 있습니다. 2차 세계대전 때에 독일에서 유대인이 경험한 혹독한 사회현상입니다.

이 질병이 계속해서 신자유주의라고 하는 전체주의적 배경을 가지고 나타나고 있습니다. 개발, 성장, 속도, 경쟁, 혁신, 소득 증대를 위하여 효율성을 위한 규제 완화, 자유 시장경제, 공정 분배, 국제화 등의 탈을 쓰고 경제적 효율을 추구하고 있습니다. 결과는 국내뿐 아니라 국가 간 빈부의 격차가 커지고 경제적 이권 다툼은 국지전으로 발전하여 수많은 무고한 생명의 희생을 강요하고 있습니다. 이런 새로운 교조주의를 추구하는 나라는 부의 편중과 노동착취와 인권침해를 낳았습니다. 그리고 개발 도상국가에 국가 시스템의 부실을 야기하여 정치경제적 그리고 생태적 재난이 극복될 수 없을 정도로 열악한 환경에 이르게 하였습니다. 독점 자본은 권력으로 환원되어 자본가의 체제 유지를 위한 기반을 강화하여 사회체계의 불안정한 상태를 지속시키고 있습니다. 이 자본에 종속된 사람들에게는 경제적 교조주의를 종교적 신념으로 받아들이게 하여 이들의 의식을 조종하고 왜곡하고 있습니다. 그리고 독점 자본가는 고용인이 기대하는 역량을 더 이상 보이지 않을 때 가차 없이 배제시킵니다. 이들의 관심에서 벗어난 무능력한 현대인은 극도의 사회적 소외를 경험합니다. 자존감을 상실하고 급기야 자살에 이르기도 합니다. 우리나라의 자살률이 사회적 소외와 깊은 연관성을 가지고 있는 것은 자명합니다.

무관심과 또 다른 형태의 무례는 혐오입니다. 마사 누스바움(Martha

Nussbaum)이 구분했던 대로, 불결한 대상에 대해서 본능적으로 갖는 원초적 혐오는 감염의 위험에 대한 본능적인 거부 반응이므로 문제가 되지 않습니다. 그러나 어떤 부류의 사람을 감염과 사회적 문제의 근원으로 보고 거부감을 나타내는 투사적 혐오는 사회적 문제가 되고 있습니다. 더 큰 문제는 개인적인 혐오에서 그치는 것이 아니라 이들이 자신들 의견의 정당성을 확보하기 위해 동조 세력을 모아 집단화하고 반사회적 행동으로 구체화하는 데 있습니다. 이들의 집단화에 크게 기여한 것이 사회관계망 서비스(SNS)라 할 수 있습니다. 한때 우리나라 사회적 문제로 대두되고 있는 워마드(Womad)와 일베(일간베스트) 그리고 변질된 페미니즘을 대변하는 메갈리아는 모두 인터넷 커뮤니티를 통해 형성된 불관용의 사회적 혐오 감정을 극대화한 집단이라 할 수 있습니다. 이들은 혐오를 나타내는 개념으로 포비아를 사용하기도 합니다. 의학적으로 공포증을 말하는 포비아는 고소공포증이나 폐쇄공포증, 사회불안장애 등에 사용하는 개념입니다. 그런데 혐오론자들은 퀴어포비아처럼 성소수자에 대한 혐오를 우회적으로 나타내는데 쓰기도 합니다. 최근에는 트렌스젠더의 입학 거부나 코로나바이러스와 관련하여 우한 교민의 수용 거부, 유럽에서의 아시아인의 혐오와 같은 새로운 사회적 혐오가 나타나고 있습니다.

"혐오"에 앞선 개념을 인류사에서 찾아보면 "불관용"의 역사를 발견하게 됩니다. 헨드릭 빌렘 반룬(Hendrik Willem van Loon, 1882~1944)이 불관용이 고대에서 근대에 이르는 무지와 편견의 역사임을 잘 밝혔듯이, 종교적 신념의 차이가 낳은 갈등 구조는 마녀사냥과 종교전쟁 같은 폭력의 역사를 남겼으며 오늘날에도 다른 양상으로 지속되고 있습니다. 우리 사회에서 쉽게 발견되는 문화우월주의, 경제우월주의, 민족우월주의 등은 모두 불관용의 편협한 사고와 무지의 소산입니다. 불관용과 사회적 혐오를 스스럼없이 나타내는 사람들이 간과하고 있는 것은 자신들이 하고 있는 일과 표현이 어떻게 사회적 폭력으로 나타나고 있는지 모른다는 사실입니다. 사회적 감정은 도덕적 성찰을 어렵게 합니다. 사회적 감정이 쉽게 확대되는 까닭이 여기에 있습니다. 근거 없이 남을 혐오하는 사람들은 자신이 처한 사회적 소외를 극복하는 하나의 방법으로 부정적인 사회적 감정 안에서 자신의 가치판단을 정당화하고 위안을 얻고자 하는지 모릅니다. 그러나 이들이 행하는 사회적 감정의 부정적 파급 효과는 사회의 분열과 적대감을 야기하고 있습니다.

근대 이후에 자본주의와 더불어 경쟁적, 계층적 사회에서 나타난 사회적 혐오현상은 깊은 편견과 불신의 뿌리를 가지고 있습니다. 따라서 이 문제를 해결하기는 쉽지 않습니다. 혐오는 사회 · 윤리적 문제이며 이 문제를 해결하기 위해서는 우선 규범적 사유가 가능해야 합니다. 그리고 규범적 사유를 위해서 무엇보다 지성적 사유가 가능해야 합니다. 혐오 담론을 조성하고 이끌어가는 집단과 지성적 사유를 나누기는 매우 어렵습니다. 무엇보다 가치 기준이 편향되어 있어 합리적 사유를 하지 않기 때문입니다. 감정에 근거한 불합리한 논거를 제시하고 폭력적으로 주장하고 있기 때문입니다. 선결해야 할 과제는 우선 우리가 이들을 어떻게 수용할 것인가에 있습니다. 이들을 공적 담론의 장에 어떻게 초대하고 대화를 이끌어 갈 것인가에 달려 있습니다. 그러한 까닭은 의례가 공동선과 보편적 가치를 지향하고 있기 때문입니다.

공공의 선과 보편적 가치는 무엇보다 인간에 대한 겸손과 연민에 바탕을 두고 있습니다. 겸손은 배려를 통하여 사회적 부조리를 인식하게 하고 개선을 위하여 이에 저항할 용기를 갖게 합니다. 무지와 외면은 부도덕이며 생명에 대한 간접적인 위해입니다. 나아가 무지는 교조주의를 무비판적으로 수용하고 희생을 방관하게 합니다. 그러나 겸손과 연민은 지혜로 나가는 길을 제시하고 불안정한 사회에 새로운 비전을 갖게 합니다. 깨어

사회적 고통에 저항하는 사람들은 그 고통의 근원을 인식하고, 그 폐해를 예견하며, 체제와 의식을 변화시키기 위해 부단히 노력합니다. 그들은 인간의 본성이 갖고 있는 근본적인 성실성과 창조성과 고통을 감내하는 수용성의 미덕에 희망을 걸고 있습니다. 고통과 비극에 굴복하지 않는 인간 본성은 궁극적으로 새로운 세상과 인간애에 대한 무한한 기대로 말미암아 우리를 일으켜 세웁니다. 인간은 홀로 쓰러지지 않고 홀로 일어서지 않는 존재입니다.

2) 의례적 존재로서 인간

인간이 인간다움을 드러내는 것이 무엇인가에 대하여 수많은 철학자와 신학자와 예술가들이 공통으로 언급하는 것은 자기 발견에 있다고 할 수 있습니다. 그런데 자기 발견은 사유만으로는 목적에 이를 수 없습니다. 자기 발견은 정해진 목적지에 다다르는 것이 아니기 때문입니다. 자기 발견이란 궁극적인 자기 존재성의 실현에 있습니다. 삶의 수행 가운데 자기 발견이 가능하다는 말입니다. 소크라테스가 참된 앎을 위해 지혜롭다는 자들에게 끊임없이 질문을 던지듯, 아브라함이 이사악을 바쳐 자신의 믿음을 고백하듯, 고흐가 반복해서 자신의 자화상을 그려내듯 깨어있는 지성은 자기를 찾아 나섭니다. 이 자기 발견의 수행 과정을 모두 의례라고 할 수 있습니다.

의례는 자기를 비추어볼 거울을 마련하는 일입니다. 의례의 대상은 모두 우리를 거짓 없이 비춰줍니다. 우리는 처음부터 매개 없이 바로 자신을 바라볼 수 없습니다. 우리 앞에 놓인 모든 대상은 우리를 바라보는 매개체입니다. 자연이 어떤 모습을 갖추고 있든지, 인간의 문명이 어떤 상태에 놓여 있든지, 사람들과 어떤 관계를 이루고 있든지, 나아가 신과의 관계에 이르기까지 모두 우리의 실체를 드러나게 하는 대상들입니다. 자연이 우리의 시선에 들어온다면 비로소 우리 자신을 바라보기 시작하는 것입니다. 자연과 대화를 나눌 수 있다면 자연에 우리 자신을 드러내 보일 수 있습니다. 그리고 자연은 우리를 비추어 줍니다. 경외감을 가지고 자연을 바라보는 시선과 태도에서 의례가 시작됩니다. 자연에 대한 존중은 자기 존중에서 비롯됩니다. 생활세계를 창조한 인간은 생활세계를 통하여 자기 초상을 보고 있습니다. 생활세계를 일구어온 지나온 삶의 여정을 빈틈없이 비추어주고 있습니다. 더불어 생활세계에 참여하는 자신의 삶의 양식이 낱낱이 드러나게 됩니다. 우리가 인정하고 싶지 않지만 삶의 자취는 쉽게 사라지지 않습니다. 이 사실을 인정하고 삶의 양식을 수정하려는 노력에서 의례적 삶이 이루어집니다.

사람 사이의 관계는 태생적으로 맺어진 혈연관계에서부터 사회적 관계에 이르기까지 우리의 기대와는 다른 관계가 형성되어있음을 보게 됩니다. 형제적 우애도, 부부간의 신의와 사회적 친분도 가치관의 차이로 더 나아가 이해관계로 흔들거림을 경험합니다. 관계는 주어진 것이 아니라 매 순간 그 균형을 유지해야 가능함을 깨닫게 됩니다. 상대에게 추를 맞추어 균형을 유지하게 하는 것이 바로 의례입니다. 신앙 안에서 인간은 특별한 경험을 합니다. 직관적으로 자신을 볼 수 있는 투명한 중재자를 만나게 됩니다. 단독자로 신 앞에 선다는 말이 이와 다르지 않습니다. 인간의 의식이 가장 고양된 상태에서 이루어지는 자기 대면의 순간입니다. 인간은 신을 두려워하기보다 자신을 바라보기를 두려워합니다. 진정 자기를 바라보는 상태는 완전함에 다가가는 거룩한 의례에 참여하는 순간입니다. 내 안에 내재하는 신성을 바라보는 거룩한 의례입니다.

인간은 다른 존재와 달리 움직이는 모든 것이 의례이며, 말하고 행동하는 모든 것이 의례입니다. 인간은 본질적으로 의례적 존재로 창조되었습니다. 그리스도교의 원죄의식은 달리 표현하면 의례의 상실입니다. 인간은 의례를 통하여 사물을 제대로 볼 수 있고, 관계를 올바로 형성하며, 세계에 온전히 참여할 수 있기 때문입니다. 다른 시각에서 보면 세상만물과 만사는 인간의 의례를 돕는 협력자입니다. 들에 핀 풀 한 포기, 창밖에 내리는 빗방울, 아무도 거들떠보지 않는 길가의 돌멩이, 더 이상 쓸모없는 물건들, 지나치는 노랫소리, 가난한 사람의 구걸, 질병과 고통에 이르기까지 삶을 둘러싸고 있는 모든 존재자와 현상은 의례를 일깨우는 메시지입니다. 따라서 인간은 의례를 통하여 인간됨의 그 고유한 존귀함에 이르는 의례적 존재(Homo Ritualis)인 것입니다.

〔부록〕

유교, 불교, 천주교, 기독교 상장례

전통적으로 유교 문화권에서는 관혼상제를 중요한 생활의례로 여겼다. 이 밖에도 출산의례, 작명례, 회갑례 등이 있지만 사회적 의미가 발달한 관혼상제는 생활의례로 특히 중시되었다. 의례는 단순한 모방과 반복에서 시작되나 의식이 진행되는 동안 참여하는 사람들의 의식에 변화를 불러일으켜 새로운 인격을 갖추게 한다. 전통적으로 관례(冠禮)는 사회적 존재로서 자기 극복(克己復禮)의 계기를 부여하고, 혼례(婚禮)는 "삶의 모든 도리가 부부에게서 비롯된다(造端乎夫婦)."는 『중용』의 가르침대로 윤리적 삶을 이끌고, 상례(喪禮)는 죽음을 인식하는 존재로서 인간이 궁극적으로 지향해야 할 바〔人道〕를 깨닫게 하고, 제례(祭禮)는 조상이 마치 살아 계신 듯 예를 다하는 가운데 생명의 근원과 가족의 결속을 일깨웠다. 그러므로 생활의례는 그 수행성과 연행성을 사회적으로 확장하는 데 의미가 있다. 이 가운데 상례는 모든 의례를 함축하고 있으며 생명에 대한 철학적 이해와 수행 양식의 정수를 담고 있다고 할 수 있다.

I. 유교 상장례

유교식 상장례의 절차는 관혼상제 의례 가운데 가장 엄숙하고 절차가 복잡한 종합 의례이다. 신주(神主)를 모시느냐 모시지 않느냐에 따라 상당한 차이를 보인다. 신주를 모실 때에는 초종(初終), 습(襲), 소렴(小殮), 대렴(大殮), 성복(成服), 조(弔), 문상(聞喪), 치장(治葬), 천구(遷柩), 발인(發靷), 급묘(及墓), 반곡(反哭), 우제(虞祭), 졸곡(卒哭), 부제(祔祭), 소상(小祥), 대상(大祥), 담제(禫祭), 길제(吉祭)의 19개 절차로 진행된다. 신주를 모시지 않는 경우 신주와 관련된 절차가 생략되고 상황에 따라 절차를 생략하거나 통합하여 11~12개 정도로 실행하고 있다.

원래 상은 죽었다고 말이나, '사(死)' 라 쓰지 않고 '상(喪)' 이라 쓰는 것은 효자의 마음에 차마 '사(死)' 라 쓸 수가 없었기 때문이다. 또 『예기(禮記)』에 보면, 부모를 섬기는 데는 3년 동안 상사(喪事)를 치르고, 임금에게는 3년의 상복을 입으며, 스승에 대해서는 3년 동안 심상(心喪)을 입는다고 했다. 이 상례는 오례인 길례(吉禮), 흉례(凶禮), 빈례(賓禮), 군례(軍禮), 가례(嘉禮) 가운데 어느 예보다도 중요한 의례이다. 그러기에 옛날 애공(哀公) 같은 임금은 공자에게 물어본 다음에 상장(喪葬)의 일을 결정했다고 하였다. 우리나라에서도 『주자가례』에 따라 조선조 500년 동안 준수되어 왔다.

1. 초종(初終)

초종(初終)은 '돌아가시다' 라는 의미로 죽음을 맞이하는 절차이다. 유언(遺言), 임종(臨終), 속광(屬纊), 수시(收屍)의 소절차가 있다.

위독하면 평소 거처하던 방으로 옮기는 천거정침(薦居正寢)을 한다. 주변을 조용히 하고 숨이 끊어져 임종한 후에 입 위에 솜을 놓아 숨이 그친 것을 확인하고 곡을 어지러이 하는 기절내곡(氣絶乃哭)을 하여 운명한 고인에 대해 슬픔을 표한다. 운명한 후에 솜으로 귀와 코를 막고 백지로 얼굴을 덮고 시신을 고루 주물러 펴서 안치한다. 고복(皐復)은 초혼(招魂)으로 고인의 옷을 가지고 지붕에 올라가 흔들며 죽은 사람의 흐트러진 혼을 불러 돌아오게 하는 의식이다.

입상주(立喪主)라는 소절차는 상중에 담당해야 하는 역할을 분담하는 절차로 상주, 호상(護喪), 사서(司書), 사화(司貨) 등이 그 역할이 있다. 상주는 상사(喪事)의 중심이 되는 상인(喪人)을 가리키는데, 망자의 맏아들이 되는 것이 원칙이나 맏아들이 없고 맏손자가 있을 때는 차자(次子)가 있어도 맏손자가 상주가 되고, 승중(承重) 또는 승중손(承重孫)이라고 한다.

역복불식(易服不食)은 옷을 바꾸어 입고 음식을 먹지 않는다는 의미로 모든 복인이 관과 겉옷을 벗고 머리를 풀고 신발을 벗는 절차이다. 남자는 심의(深衣)를 입고 섶을 여미지 않으며 여자는 흰옷으로 갈아입는다. 또한 모두 발을 벗고 신을 신지 않는다. 이와 같이 자손들이 상제(喪制)의 모습을 갖추고 초상난 것을 밖에 알리는 것을 발상(發喪)이라고 한다. 부고(訃告)는 초상을 친척과 친지에게 알리는 절차이다. 과거에는 손수 붓글씨로 써서 전하였지만 현대에는 전인(專人) 부고, 우편 부고, 신문 부고 등이 있다.

설전(設奠)은 고인의 영혼이 의지할 수 있도록 전을 차려 제사를 올리고, 혼을 위한 간단한 음식을 차려놓는 절차이다. 이를 시사전(始死奠)이라고 한다. 망자가 살았을 때와 같이 섬기기 위해서 전을 올리는 것으로 집사(執事)가 포(脯)와 식혜(食醯)를 탁자 위에 놓으면 축관(祝官)은 손을 씻고 술잔을 씻은 다음 술을 따라 시신 동쪽 어깨에 닿을 정도로 올린다.

치관(治棺)은 초상을 주관하는 호상(護喪)이 목공(木工)이나 관장(棺匠)을 시켜 나무를 골라 관을 만들도록 하는데, 나무 가운데에는 유삼(油杉)이 제일이고 잣나무가 그다음이다. 관재(棺材)는 천판(天板)하나, 지판(地板)하나, 사방판(四方板) 둘을 준비하고, 두께는 세 치나 두 치 반으로 하고, 높이와 길이는 시신(屍身)의 길이와 부피에 맞도록 한다.

2. 초습(初襲)과 염(殮)

습(襲)이란 향나무 또는 쑥을 삶은 물로 시신을 목욕시키고 수의를 입히며, 반함(飯含)하는 절차로서 시신을 정화하는 절차이다. 습구(濕球)를 버릴 구덩이를 파는 굴감(掘坎), 고인에게 입힐 수의를 진설하는 진습의(陳襲衣) 후에 향탕(香湯)으로 시신을 깨끗이 정화하는 목욕을 시킨다. 이때 습전(襲奠)을 차린다. 복인들이 자리를 정하는데, 이를 위위(僞位)라고 한다. 반함은 시신의 입에 쌀과 엽전 혹은 구슬을 물려 입안을 채우는 일이다. 반함을 하는 이유는 차마 입이 비어 있게 하지 못하기 때문에 맛있고 깨끗한 물건으로 채우는 것이라고 한다.

소렴(小殮)은 운명한 후 다음 날 하는 일로서 시신을 베로 싸서 묶어 관에 넣을 수 있도록 준비하는 절차이다. 진소렴의금(陳小殮衣衾)의 절차에 따라 이불과 옷 등을 준비한 후 소렴을 하는데, 빈 곳을 모두 채워 시신이 전체적으로 직사각형이 되게 하여 염포로 싸서 묶는다. 상주들은 시신에 기대어 가슴을 두드리며 곡을 한다.

대렴(大殮)은 3일째 소렴에서 염포로 싸서 묶은 시신을 관에 넣는 입관 절차이다. 3일째에 염을 하는 것은 혹시 살아나기를 기다리는 효성 때문이다. 시신을 관에 넣고, 목욕시킬 때 빠진 머리카락, 손톱, 발톱을 넣은 조발낭(爪髮囊)을 관의 구석에 넣고 보공(補空)한다. 보공을 한 다음 관 뚜껑을 닫고 관보로 싸고 명정을 세운다. 집안에 따라 빈소를 집 밖에 마련〔外殯〕하기도 한다.

3. 성복제(成服祭)와 복제도(服制度)

성복제는 상주 이하 상인이 각자 복제에 따라 상복을 입는 의식을 말하며 대렴한 다음 날, 즉 운명한 지 나흘째 되는 날에 한다. 오복제도(五服制度)는 참쇠(斬衰)[1], 재최(齊衰)[2], 대공(大功), 소공(小功), 시마(緦麻)가 있다. 여기에 관계를 맺게 된 내용과 근거에 따라 각각 그 경중이 다른 4종류의 복이 있는데, 정복(正服), 가복(加服), 의복(義服), 강복(降服)이 그것이다. 오복을 입을 사람들이 각기 해당하는 복을 들고 영좌에 나아가 아침 곡을 하고 서로 문상한다.

4. 조석전(朝夕奠)과 상식(上食)

매일 새벽에 상주 이하 가족들이 해뜨기를 기다렸다가 혼백을 받들어 영좌에 모시고 향을 피우고 술을 따라 올리고 곡을 하는 데 이를 조전이라 하고, 해가 지면 올리는 것을 석전이라 한다. 조석전이 끝나면 술과 과일만 남겨두고 음식은 모두 치운다. 매 끼니때마다 밥상을 올리는 것을 '상식' 이라 한다.

5. 조(弔), 문상(聞喪), 상기(喪期)

조(弔)란 상주를 위로하고 고인의 명복을 비는 일을 말한다. 따라서 이에는 영전에 드리는 전(奠)과 부의(賻儀), 그리고 문상 방법에 대한 설명이 주를 이룬다. 문상할 때는 모두 흰옷을 입는다. 조는 절차로서의 의미가 없으나, 성복을 한 후에야 문상을 할 수 있으므로 성복 다음에 하나의 절차로 위치시킨 것으로 보인다. 일상적으로 "상주 물으러 간다."라는 말이 있듯이 '문상(問喪)' 이라는 용어가 더 자연스러울 수 있다.

문상(聞喪)은 상주가 멀리서 부고를 들었을 때 하는 행위와 해야 하는 일, 성복하는 일시 등에 관한 절차이다. 부고를 듣고 집으로 달려가는 것을 분상(奔喪)이라고 한다. 집에 도착하면 관 앞에서 재배하고, 다시 옷을 갈아입고 곡을 한다. 4일이 지나서 성복을 한다. 만약 집이 멀어 갈 수 없을 경우에는 별도의 전을 차려 올리는데, 절은 하지 않는다. 치장(治葬)장사할 시간과 장소를 정하고 필요한 도구를 제작하는 절차이다.

상기(喪期)는 천자는 7월, 제후는 5월, 대부와 선비는 3월로 규정되어 있다. 그러나 대부분이 3개월 만에 장사를 지내기 때문에 이 기간 내에 장사 지낼 땅을 잡아야 한다. 터가 정해지면 조전이나 석전을 올릴 때 고유를 한다. 고유를 하면 묘역을 정리하고 토지신에게 고한 후에 광중(壙中)을 파고, 회격을 한다. 지석은 고인의 공덕을 기록한 표지물로써, 돌이나 도자기로 굽기도 한다.

6. 천구(遷柩)와 발인(發靷)

천구(遷柩)는 장사 하루 전에 발인하기 위해 빈을 하였던 영구를 옮겨 조상에게 인사하는 절차이다. 먼저 영구를 모시고 사당에 모신 조상에게 인사를 하고 청사로 옮긴다. 친척과 손님이 술을 올리고 부의(賻儀)한다. 그리고 발인에 필요한 방상씨(方相氏) · 명정(銘旌) · 영차(靈車) · 대여(大轝) · 삽선(翣扇) 등을 순서에 따라 진열해 둔다. 오후 3~5시(일포시: 日晡時) 사이에 조전(祖奠)을 올린다. 발인하는 날이 되면 영구를 상여에 싣고 행상(行喪)할 준비를 한다. 영구를 상여에 실으면 견전(遣奠)을 올린다. 축관이 상여에 올라가 분향한다. 부인 등 여자 상주와 집에 있어야 할 사람들은 곡을 하고 재배하여 하직 인사를 한다. 이때 존장은 절을 하지 않는다.

발인(發靷)은 영구를 상여에 싣고 장지로 운반하는 절차이다. 현장에서는 방에서 영구를 내올 때 생기가 맞지 않으면 중상(重喪)이라는 양밥을 행한다. 행상의 순서는 방상씨(方相氏) - 명정(銘旌) - 영여(靈轝) - 만장(輓章) - 功布(공포) - 운아삽(雲亞翣) - 상여(喪轝) - 상주(喪主) - 복인(服人) - 존장(尊長) - 무복친(無服親) - 조객(弔客)의 순서이다. 친척과 빈객이 길가에 장막을 치고 전을 올리는데, 이를 노제(路祭)라고 한다.

7. 급묘(及墓)

급묘(及墓)는 영구가 장지에 도착하여 하는 일로써 장사(葬事)를 지내는 일이다. 먼저 영악(靈幄)과 친빈차(親賓次), 부인차(婦人次)를 마련한다. 방상이 장지에 도착하면 창으로 광중의 네 모서리를 찔러 악귀를 물리친다. 영여가 도착하면 축관이 혼백을 악좌(幄座)에 모시고 신주 상자를 혼백 뒤에 안치한다. 영구를 광중에 내리는 절차를 하관(下棺)이라고 한다. 하관하면 구의(柩衣)와 명정을 덮는다. 주인이 현훈(검은색 6장과 붉은색 4장, 각 장 8자)을 받들어 관 동쪽에 넣는다. 이어 회격(灰隔)을 하고 성분을 한다. 횡판(橫板)을 놓아 회가 직접 관에 닿지 않도록 한다. 흙을 채울 때는 한 자 정도 채우면 다지고 이를 반복한다. 이를 회다지 혹은 달공이라고 한다.

이때 부르는 노래를 회다지 노래라고 하는데, 앞소리꾼의 선창에 맞추어 후창을 하면서 회다지를 한다. 성분이 되면 후토신에게 제사하고 지석을 묻는다. 성분이 되어가는 동안 악좌에서는 신주에 글씨를 쓰는 제주(題主)를 한다. 제주를 마치면 제주전(題主奠)을 올린다. 제주전을 마치면 축관이 신주를 받들어 영좌에 모시고 혼백은 상자 안에 넣어 신주 뒤에 놓는다. 주인이 재배하고 곡을 한다. 집사자가 영좌를 거두어 떠나는데, 자식 중 한 사람이 남아 봉분을 완성할 때까지 지켜보게 한다. 반곡(反哭) 영여에 제주한 신주를 모시고 장지에서 집으로 돌아오는 절차이다. 집에 도착하면 부인들이 이들을 맞이한다. 축관이 신주를 영좌에 안치하는데, 혼백상자는 신주 뒤에 둔다. 기년과 구월 복을 입는 사람은 술을 마시고 고기를 먹을 수 있으나 잔치를 즐기지는 못한다.

8. 삼우재(三虞祭)

우제(虞祭)에서 우(虞)는 편안하다는 뜻으로, 우제는 부모의 장사를 지내고 영혼을 맞이하여 편안하게 위안하기 위해 지내는 제사로 세 번 지낸다.

초우제(初虞祭)는 장례를 모신 당일에 지내고 사정에 따라 늦게 지낼 때는 석상식(夕上食)을 겸하여 올린다. 만일 묘소가 멀어 당일로 집에 돌아갈 수 없을 때는 중간에서 자는 집에서라도 지내야 한다.

재우제: 초우를 거행한 뒤에 십간(十干) 가운데 을(乙), 정(丁), 기(己), 신(辛), 계(癸)일이 든 날이면 유일(柔日)이 되는 재우날이다. 당일에 거행하되 절차는 초우와 같다.

삼우제: 재우를 거행한 뒤에 십간 중에서 갑(甲), 병(丙), 무(戊), 경(庚), 임(壬)이 든 날이면 강일(剛日)이 삼우이니 곧 재우 다음 날이다. 당일에 거행하되 절차는 재우와 같다. 그리고 삼년상 중에 삭망(朔望)이나 망자의

생일이 돌아오면 조상식(朝上食)에 전을 겸행한다. 우제부터 전(奠)에서 분리되어 제사(祭祀)로 전이되기 때문에 우제는 매우 중요한 제사이다. 제사를 지내는 절차는 사시제와 동일하고, 이때부터는 축관이 아니라 상주가 주인이 되어 제사를 삼헌으로 행한다.

9. 졸곡(卒哭)과 부제(祔祭)

졸곡(卒哭)은 곡을 그치는 의례이다. 삼우제를 지낸 후 강일을 택하여 지낸다. 졸곡을 지낸 후부터는 조석곡만 하고 무시 곡은 하지 않는다. 흉제를 길제로 바꾸어 가는 것이기 때문에 우제까지 사용하지 않았던 현주(玄酒)를 사용한다. 이때부터는 아침저녁의 조석곡만 하고 그사이에는 곡을 하지 않는다. 완전히 제사로 전이되었기 때문에 축문을 읽을 때 축관이 주인의 왼쪽에서 동향하여 읽는다. 주인과 형제는 거친 밥을 물에 마시되 나물과 과일은 먹지 못한다. 자리를 깔고 나무를 베고 잔다. 이때 민간에서는 자리걷이, 혹은 씻김굿, 오구굿 등을 한다. 이즈음에서 문상 온 손님들에게 편지로 보답한다.

부제(祔祭)는 고인의 신주를 조상의 곁에 합사(合祀)하도록 하는 절차이다. 사당에는 4대의 신주를 모시도록 규정되어 있다. 따라서 새로운 신주를 사당에 모시기 위해서는 반드시 부제를 지내 새로운 신주를 사당에 모시게 되었다는 것을 고해야 한다. 이것이 바로 부제이다. 신주를 모시지 않는 집안에서는 부제의 절차는 의미가 없어진다. 따라서 신주가 없는 집안에서는 부제, 평상의 상태로 돌아가기를 기원하는 제사인 담제, 신주의 대(代)를 바꾸고 집의 계승할 종손이 바뀌었음을 공포하는 제사인 길제의 절차는 생략되는 것이 보통이다.

10. 소상(小祥)과 대상(大祥)

소상(小祥)은 기년을 맞아 고인을 추모하는 제사로 사망 후 13개월이 되는 날이다. 소상 때에는 연복으로 변복한다. 남자들은 수질을 떼어내고, 여자들은 요질을 떼어 낸다. 이는 남자는 머리가 중요하고, 여자는 허리가 중요하기 때문이라고 한다. 기년복을 입는 사람은 길복을 입으나 울긋불긋한 옷은 입을 수 없다.

대상(大祥)은 초상을 치르고 두 돌 만에 지내는 제사이다. 초상으로부터 대상까지 윤달을 계산하지 않으면 25개월이 된다. 대상을 지내면 젓갈이나 간장, 포를 먹어도 된다. 상복을 벗기 위해 준비하는 옷은 백립·망건·직령대·백화·비녀·의상·신발 등 평복에 가까운 옷이다. 제사를 마치면 축관이 신주를 모셔 사당에 안치한다. 영좌를 철거하고 지팡이는 부러뜨려 구석진 곳에 버린다. 이른바 탈상(脫喪)을 의미한다.

II. 불교의 상장례

불교의 장례의식은 의례를 행하는 장소에 따라 구분되는데 불교 상제례 안내에 따르면 임종, 빈소, 이운, 다비, 매장의 의식으로 구성되어 있다. 임종은 죽음이 임박한 병자 또는 임종 직후의 고인(故人)을 위한 의식이다. 빈소를 차린 뒤에 수계(受戒), 염습(殮襲), 입관(入官), 상식(上食)의 의식이 치러진다. 이운의례는 관을 장지까지 모시는 의례로 발인(發靷), 영결(永訣) 및 운구(運柩) 의식으로 치러진다. 다비 화장(火葬)과 매장 의식은 수행자는 다비식을 치르고 불자는 화장의식을 치른 다음 시신을 사르고 뼈를 빻아 사리를 수습하고 묻어 고인을 떠나보내는 의례이다.

1. 시다림 의식: 죽은 사람을 위해 장례에 앞서 행하는 의식

시다림 의식은 원래 시신과 생활하는 수행법 중 하나로 일상에서 남에게 괴롭힘을 당할 때 쓰는 "시달림"의 어원으로 인도의 시타바나(Sitavana)에서 유래한 말이다. 음역 표기로는 시다림(尸陀林)이라고 하고 시타는 춥다, 바나는 숲이란 뜻이다. 한자로 번역한 한림(寒林)은 시체를 버렸던 추운 숲이란 의미를 갖고 있다. 이 숲은 부처 당시부터 있었던 장소로 〈잡아함경(雜阿含經)〉이나 〈대지도론(大智度論)〉, 〈대당서역기(大唐西域記)〉 등에 의하면 인도의 마갈타국 왕사성 북방에 위치하고 있다. 이곳은 부처가 〈법화경(法華經)〉을 설하였던 영취산(靈鷲山) 근처라고 한다. 영취산은 독수리를 닮았다고 해서 산 이름을 붙인 것인데 독수리는 죽은 동물의 시신을 먹이로 한다. 당시 인도는 매장이나 화장보다는 조장(鳥葬)의 풍습이 흔했기 때문에 사람이 죽으면 그곳에 시신을 공양하여 독수리 떼가 시체를 먹어 치우도록 했다.

부처는 출가 수행자들의 수행의 장소로 시다림을 활용했다. 세속의 모든 욕망을 떨쳐버리기 위하여 고행하는 두타행의 수행방법 가운데 총간주(塚間住)는 바로 시다림에서 행해졌다. 여기저기 흩어져 있는 시신들 속에서 생활함으로써 육신의 덧없음을 깨치도록 하는 방법으로 이것을 부정관(不淨觀)이라고 하며, 남방 불교에서는 지금도 중요한 수행의 방법으로 인식하고 있다. 승려들의 의복인 가사, 즉 분소의(糞掃衣)도 바로 죽은 시신들을 쌌던 해진 옷이나 천 조각들이었다. 무소유를 상징하는 가사는 이런 방식으로 공급되었다.

중국이나 우리나라에서는 유교의 영향으로 주로 매장(埋葬)을 하고 있었지만 불교가 전해진 후에 매장의 형태에 시다림의 의미가 더해져서 불교식의 장례법이 만들어졌다. 시다림 법문은 신라시대 이후 고려와 조선시대를 거쳐 현재까지 이른다. 오늘날의 시다림은 죽은 사람을 위해 장례 전에 행하는 의식을 말한다. 승려들이 '시달림하러 간다' 는 것은 돌아가신 영가(靈駕, 영혼)를 위해 천도의 염불, 법문을 하러 간다는 뜻이다. 시다림의 의식 절차는 바로 장례의 의식으로 복잡한 절차로 이루어져 있다. 입관하기 전에 삭발, 목욕하는 의식 등의 염습(殮襲)부터 시신을 씻고 옷을 입히는 성복(成服), 발인의 준비가 되면 행하는 영결의, 매장이나 화장 등으로 이루어져 있다.[3]

2. 수계(受戒), 염습(殮襲) 의식

1) 영가수계

운명 직전이나 직후에 저승사자도 계를 받은 사람은 정중히 대한다고 하기 때문에 신도나 속인에게 베푸는 의식이다. 다비작법은 본래 수계를 받은 승려를 대상으로 하는 작법이므로 망자가 승려와 같은 수분에서 다비작법에 임하게 하기 위한 의식이다. 불명은 다비법사가 망인의 성품에 알맞게 여성에게는 보살명, 남성에게는 거사명을 지어준다.

2) 염습

목욕(沐浴), 입감(入龕), 기감(起龕)의 순으로 의식이 진행된다. 첫 번째 목욕은 무명을 제거하기 위하여 삭발하고, 내심뿐 아니라 외경까지 청정히 하기 위해 하는 의식이다. 세수(洗手)는 진리를 얻게 되었음을 의미하고, 세족(洗足)은 보살로서 법운지에 이르렀음을 보이는 것이며, 착군(着裙)은 목욕 후 의관을 갖추는 첫 번째 순서로 내의를 입는 것으로 부끄러움을 감추고 행위의 출발을 가리킨다. 착의(着衣)는 부드럽고 성내지 않는 마음가짐을 갖춤을 비유한 것이다. 착관(着冠)이란 외경과 내심이 함께 고요해짐에 따른 결과로 수능엄 삼매를 얻었음을 상징하는 것이다. 정좌(正坐)는 보살 수행의 제51위인 등각위에 이르렀음을 보여주는 것으로 자기 주체성의 확립을 의미한다.

두 번째 입감은 작법을 통하여 시신을 관에 모시는 일로 부처님의 지위에 오름을 의미한다. 선종에서는 부처님을 감에 모시는 것과 동일시한다. 제3자에 있던 대중은 법어의 직접적인 대상이 된다. 입감을 마친 후에 처음 상복을 입고 차리는 제사가 성복제로 이때 시식을 거행한다. 승가에서는 특별히 성복제라고 의식이 따로 없다.

세 번째 기감은 발인에 다른 절차로 빈소에 안치된 감을 사유소까지 옮겨오는 법요를 말한다. 감을 사유소로 옮겨오기에 앞서 극락사성께 다시

한번 왕생극락을 발원하고 지금까지 수행처였던 본사 삼보님께 하직 인사를 올린 후에 지인들의 전송을 받으며 사유소로 향하는 절차이다. 내용적으로는 목욕에서부터 입감을 거치며 묘각위에 이른 영가가 성류에 든 초입자로 극락사성과 제불에게 예를 올리는 것으로 지인들의 축하를 받으며 완전 열반에 이르기 위한 나머지 불사를 말한다.

이밖에 발인 준비가 다 되어 운구하기에 앞서 관 앞에서 거행하는 발인작법과 발인시 문 앞에서 지내는 제사로 노제(路祭)가 있는데 지인들이 망인과의 영결에 앞서 석별의 정을 나누고 이승에서 맺은 정을 돈독히 하고자 음식을 장만하고 기다리고 있게 된다.

3. 다비(荼毘) 의식

다비는 죽은 자의 몸을 불태우는 장례법으로 화장(火葬)을 의미한다. 불교가 발생한 인도의 고대어인 산스크리트어로 자피타(Jhapita)라고 하는데 이를 중국이 불교를 받아들이면서 산스크리트어를 음역해 '다비' 라고 하게 되었다. 화장은 수장(水葬), 토장(土葬), 풍장(風葬) 등과 더불어 인도 고대의 장례법으로 그중 가장 고귀한 계층의 장례식으로 이용되었다. 고대 인도의 장례법 중의 하나였던 화장이 불교 특유의 장례로 인식된 것은 바로 석가모니의 장례에 다비가 이루어졌기 때문이다.

석가모니 부처님의 시신을 태워 나온 사리 등을 팔 등분 하여 여덟 개의 탑을 세웠다는 근본대탑(根本大塔)의 이야기가 전하는 바와 같이, 이미 돌아가신 부처님을 대신하여 다비식에서 나온 사리를 신앙화하면서 후일 스님의 다비식에서 나온 사리 역시 중요한 의미를 갖게 되었다. 스님이 돌아가시는 것을 원래의 자리로 돌아간다는 입적(入寂) 혹은 열반(涅槃)이라고 표현한다. 불가(佛家)에서는 죽음 자체가 생(生)의 끝이 아니며 다음 생애로 태어나기 위한 일련의 과정이라고 인식한다. 즉, 불교에서는 근본적으로 삶과 죽음을 서로 대립하는 것으로 보지 않는 삶과 죽음이 같다는 생사일여(生死一如)란 철학적 사고가 배어 있다. 그래서 화장이란 단순한 육신을 불태우는 것이 아니라 죽은 자의 남아있는 미혹(迷惑)과 무명(無明)의 티끌을 모두 태운다는 철학적 의미를 뜻한다. 자신의 흔적을 이 생애 남길 필요가 없어 불로서 육신을 태우는 것이 바로 다비식의 불교적 의미이다.

다비장은 연꽃 모양으로 조성하는데 먼저 터를 고른다. 그 뒤 동 · 서 · 남 · 북 · 중앙의 다섯 부처님(오방불, 五方佛)께 귀의하고 사리 수습을 위한 오방수(五方水)를 묻기 위해 땅을 십자로 파 오방수 항아리를 묻고 기름을 뿌린다. 둥근 구릉에 푹 파묻힌 형세인 다비장의 연화대는 다비식 날 법구가 들어갈 입구만 남겨놓고 참나무를 층층이 쌓는다. 참나무 더미를 짚으로 그 둘레를 쌓고 가마니를 씌운 후 기름을 부어 배도록 한다. 연화대를 다시 흰색 무명천으로 빙 둘러 감싸고 그 위에 창호지를 바른다. 그 위에 연잎을 덮는 것으로 다비장 준비작업이 끝나는데 연화대는 말 그대로 큰 연꽃이 된다. 다비장을 연꽃 모양으로 꾸미는 것은 극락세계에서는 모든 중생이 연꽃 속에서 다시 태어난다고 설하고 있기 때문이다.

법구가 이운의식을 거쳐 다비장에 도착하면 제문 낭독을 한다. 이어 법구를 연화대에 넣는 입감의식을 거쳐 불경을 독송하면서 참나무에 불을 붙이는 거화, 이를 연화대에 붙이는 하화가 거행된다. 이때 거화편을 염송한다. 이어서 불이 타면 아미타불을 모신 미타단에서 불공을 드리고 죽은 이의 영혼을 저세상으로 보내는 봉송의식(奉送儀式), 죽은 이의 영혼이 새로운 옷을 갈아입을 것을 바라는 창의의식(唱依儀式)을 행한다.

법구가 어느 정도 타면 뼈를 뒤집는 기골(起骨), 완전히 다 타서 불이 꺼지면 재에서 뼈를 수습하는 습골(拾骨), 뼈를 부수는 쇄골(碎骨), 마지막 재를 날리는 산골(散骨)의식을 차례로 행한다. '한번 뒤집으니 허망한 몸뚱이가 마음대로 구르며 찬바람을 일으킨다. 취해도 얻지 못하고 버려도 얻지 못하니 이것이 무엇인가. 뜨거운 불 속에 한 줌의 황금뼈를 이제 쇳소리가 찡그렁하며 뼈들을 부수어 청산 녹수에 뿌리노니 불생불멸의 심성만이 천지를 덮고도 남음이 있음이다.' 이렇게 법열의 환희심이 다비장을 가득 메우는 가운데 환귀본토진언(還歸本土眞言) '옴자나 사다모'를 염송하며 영가가 보련대(寶蓮臺)에 오를 것을 발원한다.

다비식의 내용과 절차는 불교의 의례 법규인 "석문의범(釋門儀範)"을 따르나 자세하게 다루고 있진 않아 임종에서부터 입관까지의 절차는 일반 상례와 비슷하나 영결식의 방법만 다를 뿐이다. 그 차례를 살펴보면 주례승은 시신이 다 탈 때까지 서서 독경하며, 유골은 쇄골 한 다음 절에 봉안하고 49재, 100일재(百日齋), 소상(小祥), 대상(大祥)을 지내고 삼년상을 치르게 된다. 식의 세부 절차로는 개식(開式), 삼귀의례(三歸依禮), 약력보고(略歷報告), 착어(着語), 창혼(唱魂), 헌화(獻花), 독경(讀經), 추도사(追悼辭), 소향(燒香), 사홍서원(四弘誓願), 폐식(閉式) 등의 일반적인 절차를 따른다.

(출처: 대한불교조계종 홈페이지)

III. 천주교 상장례

『천주성교예규』(1864)는 한문본 『성교예규』를 토대로 다블뤼 주교가 교인들의 도움을 받아 한국인의 실정에 맞게 편집하고 번역한 것이다. 그런데 『성교예규』는 본래 Ludovico Buglio 신부의 7성사 전례를 정리한 『聖事禮典』(1675)의 일부분인 장례와 혼인성사 부분을 1840년경에 따로 편집한 것이 우리나라에 전해져 번역된 것으로 보인다. 기해박해(1839) 이후 천주교 탄압이 뜸해진 기간 동안 교인의 수가 증가하였고 전례도 체계적으로 정착되는 시기였다. 그리고 『천주성교예규』가 목판본 이전에 필사본으로 전해졌다는 것은 이미 상장례가 천주교인들 사이에서 널리 행해지고 있었음을 알 수 있다. 다블뤼 주교는 판소리와 같은 조선의 전통문화에 깊은 관심을 보였으며 연도의 운율 결정에 영향을 미쳤으리라 추측이 된다. 따라서 다블뤼 주교가 상장례를 전통문화와 절충하여 전례에 맞게 체계화하였음을 알 수 있다.

운명(殞命)이란 죽음에 이르는 것을 말하고, 이를 지키는 유가족들의 행위를 임종(臨終)이라고 한다. 물론 상황에 따라 죽음을 맞이하는 것은 임종이라고 하기도 하고, 운명을 종신(終身)이라고도 표현한다. 천주교에서는 이를 선종이라고 한다. 연도는 '지상의 삶을 마친 영혼이 하느님 품에서 복을 누리게 해달라고 바치는 위령기도(慰靈祈禱)' 이다. 연도 기간은 고인과의 친소(親疎)에 따라 달랐는데, 교종을 위해서는 1년, 같은 지방의 주교를 위해서는 9개월, 같은 지방의 신부를 위해서는 6개월, 타지방 신부를 위해서는 3개월, 회장을 위해서는 1개월, 다른 교우를 위해서는 7일이고, 돌아가신 부모를 위해서는 날마다 기도하도록 규정하고 있다. '연도'는 한국의 가톨릭 장례식에만 존재하는 독창적인 의식이다. 천주교가 우리나라에 토착화한 대표적 사례 가운데 하나이다.

1. 임종 전

1) 병자성사 준비

임종이 가까워오면 병자성사를 위해 신부님을 청하고 병자를 깨끗한 옷으로 갈아입힌 뒤 임종 장소인 평소 사용하던 방이나 편안하게 여기던 곳으로 옮긴다. 그런 다음 성유(聖油)를 바를 얼굴과 손발을 깨끗하게 씻어준다.

2) 병자성사(病者聖事)

신부님이 입장하면 마지막 고해성사를 위해 모두 자리를 피한다. 고해성사를 마치면 호칭기도를 올리고, 도유(성유를 이마와 양손에 바름) 절차를 마친 다음 폐회한다. 이후 영성체(노자성체)를 행한다. 병자가 의식이 없으면 고해성사와 노자성체가 불가능하므로 참회예절을 행한다.

3) 노자성체(路資聖體)

죽음을 앞에 둔 병자가 받는 영성체(領聖體)이다. 영성체란 인류의 죄를 대속(代贖)한 그리스도의 희생을 기념하는 성찬(聖餐)의식이다. 천주교에서는 성체(聖體: 빵과 포도주) 안에 그리스도의 살과 피가 실체로 변화하여 현존한다고 믿기 때문에, 성체를 배령(拜領: 절하고 몸 안에 받아들임)함으로써 그리스도와 하나가 되는 은총을 받게 된다고 믿는다. 그러므로 영성체는 일종의 영혼의 양식이라고 할 수 있는데, 병자가 마지막 여행에 사용하는 양식이라는 의미에서 노자(路資)성체라고 명명한 것이다. 노자성체를 마치면 임종 전대사를 행한다.

4) 임종 전대사(全大赦)

① 임종 전대사의 의미

병자가 현세에서 얻을 수 있는 속죄의 방법으로서, 전대사를 받은 병자는 사죄받은 죄에 대해 연옥에서 치러야 할 잠벌(暫罰)까지 용서받는 것이다. 천주교에서는 연옥(煉獄)이 존재함을 믿는데, 연옥이란 죽은 사람의 영혼이 세상에서 지은 죄로 인해 천국에 바로 들지 못하고 그 죄를 정화하기 위해서 머무는 세계를 말하고, 잠벌(暫罰)이란 연옥에서 받는 형벌을 말한다. 그 형벌은 연옥이라는 개념에서 볼 수 있듯이, 불 가운데서 고통받는 것이다. 전대사를 받은 병자는 죄를 사면받았기 때문에 연옥에서의 정화 없이 천국으로 가게 된다.

② 신부님이 주는 것이 원칙

죄를 용서하는 자는 예수 그리스도이며, 천주교에서 교종은 그리스도의 대리자이므로 전대사를 행할 권한이 있는데, 교종은 주교에게 전대사 권한을 주고, 주교는 다시 사제에게 권한을 주므로, 사제가 병자에게 전대사를 행할 수 있다. 신부님은 『나는 교종 성좌로부터 위임받은 권한을 가지고 성부와 성자와 성령의 이름으로 당신에게 전대사를 베풀며 당신의 모든 죄를 사합니다. -아멘-』하고 선언하며 전대사를 준다.

③ 신부님이 없을 경우

임종 전대사는 신부님이 주는 것이 원칙이지만, 신부님을 모시기 곤란한 상황일 경우에는 방사된 십자고상(예수님이 십자가 형틀에 매달린 형상)을 몸에 지니고, 「예수 마리아」를 부르고 통회기도를 함으로써 전대사를 받을 수 있다. 이후 주위에 있는 사람들이 환자를 위로하고 격려하는 말을 해주고, 성서 가운데 거룩한 구절을 골라 읽어준다.

2. 임종

1) 임종

임종 순간에 임종기도, 성모호칭기도, 묵주기도를 하며, 숨을 거둔 후에도 얼마 동안 계속해서 한다. 임종하면 수시(收屍)를 하고 두 손에 묵주나 십자고상을 잡게 한다. 상(床)을 마련해서 흰색 종이로 덮고 양쪽 끝에 성촉(촛불) 2개를 밝히고, 성수그릇, 성수채, 성수를 놓는다. 입관할 때까지 이 상태를 유지하며 연도(煉禱)를 올린다.

2) 연도(煉禱)

연도는 천주교 토착화 과정에서 생겨난 세상을 떠난 이들을 위해 바치는 위령기도(慰靈祈禱)로 우리나라 전통 가사(歌辭) 음률로 부르는 것이다. 연도는 ① 시작기도, ② 시편 62(63), ③ 시편 129(130), ④ 시편 50(51), ⑤ 성인호칭기도, ⑥ 찬미와 간구, ⑦ 주님의 기도, ⑧ 마침기도로 이루어져 있다.

3. 염습 입관

시신을 깨끗이 씻긴 다음 수의(또는 고인이 즐겨 입던 옷)를 입히는 것을 염습(殮襲)이라고 하며, 시신을 관에 넣는 의식을 입관이라 한다. 죽음을 분명히 확인하기 위하여 운명한 다음 적어도 24시간이 지나고 나서 이 예식을 행하게 된다. 천주교에서는 수시(收屍)와 염습(殮襲)을 각국의 풍습에 따라 행할 것을 허용함에 따라 우리나라에서는 유교식 염습을 하고 있다. 염습을 하기 위해 염습실 한쪽에 성촉 2개를 밝히고 십자고상, 성수가 담긴 성수그릇, 성수채를 놓는다. 유족들이 조문객들에게 정중히 인사한 후에 주례가 염습을 시작을 알린다. 염습에는 소렴과 대렴이 있다. 염습하는 동안 대개 묵주기도와 성모호칭기도를 드린다. 염습을 마치면 고인을 관에 모시고, 가족들은 촛불을 켜 든다. 이때 「시편」을 노래한다. 시편 노래가 끝나면 정해진 마침기도를 한 후에, 유족들이 차례로 관 안에 모신 고인의 시신 위로 성수를 뿌린다. 주례가 먼저 뿌린 다음, 채가 담긴 성수그릇을 상주에게 전달하면, 상주는 그릇을 한 손으로 들고 다른 한 손으로 채를 잡는다. 한 번 찍어서 머리 몸 다리 순으로 3번으로 나누어 뿌린 후에, 채를 다시 성수 그릇에 담아 다음 사람에게 넘겨 그 사람이 뿌리고 하는 과정을 모든 유족이 뿌릴 때까지 반복한다. 성수를 뿌리는 동안 위령 성가를 부를 수 있다. 마지막 사람까지 성수를 뿌리고 성수 그릇을 다시 주례에게 넘기면, 주례가 기도와 함께 입관예식의 폐회를 선언하면 영구의 천판을 닫는다.

4. 장례일

1) 출관예식

성당 또는 장지로 떠나기 직전 출관예절 기도를 바친다. 주례의 시작기도 이후 「시편」을 노래한다. 이후 주례의 마침기도로 마친 다음, 유족들은 영구(靈柩) 앞에 서서 분향과 절을 한 다음 시신을 모셨던 방과 그 주위에 성수를 뿌린다. 성당으로 운구하는 동안 「시편」 성가를 부른다. 유교식 장례에서는 항상 고인의 머리가 먼저 나가도록 운구하나 천주교에서는 고인의 발이 먼저 나가도록 운구한다.

2) 장례미사와 운구

영구가 성당에 도착하면 신부님의 집전 아래 장례미사를 행한다. 미사 후 이어지는 고별식을 마친 다음 장지로 출관한다. 장지로 가는 도중 연도(煉禱)를 할 수도 있고, 묵주기도와 적당한 성가를 부를 수도 있다.

3) 하관 (매장하는 경우)

① 시작기도

장지에 도착하면 알맞은 장소에 영구를 모셔놓고 절하고 분향한 다음, 주례의 진행으로 시작 기도를 바친다. 시작기도가 진행되는 동안 유족들은 촛불을 켜 들었다가, 기도를 마치면 촛불을 끈 다음, 운구하여 무덤으로 간다. 무덤 근처에 영구를 내려놓고, 십자가를 든 사람은 고인의 머리 쪽에, 성수 그릇과 채를 든 사람은 주례 옆에 위치한다. 유족들이 다시 촛불을 켜 들고 무덤 주위에 둘러서면, 주례는 무덤을 축복한다. 향을 쓸 때는 향과 향로를 준비한다.

② 무덤 축복

주례가 정해진 기도문을 낭독함으로 무덤을 축복한다. 이어 하관한 다음, 주례는 분향하고 성수를 뿌린다. 이어 유가족과 조문객(교우)들이 하관된 영구 위에 성수를 뿌린다. 이어 주례는 성경을 봉독하고, 짧게 해설한다.

③ 청원기도, 유족을 위한 기도, 즈가리아의 노래

모든 이가 성수를 다 뿌린 후에 청원기도문을 노래한다. 무덤축복기도문과 청원기도문은 죽은 이가 어른인 경우와 어린이인 경우가 각기 다르다. 청원기도를 마치면 주례는 「유족을 위한 기도」를 하고, 기도를 마치면 관례에 따라 흙을 덮는다. 흙을 덮는 동안 「즈가리아의 노래」를 노래한다. 흙을 다 덮으면 고인께 예를 올리고 산에서 내려온다.

4) 화장

① 화장 전 기도

주례는 화장장에 이르러 시신을 사르기 전에 기도를 바치고, 성경을 봉독한다. 이어 「시편」을 노래하고 알맞은 성가로 예식을 마친다. 시신을 사르는 동안 연도(煉禱)를 한다.

② 쇄골(碎骨) 또는 습골(拾骨)

소각을 마치고 쇄골하는 동안 「욥의 기도」를 노래하고, 연도(煉禱)를 한다.

③ (納骨) 또는 산골(散骨)

납골묘에 납골을 할 때에 매장의 운구와 하관예식을 따른다. 유골을 납골당에 봉안하고 성수를 뿌린다. 봉안하는 동안 「시편」을 노래하거나 적당한 성가를 부른다. 봉안이 끝나면 정해진 마무리 기도문을 노래하고 예식을 끝낸다. 산골을 하는 경우에 산골하는 곳에 이르러 분향하고 절을 한 다음 기도문에 따라 기도하고 예식을 끝낸다.

5. 장례 후 위령미사

위령미사는 연옥에 있는 영혼을 위해 드리는 미사로 「연미사」의 바뀐 말이다. 앞서 설명한 임종미사와 장례미사도 위령미사에 속하는 것이다. 천주교에서는 장례 후 3일, 7일, 30일째 되는 날 위령미사를 올리며, 소기(小朞: 첫 번째 기일)와 대기(大朞: 두 번째 기일)에도 위령미사와 가족의 고해, 영성체를 시행할 것을 권장하고 있다. 이는 우리나라 유교의 삼우제(三虞祭), 소상(小祥), 대상(大祥)의 상례예법이 천주교적(的)으로 수용된 것이다.

Ⅳ. 기독교 상장례

기독교식 상례에서는 운명하기 전 임종에서부터 하관에 이르기까지 모든 절차가 목사의 집례(執禮) 아래 이루어진다. 임종과 더불어 찬송과 기도로 고인의 영혼을 하나님께 맡기는 뜻의 예배를 본다. 초종 중에는 매일 목사의 집례 아래 기도회를 갖고, 유가족은 아침저녁으로 빈소에서 기도회를 가지며, 찬송이 끊이지 않게 하며 영혼을 하나님 앞으로 가까이 가게 한다. 일반 상례와 다른 점은 곡을 하지 않으며, 음식을 차리지 않고, 절을 하지 않는다는 것이다. 또한 조석으로 전을 올리거나 상식을 올리지 않으며, 염습 시에 매장포로 묶지도 않는다. 성도가 임종하면 하나님께서 그 영혼을 불러 가셨다는 뜻으로 소천이라 한다.

기독교 장례는 신자가 소천하면 그 영혼은 이미 하나님 품으로 가셨으므로 남은 육신을 처리하는 일이므로 미신적인 행위와 미신적은 일을 일절 삼가고 모든 예식은 오직 살아 계신 하나님께 드리는 예배가 중심이 된다. 따라서 장례 예배는 이미 천국에 가신 고인을 위함이 아니라 하나님께 영광을 돌리고 유족들을 위로하고 용기를 북돋아 주는 행사와 절차가 된다.

1. 임종식

사람의 호흡이 정지되는 것을 운명(殞命)이라 하고 일가친척이 운명할 때까지 곁에서 지켜보는 것을 임종(臨終)이라 한다. 인간의 죽음은 신학적으로 개인적 종말론에 해당된다. 인간의 죽음이 죄로 말미암아 있게 되었으므로 신자에게 죽음은 자신을 깊이 반성하게 되고 또 괴로운 세상을 떠나 다시 죽음도 없고 저주도 없는 하늘나라를 사모하며 영생을 소망하게 된다. 그러므로 목회자는 죽음에 직면한 사람에게 하나님의 주권과 죄의 고백, 그리고 예수 그리스도를 믿음으로 용서받음을 확신하게 하며 부활 신앙과 내세관을 분명히 보여주어 죽음을 두려움 없이 긍정적으로 받아들이게 도와준다.

교역자는 죽음이 임박한 교우가 의식이 분명할 때 심방하여 신앙의 확신을 갖게 하고, 혹 기력이 쇠하여 언어 구사가 곤란할지라도 한마디의 언어나 몸짓으로 신앙의 확신을 교우의 의식 속에 불어넣는다. 그리고 그 사람을 위해 소망에 관한 성경 말씀을 찾아 들려주고, 조용하고 은혜로운 찬송, 특히 본인이 즐겨 불렀던 찬송으로 마음의 평안과 소망을 갖게 한다.

환자가 숨을 거두어 운명하게 되면 시신을 정성껏 닦은 다음 시상 위에 안치하여 흰 천으로 덮어서 서늘한 곳에 모신 후 병풍으로 가리고, 그 앞에 깨끗한 탁자를 놓고 그 위에 고인의 영정과 유품 등을 놓는다. 주례자는 신앙고백, 찬송, 성경봉독, 위로의 말씀, 찬송, 축도, 주기도의 순으로 임종식을 진행한다.

2. 입관식(入棺式)

기독교에서는 하나님의 택하심을 받은 자들을 그리스도의 몸이라 하여 하나의 유기체로 보고 있다. 그러므로 그리스도인들은 서로를 자기 몸과 같이 아끼고 사랑하며 존경하고 도와주며 고통을 받는 형제와 함께 고통을 나누며, 영광과 기쁨도 함께 누리고자 한다. 한 인간의 죽음도 충격적이지만 그 모습을 다시는 볼 수 없는 일은 더욱 슬픈 일이다. 따라서 예식을 통해 고인의 가족을 보살펴 주며, 슬픈 마음을 안정시켜 주는 데 심혈을 기울인다.

입관이란 염습한 시신을 관 속에 넣고 뚜껑을 덮어 함봉하는 것으로 이는 보통 운명한 지 24시간이 경과한 후에 행한다. 입관식을 올릴 때 상주는 다음 세 가지 경우 중 한 가지를 선택하게 된다.

① 시신에 수의를 입혀 입관한 다음 관 뚜껑을 덮어 나무못을 박고 결관하여 십자가 있는 관보를 씌운다.

② 관 뚜껑은 덮으나 나무못은 박지 않고 부활을 위하여 결관하지 않습니다.

③ 관 뚜껑을 덮지 않고 열어놓고 예배를 드린 후 나무못을 박고 결관하여 십자가 있는 관보를 씌운다.

입관식의 순서는 주례자의 개식사를 마친 후 신앙고백으로 유가족과 조문객이 함께 사도신경을 바친 후 함께 찬송한다. 이어서 고인을 위한 기도를 바치고 고인의 약력을 알린다. 다음에 조가를 맡은 이가 노래하고 주례자는 유족들에게 위로 말씀을 전하고 기도한다. 이어서 조사를 맡은 이가 낭독하고 다함께 찬송을 한 다음 목사님의 축도로 마친다.

입관식이 끝나면 병풍을 세우고 관을 놓고 관 앞에 작은 상을 놓아 사진과 유품을 올려놓거나, 관이 보이지 않게 병풍 뒤에 둘 수도 있다. 기독교에서는 분향은 하지 않고 헌화(獻花)를 한다. 그러므로 일반 조문객들을 위해 헌화할 꽃을 준비해야 합니다. 경우에 따라 일반 조문객을 위해 분향 준비를 하기도 한다.

3. 출관식(出棺式)

출관식은 조문객들에게 하나님의 사랑과 공의를 인정하게 하고, 인간의 무능함과 유한성을 깨닫게 하는 좋은 기회로 삼는다. 이에 따른 출관식의 목적은 다음과 같다.

첫째, 모든 예식 순서를 통해 하나님께 영광을 돌리는 기회가 되도록 한다.

둘째, 유족을 위로하고 소망을 주는 자리가 되도록 한다.

셋째는 이 예식에 참석하신 분들에게 신앙의 확신과 선교의 기회가 되도록 한다.

예식은 주례자가 개식사를 한 후 신앙고백으로 사도신경을 바치고 찬송과 기도를 한 후에 성경봉독을 한다. 맡은 이가 위로의 말씀을 정하고 설교자의 기도와 찬송이 끝난 후 목사님의 축도와 주의 기도로 마친다.

전통 상례에 있어서 장례일은 짝수 일을 피하고, 홀수 일로 3, 5, 7일로 정했으나, 근래에는 대개 3일장으로 하고 있다. 장지는 교회 묘지, 공원묘지, 선산을 이용하며, 화장을 할 수도 있다. 합장할 경우에 전면에서 보아 남자는 좌측에 여자는 우측에 안치한다.

4. 하관식(下棺式)

하관식은 죽은 사람을 흙으로 돌려보내는 슬픔의 절정을 이루는 순간이지만 그리스도의 재림과 세상의 종말과 심판이 있음을 강조하면서, 무덤이 인생의 끝이 아니라 주의 재림 때 성도는 부활의 소망이 있다는 믿음으로 유족들에게 고인이 영광과 평안의 세계로 옮겨갔다는 확신을 갖게 하고 위로하며 안정시켜준다.

하관식이 끝나면 취토(取土)를 하게 되는데, 취토는 열어놓았던 횡대를 다시 덮고 관 위에 흙을 덮는 것을 말한다. 취토 전에 꽃이 있으면 먼저 헌화한 후 할 수도 있으며, 그 순서는 주례자, 유족, 친척, 친지, 조문객 순으로 한다.

하관식 순서는 주례자가 개식사를 하고 신앙고백으로 사도신경을 바친 다음 다 같이 찬송한다. 이어서 주례자가 성경을 봉독하고 위로의 말씀을 전한 다음 기도한다. 기도가 끝난 다음 다 같이 찬송하고 목사님의 축도로 끝난다.

5. 성분과 묘비

하관식이 끝나면 취토하는 분들이 성분작업을 시작할 때 계속 찬송을 부르며 그들을 격려한다. 전통 장례식에서는 봉분이 완성되면 성분제를 지내게 된다. 묘비는 누구의 묘인지를 나타내는 표시이므로 소박하고 간결하게 세운다. 묘비에 새기는 자구는 돌아가신 분의 직분과 이름, 그리고 부활에 관한 성구나 평소 고인이 은혜받은 성구를 기록하고, 뒤에 자손의 이름, 옆에는 생년월일과 죽은 연월일을 새긴다.

〈주〉

1장. 생명문화의 차원과 요소

1 요한 하위징아, 『호모 루덴스』 이종인 옮김, 2010, 56, 58쪽 참조.

2 앞의 책, 59쪽.

3 플라톤, 『법률』 13권 2381.

4 Romano Guardini, "Liturgie als Spiel"(놀이로서의 의례) *Ecclesia Orans* (기도하는 교회) I, Freiburg, 1922: http://jochenteuffel.wordpress.com/2010/02/25/liturgie-als-spiel.

5 마르셀 그라네, 『중국의 고대 축제와 가요』, 신하령 · 김태완 옮김, 살림, 2005, 171쪽; 관련 시가는 197-199쪽.

6 Jane E. Harrison, *Themis*, 2nd ed. Cambridge: Cambridge University, 1927, p. 328.

7 Samuel H. Hooke (ed.), *The Labyrinth*, London: SPCK, 1935, v.

8 요한 하위징아, 앞의 책, 268쪽.

9 요한 하위징아, 앞의 책, 258쪽.

10 Joint Association of Classical Teachers, *The World of Athens: An Introduction to Classical Athenian Culture*, Cambridge, 2008, p. 248.

11 Edt. Claudia Rapp, H. A. Darke, *The City in the Classical and Post Classical World: Changing Contexts of Power and Identity*, Cambridge U.P., 2014, p.16-17.

12 앞의 책, p. 20.

13 Christopher S. Wood, *Common Knowledge*, Duke University Press, 2011, p.107; 요한 하위징아, 앞의 책, 54-55쪽 참조.

14 『禮記』, 「表記」, "夏道尊命, 事鬼敬神而遠之, 近人而忠焉, 先祿而後威, 先賞而後罰, 親而不尊, 其民之弊, 惷而愚, 喬而野, 朴而不文. 殷人尊神, 率民而事神, 先鬼而後禮, 先罰而後賞, 尊而不親, 其民之弊, 蕩而不靜, 勝而無恥.周人尊禮尙施, 事鬼敬神而遠之, 近人而忠焉, 其賞罰用爵列, 親而不尊, 其民之弊, 利而巧, 文而不慙, 賊而蔽."

15 『禮記』, 「祭統」, "莫重于祭."

16 김미영, 「의례와 상징」, 『국학연구』 14, 2009, 222쪽 참조.

17 『論語』, 「泰伯」, "子曰 興於詩 立於禮 成於樂."

18 본래 서양에서 예 의식으로 사용되는 Ritus라는 개념도 희랍의 도시국가에서 방주를 만드는 경우 도시민이 자신에게 할당된 부분을 책임지고 제작에 참여하는 행위로부터 유래했다고 한다. 사회적 참여의 의미에서 예의식과 유사한 점이 있으며 종교의식

이 사회적 의례에 기반을 두고 있음을 말하고 있다.

19 H. Fingarette, *Confucius : The Secular as Sacred*, New York, 1972 (『공자의 철학』, 송영배 역, 1993, 서광사) 29, 35쪽 참조.

20 『論語』, 「顔淵」, 非禮勿視 非禮勿聽 非禮勿言 非禮勿動.

21 『論語』, 「子路」, … 名不正 則言不訓; 言不訓 則事不成; 事不成 則禮樂不興; 禮樂不興 則刑罰不中; 刑罰不中 則民無所措手足. 故君子名之必可言也 言之必可行也. 君子於其言 無所苟而已矣!

22 D. L. Hall과 R. T. Ames. *Thinking Through Confucius*. Albany, State University Michigan Press, 1987 263-4쪽 참조.

2장. 종교의례와 생명의식

1 http://preview.britannica.co.kr/bol/topic 참조.

2 http://ko.wikipedia.org/wiki/ 참조.

3 『論語』, 「八佾」, 祭如在 祭神如神在.

4 성변화(聖變化, transubstantiation), 화체설(化體說)은 그리스도교의 신학 용어 중 하나로, 로마 가톨릭 신학에서 성찬례에서 빵과 포도주가 각기 예수의 몸과 피로 바뀌는 신비스런 변화를 가리킨다. 1551년에 트리엔트 공의회는 "성변화"(transubstantiation)라는 용어의 사용을 공식적으로 승인하였으며 이에 따라 성찬례에서 빵과 포도주가 그리스도의 몸과 피로 바뀐다는 주제의 가톨릭교회의 교리를 표현하게 되었다. 로마 가톨릭교회는 성변화의 교리에 대해 무엇이 바뀌는지에 대해 고려하지, 어떻게 바뀌는가에 대해서 고려하지는 않는다. 앗시리아 동방교회와 더불어 동방 가톨릭교회, 동방 정교회는 성만찬 전례에서 빵과 포도주가 그리스도의 실제 몸과 피로 바뀐다고 믿는다. 이들은 일반적으로 철학적인 고찰은 배제해왔으며 거룩한 전승에 따른다.
http://ko.wikipedia.org/wiki/ 참조.

5 앞의 책, 子入大廟每事問 或曰 "孰謂鄹人之子知禮乎 入大廟每事問" 子聞之曰是禮也.

6 『성경』 「고린토전서」 3, 17.

7 오스카 G. 브로켓 · 프랭클린 J. 힐디, 『연극의 역사』, 전준택 · 홍찬수 옮김, 연극과 인간, 2005, 40-41참조.

8 http://de.wikipedia.org/wiki/Geschichte_des_Theaters 참조.

9 플라톤, 『국가론』, 박종현 역, 서광사, 1997, 10권 598b-d 참조.

10 아리스토텔레스, 『시학』, 1447a7-1447b10.

11 이상섭, 『아리스토텔레스의 시학연구』, 문학과 지성사, 2002. 23쪽.

12 아리스토텔레스, 앞의 책, 1448a20-1448b1.

13 이상섭, 앞의 책 174-175쪽, 178-179쪽 참조.

14 아리스토텔레스, 『수사학』, 1385b13-2.

15 이상섭, 앞의 책, 202쪽.

16 폴 리쾨르, 『해석의 갈등』, 아카넷, 2001, 125쪽 참조.

17 니체, 『비극의 탄생』, 곽복록 역, 휘문출판사, 1978, 448-449쪽.

18 http://ko.wikipedia.org/wiki/중국연극의 역사 참조.

19 마이클 로이, 『고대중국인의 생사관』, 이성규 역, 지식산업사, 2003(1987), 71쪽 참조.

20 갈조광, 『도교와 중국문화』, 심규호 옮김, 동문선, 1993, 102쪽 참조.

21 갈조광, 앞의 책, 100-101쪽 참조.

22 상제가 산천의 신에게 드리는 제례.

23 『事物紀原』, 歲時風俗部, 불계(祓禊). "삼월에 복사꽃이 물을 따라 흘러갈 때, 정나라에는 상사일(上巳日)에 진수(溱水)와 유수(洧水) 물가에서 난초를 들고 혼과 백을 불러들여서 나쁜 기운을 몰아내는 풍속이 있다. 심약의 『宋書』에서는, 위 이후에는 초사흘로 바뀌어 사일에 이런 풍속을 행하지 않았다고 했다. 「歲時期」에서는 『周禮』의 女巫 條에서 歲時에 불제(祓除)하는 일을 언급했다. 이것과 관련된 정현의 주에는 이 일을, 오늘날 상사일에 물가로 나아가는 것과 같다고 했다. 『論語』에, '늦은 봄에 봄옷을 다 만들면 기수(沂水)에서 목욕하고 기우제단에서 노래하겠다' 고 했는데, 물가에서 불제하는 풍습은 모두 『周禮』에서 비롯되었다. 오늘날 삼월에 서쪽 못 가로 놀러 나가는 것도 남은 흔적이다." 김태완, 「세시풍속에 관한 율곡의 비판」, 『사색』 16집, 2000, 19쪽 각주 54참조.

24 『주례』, 춘관종백(春官宗伯), 사무(司巫).

25 『논어』, 「자로」, "南人有言曰, '人而無恒, 不可以作巫醫.' 善夫!"

26 『중용』 "白刃可蹈也, 中庸不可能也."

27 갈조광, 앞의 책, 103-109쪽 참조.

28 앞의 책, 114-115쪽 참조.

29 굿은 순수한 한글 용어로 두 가지 의미로 해석된다. 퉁구스 언어나 투르크 언어에서 유래된 것으로 복이나 행운을 뜻한다. 또한 이능화에 의하면 굿은 '궂다' 에서 유래하여 험하고 흉한 일을 가리킨다고 보았다. 이를 종합해보면 굿은 불행을 제거하여 행복을 비는 종교의례라 할 수 있다. 굿은 대규모 제의를 일컬으며 굿을 구성하는 소단위 의례인 '거리' 는 열에서 마흔 거리까지 이어진다. 이보다 작은 소규모 의례에는 비손/비나리, 부적, 치성 등이 있다. 치성에는 소원성취를 비는 '치성' , 삶의 어려운 문제를 푸는 '풀이' , 좋은 것을 영접하는 맞이, 나쁜 영향이나 세력을 막는 '막이' 라는 접미사가 붙는다. 치성에는 음악이나 춤의 요소가 결여되어 있다. 굿의 종류는 세 가지로 나뉘는데, 무당을 위한 신굿, 의뢰인을 위한 집굿, 지역공동체를 위한 집굿이 있다. 굿은 거룩한 공간인 마루에서 행해지며 노래, 춤, 사설, 공수, 덕담의 형태로 진행된다. 전체 의례는 신을 맞이할 준비를 하는 부정치기와 더불어 신을 맞이하는 청신, 신을 즐겁게 하는 오신, 신을 대접하고 보내는 송신으로 구성된다. 박일영, 『한국무교의 이해』, 분도출판사, 2003, 82-95쪽 참조.

30 김창경, 『한국민속무용연구』, 형설출판사, 1982, 90쪽 참조.

31 다니엘 A. 키스터, 「굿의 신성한 상징」, 『종교연구』, 라종혁 옮김, 한국종교학회, 1995, 316쪽.

32 Balthasar, *The Glory of the Lord*, tr. Erasmo Leiva-Merikakis (Edinburgh: T. & T. Clark, 1982) p.36.

33 김열규, 『동북아시아 샤머니즘과 신화론』, 아카넷, 2003, 345-355쪽 참조.

3장. 생명이란 무엇인가?

1 불교에서는 인간의 고통을 8가지로 분류하고 있다. 생로병사(生老病死)의 4고에, 사랑하는 사람과 헤어지는 고통인 애별리고(愛別離苦), 싫어하는 사람과 만나는 고통인 원증회고(怨憎會苦), 구하여도 얻지 못하는 고통인 구불득고(求不得苦), 오음(五陰) 즉 오온(五蘊)에 대한 집착에서 생기는 고통인 오음성고(五陰盛苦) 등 4고를 추가한 것이다. 뒤의 4고 중 3고는 외부관계에서 비롯되었고, 오음성고는 자기 자신에게서 발생하는 고통으로서 육신과 정신에 대한 집착에서 기인한다. 8고 중 생로병사의 4고를 하나로 묶어 5고로 분류하기도 한다. 8고는 결국 인간세계의 모든 고통을 뜻한다.

2 불교에서 윤회는 고통을 극복하여 열반에 이르는 수행의 과정으로, 또한 모든 존재의 연기(緣起)를 깨닫고 자비심을 가져야할 근거가 되기도 한다.

3 구미래, 「불교 일생의례의 체계적 이해를 위한 시론」, 한국종교민속연구회 편, 『종교와 일생의례』(민속원, 2006), 109-111쪽 참조.

4 플라톤이 전하는 에르 신화에 따르면, 에르라는 용사가 전쟁터에서 전사하였는데 열흘 뒤에 시체를 거두었을 때 다른 시체들은 모두 썩어있었지만, 그의 시체는 썩지 않고 있었다. 그를 매장하기 위해 고장으로 운반하였다. 열이틀 되던 날 그를 화장하기 위하여 장작더미에 올렸을 때 그는 다시 살아나서 저세상에서 본 여러 가지 일들을 이야기하였다. 그의 이야기에 따르면 그의 혼은 육체를 떠난 후에 많은 다른 혼과 함께 길을 떠났는데 마침내 어떤 불가사의한 장소에 도착하였다. 그곳에는 땅속에 두 개의 구멍이 나란히 나 있고 위쪽인 하늘에도 마주 보는 구멍이 나 있다고 하였다. 하늘과 땅의 구멍 사이에는 재판관들이 앉아있는데 이들은 판결을 내린 다음 올바른 자에 대해서는 판결의 표지를 앞에다 달고 우측의 하늘을 통하여 위로 올라가게 하고 불의한 자들에 대해서는 지금까지의 행업을 나타내는 표지를 뒤에 달고 좌측 아래로 내려가게 하였다. 그런데 에르 자신이 그곳에 도착하자 그들은 에르에게 그가 저세상 일을 인간에게 알리는 보고자가 되지 않으면 안 되니 그곳에서 일어나는 일을 하나도 빠짐없이 보고 듣도록 명령을 내렸다. 이리하여 그는 혼들이 판결을 받은 다음 하늘에 있는 구멍 하나와 땅에 있는 구멍 하나를 통하여 떠나가는 보았으며 다른 두 개의 구멍 가운데 땅에 있는 구멍에서는 때와 먼지투성이인 혼들이 올라오는 것을, 하늘에 있는 구멍에서는 깨끗한 혼들이 내려오는 것을 보았다. 그런데 도착하는 혼들은 긴 여행에서 돌아온 듯

초원에 축제하듯 모여들어 서로의 일을 묻고 비탄의 눈물을 흘리거나 행복과 아름다운 광경을 이야기하며 다음 생을 준비하였다. 이 신화가 주는 교훈은 우리의 혼은 불멸하므로 어떤 악도, 어떤 선도 감당할 수 있다는 것을 믿고 끊임없이 향상된 삶을 살아 지혜와 정의를 추구하지 않으면 안 된다는 것이다.

5 Catherine Bell, *Ritual, Perspective and Dimensions*, Oxford U.P., 1997, p. 6-7, 12.

6 https://ko.wikipedia.org/wiki/; http://de.wikipedia.org/wiki/Demeter 참조.

7 십이벽괘

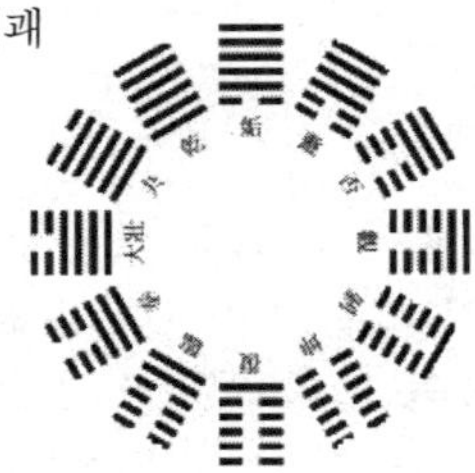

8 『易經』, 「繫辭傳」 "天地之大德曰生, 聖人之大寶曰位."

9 『道德經』 61장, "道生之, 德畜之, 物形之, 勢成之, 是以萬物莫不存道而貴德."

10 A. 반 겐넵, 『통과의례』, 전경수 역, 을유문화사, 2000, 31-32, 45쪽.

11 『易經』, 「繫辭傳」 "知崇禮卑, 崇效天卑法地, 天地設位, 而易行乎其中矣, 成性存存道義之門."

12 『中庸』 22 "唯天下至誠, 爲能盡其性, 能盡其性則能盡人之性, 能盡人之性則能盡物之性, 能盡物之性 則可以贊天地之化育, 可以贊天地之化育."

13 벤야민 슈월츠, 『중국 고대사상의 세계』, 나성 옮김, 살림, 1996, 48-50쪽 참조.

14 앞의 책, 54-55쪽 참조.

15 『春秋左傳』, 「召公」 2, 能. 人生始化曰魄, 旣生魄, 陽曰魂. 用物精多, 則魂魄强, 是以有精爽至於神明. 匹夫匹婦强死, 其魂魄猶能馮依於人; 『춘추좌씨전』, 문선규 역, 명문당, 2009, 참조.

16 마이클 로이, 『고대 중국인의 생사관』, 이성규 역, 지식산업사, 2003, 42-43쪽 참조.

17 앞의 책, 44쪽.

18 『列子』, 「湯問」 앞의 책, 45쪽 참조.

19 『山海經』, 「大西荒經」, 西海之南, 流沙之濱, 赤水之後, 黑水之前, 有大山, 名曰昆侖之丘. 有神-人面, 虎身, 文尾, 皆白-處之. 其下有弱水之淵環之, 其外有炎火之山, 投物輒然. 有人戴勝, 虎齒, 豹尾, 穴處, 名曰西王母. 此山萬物盡有. 마이클 로이 48쪽 이성규 번역 참조.

20 『淮南子』, 「精神訓」, 且人有戒形而無損於心, 有綴宅而無耗精. 夫癩者趨不變, 狂者形不虧神將有所遠徙, 孰暇知其所爲. 故形有摩 而神未嘗化者, 以不化應化, 千變萬紾, 而未始有極. 化者復歸於無形也, 不化者與天地俱生也. … 故生生者未嘗死也, 其所生則死矣. 化物者未嘗化也, 其所化則化矣.

21 마이클 로이, 앞의 책, 47쪽.

22 앞의 책, 「召公」 6, '哀樂而樂哀, 皆喪心也.' 心之精爽, 是謂魂魄. 魂魄去之, 何以能久?

23 『道德經』, 10章, 載營魄抱一, 能無離乎? 專氣致柔, 能嬰兒乎? 滌除玄覽, 能無疵乎? 天門開闔, 能無雌乎?

24 『淮南子』, 「主術訓」, 天氣爲魂 地氣爲魄 反之玄房 各處其宅 守而勿失 上通太一 太一之精通於天道.

25 『韓非子』, 「解老」, 凡所謂崇者, 魂魄去而精神亂, 精神亂則無德. 鬼不崇人則魂魄不去, 魂魄不去則精神不亂, 精神不亂之謂有德. 上盛蓄積而鬼不亂其精神, 則德盡在於民矣. 故曰: "兩不相傷, 則德交歸焉." 言其德上下交盛而俱歸於民也.

26 『禮記』, 「祭義」, 宰我曰, "吾聞鬼神之名, 不知其所謂." 子曰, "氣也者, 神之盛也, 魄也者, 鬼之盛也. 合鬼與神, 教之至也." "衆生必死, 死必歸士, 此之謂鬼. 骨肉斃于下, 陰爲野土. 其氣發揚于上, 爲昭明, 焄蒿悽愴, 此百物之精也, 神之著也. 因物之精, 制爲之極, 明命鬼神以爲黔首則, 百衆以畏, 萬民以服."

27 앞의 책, 「禮運」, 故人者, 其天地之德, 陰陽之交, 鬼神之會, 五行之秀氣也. … 故人者, 天地之心也, 五行之端也.

28 알프레드 포르케, 『중국고대철학사』, 양재혁 외 역, 소명출판, 2004, 274쪽.

29 『禮記』, 「禮運」, 故聖人參於天地, 並於鬼神, 以治政也.

30 레이먼드 마틴, 존 베러시, 『영혼과 자아의 성장과 몰락』, 마리 오 옮김, 영림카디널, 2008, 15-16: 누우스, 튀모스, 프레네스에 관한 상세한 연구는 장영란, 「고대 그리스 철학 이전의 영혼」, 『철학연구』 64집, 64-69쪽 참조.

31 호메로스, 『일리아스』, 천병희 옮김, 단국대출판부, 1996.

32 장영란은 호메로스가 죽은 자의 영혼에 개별성을 부여하지 않아 하데스에서 영혼의 동일성이 유지되지 않기 때문에 엄밀한 의미에서 영혼의 불멸성을 말할 수 없다고 본다. 필자가 보기에 이것은 호메로스가 누우스에게 영혼의 인식능력을 부여했고 죽어서 이 기능을 상실한 것으로 보이기 때문이지 영혼의 개별성을 부여하지 않았기 때문이 아니다. 하데스의 영혼들이 희생 제물로 바친 짐승의 피를 마시고 겨우 정신(phrenes)을 차리고 이야기를 나눈다(*Odysseia*, 11. 152-154)는 대목에서 피를 통해 의식을 담당하는 영혼의 일부가 돌아온 것으로 이해할 수 있다. 이 점에서 호메로스에게는 생명 자체가 개별성을 의미하고 있는 것으로 보인다. 참조: 장영란, 앞의 논문, 61쪽.

33 콘포드, 『종교에서 철학으로』, 남경희 옮김, 이화여대출판부, 1995, 132쪽; 아리스토텔레스는 『영혼론』 제1권에서 영혼의 본성과 기능에 관해 앞선 자연 철학자들의 영혼에 관한 견해를 분류하고 있다.

34 레이먼드 마틴, 앞의 책, 17쪽 참조.

35 장영란, 『영혼의 역사』, 글항아리, 2010, 268쪽 참조.

36 콘포드, 앞의 책, 234-236쪽 참조.

37 앞의 책, 238-239쪽 참조.

38 김윤동, 「플라톤에 있어서 영혼의 삼분」, 『서양 고 · 중세 철학과 그 유구한 문제들』

김완수 외, 철학과 현실사, 2002, 90쪽.

39 콘포드, 앞의 책, 421쪽에서 재인용.

40 앞의 책, 199-200쪽 참조.

41 앞의 책, 239-240쪽 참조.

42 플라톤, 『파이돈』, 박종현 역주, 서광사, 2003 참조.

43 플라톤, 『크라틸로스』, 김인곤 외 옮김, 이제이북스, 2007.

44 영혼의 삼분에 대해서는 피타고라스의 '세 종류의 삶' 에서 연유한다는 Taylor의 입장과 영혼론 발전에 있어서 '매우 큰 진전' 이라는 Grube의 상반된 입장이 있다. 이에 관해서는 김윤동, 앞의 책 95-96 참조. 또한 영혼이 삼분에 관한 비 흄적 모델로서의 플라톤 논증의 타당성에 대해서는 강성훈, 「『국가』 4권에서 영혼의 세부분」, 『서양고전학연구』, 23권, 2005, 22-70쪽 참조 바람.

45 플라톤, 『국가』, 박종현 역주, 서광사, 2005 참조.

46 김윤동 앞의 책, 94, 110쪽; 토마스 알렉산더 슬레작, 『플라톤 읽기』 임성철 옮김, 한양대학교출판부, 2001, 108-109쪽 참조.

47 김윤동, 「플라톤의 〈파이드로스〉편에 나타난 영혼의 문제」, 『哲學硏究』, 第103輯, 2007, 82-83쪽 참조.

4장. 생명의 원천으로서 사랑

1 모티머 J. 애들러, 『개념어해석』, 최홍주 옮김, 모티브, 2007, 207, 209-210, 224쪽 참조.

2 M. K. 샌다즈, 『길가메시서사시』, 이현주 옮김, 범우사, 2000, 22쪽.

3 앞의 책 참조.

4 창세기 3장 참조.

5 플라톤, 『향연』, 강철운 옮김, 이제이북스, 2014, 참조.

6 자크 르 고프, 『중세의 지식인들』, 최애리 옮김, 동문선, 1998, 77-88쪽 참조.

7 에버하르트 호르스트, 『중세 최대의 연애사건』, 모명숙 옮김, 생각의 나무, 2005, 117, 283쪽.

8 존 스튜어트 밀, 『여성의 예속』, 김예숙 옮김, 1995, 이화여자대학교출판부, 116-117쪽 참조.

9 조셉 캠벨 · 빌 모이어스, 『신화의 힘』, 이윤기 옮김, 고려원, 1992, 328쪽; +일아 역편, 『빠알리 경전』, 민족사, 2010, 23-24쪽.

10 조지프 캠벨, 『신화와 인생』, 박중서 옮김, 갈라파고스, 2010, 340-341쪽 참조.

11 단테, 『새로운 인생』, 박우수 옮김, 민음사, 2005, 151-153 참조.

12 단테, 『단테의 신곡 하』, 최민순 옮김, 가톨릭출판사, 2013, 524-526쪽.

13 앞의 책, 692-693.

14 플라톤, 『향연』, 210a-210e.

15 길희성, 『힌두교』, 전통문화연구회, 2016, 38쪽(브라하다란야까 우파니샤드 제2장 4편 5절 이재숙 역 참조).

5장. 생명의 의례

1 신부의 자격을 언급한 십삼구(十三俱)는 1766년(영조 42)에 나온 『증보산림경제』에 잘 서술되어있다. 또한 혼인 전 신부의 예물을 전하는 함재비들이 무명 8자로 걸방을 매어 함을 지는 데 이 흰 띠는 장차 태어날 아이의 기저귀 감으로 쓰이게 된다.

2 『列女傳』 太任文王之母, 摯任氏之中女也. 王季娶以爲妃. 太任之性, 端一誠莊, 惟德之行, 及其娠文王, 目不視惡色, 耳不聽淫聲, 口不出敖言. 生文王而明聖 太任教之以一而識百, 卒爲周宗 君子謂太任爲能胎教.

3 『列女傳』 古者婦人妊子, 寢不側, 坐不邊, 立不蹕, 不食邪味, 割不正不食, 席不正不坐, 目不視邪色, 耳不聽淫聲, 夜則令瞽誦詩, 道正事, 如此則生子, 形容端正, 才德必過人矣.

4 『顔氏家訓』, 「教子」 中說: 古者聖王有胎教之法, 懷子三月, 出居別宮, 目不邪視, 耳不妄聽, 音聲滋味, 以禮節之.

5 『大同書』: 天下之人皆出于胎, 胎生旣誤, 施教無從. 然則胎教之地, 其爲治者第一要歟

6 『민속학사전』 「출산의례(出産儀禮)」; 『민족문화대백과사전』 「출생」; 『한국민속대관』 한국콘텐츠진흥원, 2000, 「출생행사」 참조.

7 비트겐슈타인은 그의 저서 『철학적 탐구』에서 "언어-놀이에는 무수히 많은 다양한 예가 존재하며, 예를 들면 명령하고-명령에 따라 행동하기, 관찰이나 측량에 따라 대상을 기술하기, … 사건 과정을 추정하기, 노래하기, 익살부리기, 등과 같은 것이 있다"라고 설명하였다. 따라서 이러한 언어-놀이는 확고한 정의로 설명할 수 없으며 오히려 여러 종류에서 발견되는 서로 중첩되고 유사한 특징을 파악할 수 있다. 비트겐슈타인은 이를 가족유사성이라고 표현하였다. "얼마나 많은 문장들이 존재하는가? 가령 주장, 물음, 그리고 명령? 이런 종류는 무수히 많다. 우리가 '기호들', '낱말들', '문장들' 이라고 부르는 모든 것에서 무수히 많은 상이한 종류의 사용이 존재한다. 그리고 이 모든 것은 고정된 것도 딱 잘라 말할 수 있는 것도 아니다. … 새로운 유형의 언어-놀이가 생기고 낡은 것은 잊힌다.", 비트겐슈타인, 『철학적 탐구』 23.

8 에릭슨은 8단계의 자아발달 과정에서 3세 이전의 유아 시기에 신뢰감과 자율성이 발달한다고 보았다.

9 H. 핑가렛트, 『공자의 철학』, 송영배 역, 서광사, 1993, 29, 35쪽 참조.

10 『論語』, 「子路」, 名不正 則言不訓, 言不訓 則事不成, 事不成 則禮樂不興, 禮樂不興 則刑罰不中, 刑罰不中 則民無所措手足. 故君子名之必可言也 言之必可行也. 君子於其言 無所苟而已矣.

11 권희완 외, 앞의 책, 31쪽; George H. Mead, *Mind Self & Society*, the University of Chicago Press, pp. 152-163.

12 권희완 외, 앞의 책, 32 쪽 참조.

13 세대라는 개념의 몇 가지 의미는 첫째, 부모 세대, 자식 세대와 같은 가계 계승의 단위. 둘째, 특정 시간 내에 주요 생활사건을 공통적으로 체험한 사람들의 집단이라는 동기집단개념. 셋째, 청소년 세대와 같이 생애주기상의 어떤 단계에 있는 사람들을 총칭하거나 어떤 특정한 역사적 경험을 공유한 사람들을 지칭할 때도 쓰인다. 권희완 외, 『현대사회학의 이해』, 이화여자대학교출판부, 1993, 44쪽.

14 『한국민속대관』, 제1권. 사회구조(社會構造), 관혼상제(冠婚喪祭) Ⅲ. 의례생활(儀禮生活) 〉 2. 회갑(回甲). (www.krpia.co.kr) 참조.

15 로저 자넬리, 앞의 책, 87.

16 앞의 책, 46-48.

17 앞의 책, 52-53.

18 회갑일(回甲日) 아침에 회갑인(回甲人)에게 내의(內衣)까지 일습(一襲)을 한복(韓服)으로 해드리고 신발도 새것으로 해드렸다. 자손(子孫)들도 모두 한복(韓服)을 입었다. 만일에 회갑인(回甲人)이 높은 벼슬을 했을 경우에는 당일(當日)만은 정일품(正一品)의 당상관(堂上官) 복장(服裝)을 입혀도 된다.

19 묘지명을 포함하여 비지류(碑誌類)에 속하는 시문은 망자의 죽음을 애도하고 그 인물의 행적을 찬미하기 위한 문학이다. 그러나 자찬묘지명은 망자가 살아있을 때 쓰는 스스로 쓰는 묘지명이라 하여 자찬묘지명, 자지명(自誌銘), 자지(自誌), 자명(自銘)이라고 한다. 자지명은 한대에 벌써 나타나지만 문단에 부각된 것은 도잠(陶潛)에 이르러서다. 문인들이 자찬묘지명에 전기나 비지문자를 써서 새로운 의미를 부여하여 본격적으로 창작한 시기는 명대이다. 우리나라에서는 고려시대에 이규보와 최해가 자전(自傳)을, 조운흘과 김훤이 자찬묘지를 썼다. 조선시대에는 초기에 김효종과 이자가 중기에는 상진과 이황, 노수신이 후기에는 17~18세기에 동인 집단을 이룬 문인인 김광수, 이덕수, 신유한 사이에서 묘지명자체에 대한 문학적 반성이 일어난다. 18세기 후반에는 남인과 소북 문사를 중심으로 이용휴, 허필, 강세황, 정약용, 윤기가 자찬묘지명을 썼고 이밖에 소론가에서도 찾아볼 수 있다. 안대회, 「조선후기 자찬묘지명 연구」, 『한국한문학연구』, Vol. 31, 2003, 240-243쪽 참조.

20 앞의 논문, 248쪽

21 『退溪集』, 退溪先生年譜卷之三, 附錄, 墓碣銘, 번역: 한국고전번역원, 한국고전종합DB, 고봉집 제3권, 비명 참조.

22 다산이 1822년 60세가 되던 해 그때까지 자신의 생애와 사상 및 업적들을 묘지명(墓誌銘)이라는 문체를 빌어 사실대로 적은 것이다. 집중본(集中本)과 광중본(壙中本) 2가지가 있으며 『여유당전서(與猶堂全書)』 1집 권16에 실려 있다. 광중본은 무덤 속에 함께 넣으려고 만든 것이며, 생애 및 학문연구에 대한 결과를 기술한 집중본은 문집에 수록해서 후대에 전하고자 한 것이다. 한국고전번역원, 한국고전종합DB, 다산시문집 제16권 자찬묘지명 참조.

23 버나드 라운, 『치유의 예술을 찾아서』, 서정돈, 이희원 옮김, 몸과 마음, 2003. 치유와 죽음의 의미를 예술적 차원에서 다루고 있는 지성적인 저술이다.

24 '의례(儀禮)' 와 '주례(周禮)' 와 '예기(禮記)' 를 합하여 통상적으로 삼례(三禮)라고 한다. 삼례(三禮) 중에서 의례를 제일 으뜸으로 친다. 그것은 의례(儀禮)는 예의 근본이고 주례는 예의 말단이고 예기는 의례의 기문(記文)이기 때문이다. '의례' 는 본래 57권이며, 삼례 가운데 이 세상에 나온 지 가장 오래되었다고 한다. 의례는 관혼상제(冠婚喪祭)를 비롯하여 중국 고대사회의 전통적 사회의식을 자세히 기록한 책으로 종교학적, 사회학적 면모를 들여다볼 수 있는 매우 귀중한 사료이다. '예기(禮記)' 14편의 명당위(明堂位)를 보면 '옛날에 주공(周公)이 성왕(成王)을 도와 섭정(攝政)한 지 6년 만에 제후들을 명당(明堂)에 모아 조회하고 예(禮)를 제정하고 음악을 만들어 천하가 크게 감복했다.' 라고 했는데 이 말은 '의례(儀禮)' 의 기록과 서로 비슷하여, 의례를 주공이 기록했다는 근거가 되기도 한다.

25 조선 왕실의 제사는 오례 중의 길례로서 행해졌다. 〔국조오례서례(國朝五禮序禮)〕에서는 제사를 지내는 대상에 따라 용어를 네 가지로 구분하였다. 즉, 천신(天神)에 지내는 것은 '사(祀)', 지기(地祇)에 지내는 것은 '제(祭)', 인귀(人鬼)에 지내는 것은 '향(享)', 문선왕(文宣王: 공자)에게 지내는 것은 석전(釋典)이라 하였다. 또 제례의 등급을 대사(大祀) · 중사(中祀) · 소사(小祀) · 기고(祈告) · 속제(俗祭) · 주현(州縣)으로 구분하였다. 대사에는 사직 · 종묘 제향 등이, 중사에는 선농(先農) · 선잠(先蠶) · 문묘(文廟) 제례 등이, 소사에는 명산대천(名山大川) · 둑제(纛祭) 등이 포함된다. 기고는 기도(祈禱)와 고유(告由)의 목적으로 올리는 것인데, 홍수 · 가뭄 · 전염병 · 병충해 · 전쟁 등의 일이 있을 때 기도하였고, 책봉 · 관례(冠禮) · 혼례 등 왕실의 중요한 일이 있을 때 고유하여 각각 해당하는 대상에 제사를 올렸다. 속제는 왕실의 조상을 속례(俗禮)에 따라 제사하는 것이며, 주현은 지방 단위에서 지방관이 주재자가 되어 사직(社稷) · 문선왕(文宣王) · 포제(酺祭) · 여제(厲祭) · 영제(禜祭) 등의 제사를 올리는 것을 말한다. 이 가운데 대사 · 중사 · 소사가 왕실이 행하는 주요 제사에 해당한다. 대 · 중 · 소의 등급은 실제 제사에서 헌관(獻官)의 수나 위격, 재계(齋戒)하는 일수, 음악의 사용 유무, 제기의 종류와 숫자 등에서 구분된다. 이들 제사에는 몇몇 경우를 제외하고는 대부분 음악이 사용되었다. 이때의 음악은 넓은 의미의 악에 해당하는 악 · 가 · 무 즉 기악과 노래와 춤을 모두 포함한 형태로 연행된다.

26 『禮記』, 「王制」: 天子祭天地, 諸侯祭社稷, 大夫祭五祀. 天子祭天下名山大川, 五嶽視三公, 四瀆視諸侯. 諸侯祭名山大川之在其地者. 天子諸侯祭因國之在其地而無主後者.

27 『論語』, 「爲政」: 子曰 非其鬼而祭之諂也.

28 朱熹, 『朱子家禮』, 通禮: 祠堂章, 임민혁 옮김, 예문서원, 1999.

29 『禮記』, 「祭統」: 賢者之祭也, 必受其福. 非世所謂福也, 福者, 備也. 備者, 百順之名也. 無所不順者謂之備, 言內盡於己而外順於道也.

30 『禮記』, 「祭統」: 唯賢者能備, 能備然後能祭. 是故賢者之祭也, 致其誠信與其忠敬, 奉之以物, 道之以禮, 安之以樂, 參之以時, 明薦之而已矣, 不求其爲. 此孝子之心也.

31 『論語』, 「八佾」: 子曰 人而不仁如禮何, 人而不仁如樂何.

32 『論語』, 「八佾」: 禮與其奢也寧儉, 喪與其易也寧戚.

33 『論語』, 「八佾」: 雖有其位, 苟無其德, 不敢作禮樂焉, 雖有其德, 苟無其位, 亦不敢作禮樂焉.

34 『禮記』, 「祭義」: 致齊於內, 散齊於外. 齊之日, 思其居處, 思其笑語, 思其志意, 思其所樂, 思其所嗜. 齊三日, 乃見其所爲齊者. 祭之日, 入室, 僾然必有見乎其位. 周還出戶, 肅然必有聞乎其容聲. 出戶而聽, 愾然必有聞乎其嘆息之聲. 是故先王之孝也, 色不忘乎目, 聲不絶乎耳, 心志嗜欲不忘乎心. 致愛則存, 致慤則著. 著存不忘乎心, 夫安得不敬乎?

35 『擊蒙要訣』, 「祭禮」: 時祭則散齊四日, 致齊三日, 忌祭則散齊二日, 致齊一日, 參禮則齊宿一日.

36 『禮記』, 「祭法」: 夫聖王之制祭祀也, 法施於民則祀之, 以死勤事則祀之, 以勞定國則祀之,

37 장철수, 『한국의 冠婚喪祭』, 집문당, 1995, 81-82쪽.

38 이숙인, 「주자가례와 조선 중기의 제례문화」, 『정신문화연구』, Vol.29 No.2, 2006, 39쪽.

39 유권종, 「제사의 종류와 그 의례적 특징」, 『제사와 제례문화』, 국학진흥원, 2005, 62쪽.

40 곡삭의 예는 옛적에 천자가 항상 섣달이 되면, 다음 해 책력을 12월의 초하루에 제후들에게 반포하면, 제후가 받아서 조묘(사당)에 보관해두었다가 매달 초하루마다 특별한 양으로써 사당에 고하여 (백성에게 책력을 돌리겠다고) 청하고는 이를 시행하는 것이다.

41 『論語』, 「八佾」: 子貢欲去告朔之餼羊, 子曰 賜也爾愛其羊 我愛其禮.

2 『禮記』, 「祭義」: 祭不欲數, 數則煩, 煩則不敬. 祭不欲疏, 疏則怠, 怠則忘. 是故君子合諸天道, 春禘, 秋嘗

43 종묘에는 忌祭祀가 없고, 四時祭가 正祭다. 『國朝五禮儀序例』에 의하면, 朔望과 俗節〔正朝 · 寒食 · 端午 · 秋夕 · 冬至 · 臘日〕에 종묘 등에 제향하되, 親享이면 종묘의 配享功臣까지 모두 지낸다. 또 四時 孟月의 上旬에 종묘 등에 제향하되, 종묘의 배향공신까지 제향하는데, 대리로 향사하면 배향공신에게는 겨울 제향만 지낸다.

44 宗廟 四時祭의 이름은 夏나라와 殷나라의 祭名이라는 점이다. 周나라는 四時祭의 이름을 바꾸어, 가을과 겨울제사는 夏 · 殷과 동일하게 상(嘗) · 증(烝)이라 하되, 봄제사는 사(祠), 여름제사는 약(禴)으로 개칭하였다. 봄제사였던 礿〔禴〕은 여름제사의 이름이 되고, 여름제사였던 禘의 명칭은 삭제된 것이다. 이와 같이 여름제사로서의 '禘' 의 용어가 四時祭에서 사라짐으로써, 周나라 이후로는 時禘의 의미가 점점 퇴색되었다. (유영옥, 『禘祭의 개념과 실제』, 퇴계학부산연구원 예학교실 강의자료, 2007. 10. 12.참조)

45 『禮記』, 「祭統」: 夫祭有餕, 餕者, 祭之末也, 不可不知也. 古之人有言曰, "善終者如始. 餕其是已." 古之君子曰, "尸亦餕鬼神之餘也." 惠術也, 可以觀政矣.

46 『주자가례』에 의하면 이 절차는 다음과 같다. 사신(辭神)과 철상(撤床)이 끝나면 주인(主人)이 제사 고기와 술을 나누어 그 일부를 글과 함께 친우(親友)에게 보낸다. 그 후 남녀에 따라 자리를 나누어 앉는데, 높은 항렬의 웃어른이 남쪽을 향하여 한 줄로 자리하고, 그 앞에 두 줄로 동(東)과 서(西)로 나누어 앉는다. 웃어른이 앉은 후 같은 세

대(世代) 한 항렬(行列)씩 그 앞에 마주하고 서서 웃어른에게 재배(再拜)하고, 헌자(獻者)가 축관(祝官)의 축사(祝辭)와 함께 술을 올린다. 웃어른이 술을 마신 후 일항(一行)이 재배한다. 그 후 웃어른이 그들에게 술을 내리면 다들 마시고 재배한다. 그런 뒤 육식(肉食)을 먹고 면식(麵食)·미식(米食: 떡)을 먹으며, 술과 제찬(祭饌)을 같이 먹는다. 먹는 것이 끝나면 집사자(執事者)들과 하인들에게까지 골고루 제찬을 나누어 주고, 받은 사람들은 재배한다. 이로써 음복례, 즉 준(餕)의 절차가 모두 끝난다.

47 『禮記』, 「祭統」: 夫祭也者, 必夫婦親之, 所以備外內之官也. 官備則具備. 水草之菹, 陸產之醢, 小物備矣. 三牲之俎, 八簋之實, 美物備矣. 昆蟲之異, 草木之實, 陰陽之物, 備矣. 凡天之所生, 地之所長, 苟可薦者莫不咸在, 示盡物也. 外則盡物, 內則盡溱志, 此祭之心也.

48 신주제사와 지방제사에 따라 강신과 참신의 순서가 다르다. 『주자가례』에 따르면 신주제사는 신주에 조상이 깃들어 있으므로 참신을 먼저하고 강신을 나중에 하도록 되어 있다. 다만 지방제사인 경우 강신하고 참신한다. 강구율, 「한국의 유가제례문화 간고」, 『선비문화』 18호, 2010, 102쪽 참조.

49 요즘은 간편함을 따라 진찬의 절차를 따로 두지 않고 강신 전에 미리 상을 다 차려놓고, 참신 후 메 뚜껑을 열고 삽시하는 경우가 많다. 적(炙)은 제주를 올릴 때마다 바로 구워드렸으나 이것도 강신 전에 미리 차려드리고 시작한다.

50 이 수조의 절차는 조상이 내리는 복(福)을 먹는 음복의 절차이지만 지금은 생략되어 실시되지 않고 철상(撤床)한 다음에 있는 준(餕)의 절차를 음복(飮福)으로 대신한다.

51 기제사는 돌아가신 분의 기일을 맞아 지내는 제사로서 삼가고 근신하는 마음이어야 하므로 음복을 하지 않는다지만 실제로는 음복을 하며 조상을 추모하고 뜻을 기린다.

52 『論語』, 「八佾」: 祭如在 祭神如神在.

6장. 생명의 길

1 고대철학에 대한 실천적 이해를 이끈 선각자라고 할 수 있는 피에르 아도(Pierre Hadot, 1922~2010)는 고대철학이 단순한 지성적 활동이 아니라 실존적 선택을 위해 삶의 지혜를 추구하는 생활양식에 대한 '영성훈련'을 추구한 영성철학이었음을 밝히고 있다. 피에르 아도, 『고대철학이란 무엇인가』, 이세진 옮김, 이레, 2008.

2 T. A. van Dijk, "Introduction: Discourse Analysis as a New Cross-Discipline" in T. A. van Dijk (Ed.), Handbook of Discourse Analysis. Vol. 1. London: Academic Press. 1985; http://www.uwm.edu/People/tslim/lecture/da_history.htm 참조.

3 Gillian Brown, & G. Yule, Chapter 1. The nature of reference intext and in Discourse. Discourse analysis. Cambridge: Cambridge University Press. 1983; http://www.uwm.edu/People/tslim/lecture/da_history.htm 참조.

4 어빙 고프만, 『상호작용 의례』, 진수미 옮김, 아카넷, 2013.

5 어빙 고프만, 앞의 책, 155쪽.

6 어빙 고프만, 앞의 책, 71-75쪽.

7 랜들 콜린스, 『사회적 삶의 에너지』, 진수미 옮김, 한울, 2009, 78-79쪽.

8 랜들, 콜린스, 앞의 책, 86-90쪽.

9 삼강오륜(三綱五倫)은 유교에서 인간관계의 기본으로 삼는 도덕적 규범이다. 유교의 근본 규범은 오륜이고, 후에 정치적 목적으로 마련된 것이 삼강이다. 삼강(三綱)에는 다음의 세 가지가 있다. 군위신강(君爲臣綱): 임금은 신하의 본보기가 되어야 한다. 부위자강(父爲子綱): 아버지는 자식의 본보기가 되어야 한다. 부위부강(夫爲婦綱): 지아비는 지어미의 본보기가 되어야 한다. 오륜(五倫)에는 다음 다섯 가지가 있다. 父子有親(부자유친): 어버이와 자식 사이에는 사랑이 있어야 한다. 君臣有義(군신유의): 임금과 신하 사이에는 의로움이 있어야 한다. 夫婦有別(부부유별): 부부 사이에는 구별이 있어야 한다. 長幼有序(장유유서): 어른과 아이 사이에는 차례와 질서가 있어야 한다. 朋友有信(붕우유신): 친구 사이에는 믿음이 있어야 한다.

10 Martin Buber, *Das Dialogische Prinzip*, Darmstadt, 1984, pp.7-8, 15-16, 67.

11 마르틴 부버, 『인간의 문제』, 윤석빈 옮김, 도서출판 길, 2007, 201쪽.

12 발터 벤야민, 「기술복제 시대의 예술작품」, 『발터 벤야민의 문예이론』, 반성완 편역, 민음사, 1983, 205쪽.

13 『예기(禮記)』 「제통(祭統)」 9, 夫祭有三重焉, 獻之屬莫重於祼, 聲莫重於升歌, 舞莫重於武宿夜, 此周道也. 凡三道者, 所以假於外, 而以增君子之志也.

14 https://www.etymonline.com/word/dance.

15 세네카, 『베풂의 즐거움』, 김혁 외 옮김, 눌민, 2015, 19-20쪽. 한편 마르셀 모스는 1924년 출간한 『증여론』에서 원시사회와 고대사회의 의례적 증여 관행에 대해 겉으로 자발적인 것처럼 보이는 증여들이 사실은 모두 허위이며, 실제로는 의무와 경제적인 이해관계만 있을 때도 아낌없이 제공되는 선물의 형식을 취한다는 이데올로기적 입장을 보였다.

16 루이스 멈퍼드, 『예술과 기술』, 박홍규 옮김, 도서출판 텍스트, 2015, 62쪽 참조.

맺는 글. 생명의례의 회복을 위하여

1 Miller B., "Autonomy and refusal of lifesaving treatment", Hastings Center Reports, 1981, vol.11, pp.22-28.

2 루이스 멈퍼드, 『예술과 기술』, 박홍규 옮김, 텍스트, 142.

[부록] 유교, 불교, 천주교, 기독교 상장례

1 아들이 아버지를 위하여 상에 입는 거친 삼베로 지은 상복이다. 그러나 적손(嫡孫)이 그 아버지가 사망하여 조부, 증조부, 고조부를 위해 승중(承重)하는 때와 또 아버지가

적자(嫡子)를 위하여 입는 복도 같다.

2 아들이 어머니를 위하여 삼에 입는 복으로 3년을 입는다. 그러나 아버지가 생존하여 계시고 어머니만 사망했을 때와 출가한 딸이 친정어머니를 위하여는 3년을 입지 못하고 1년만 입는다. 서자가 자기 어머니를 위해서도 3년을 입지 못한다. 아버지의 복중에 어머니가 사망하면 기년(朞年 1주년)만 복을 입는다.

3 〔불교신문 2267호/ 2006년 10월 4일자〕

〈참고 문헌〉

『論語』, 『中庸』, 『禮記』, 『春秋左傳』, 『荀子』, 『道德經』, 『莊子』, 『韓非子』, 『道德經』
『小學』, 『顔氏家訓』, 『胎教新記』, 『家禮』, 『列女傳』, 『擊蒙要訣』,
『老子道德經注』, 王弼, 四部要籍注疏叢刊, 中華書局, 1998.
『論語』, 阮元 校刻, 《十三經注疏》, 北京 中華書局 影印本, 1980.
『孟子』, 阮元 校刻, 《十三經注疏》, 北京 中華書局 影印本, 1980.
『莊子今註今譯』, 陳鼓應, 中華書局(香港), 1991.
『墨經校釋』, 梁啓超, 臺灣中華書局, 1965.
『朱子家禮』, 通禮: 祠堂章, 임민혁 옮김, 예문서원, 1999.
『순자』, 김학주 옮김, 을유문화사, 2008.
『춘추좌씨전』, 문선규 역, 명문당, 2009.

『민속학사전』, 동경당출판, 1980.
『한국민속대관』 한국콘텐츠진흥원, 2000.
『한국민족문화대백과사전』, 한국정신문화연구원, 1991.

Aristoteles, *Nikomatische Ethik*, Uebers. Eugen Rolfes, Felix Meiner Verlag, Hamburg, 1985.
Aristotle, *The Politics*, Trans. T.A. Sinclair, Penguin Classics, 1992.
Austin, J. L., *How to do Things with Words*, Oxford. Uni. 1961.
Brown, Gillian & Yule, G. Chapter 1. The nature of reference intext and in Discourse. *Discourse analysis*. Cambridge: Cambridge University Press. 1983.
Buber, Martin, *Das Dialogische Prinzip*, Darmstadt, 1984.
Catherine Bell, *Ritual, Perspective and Dimensions*, Oxford U. P., 1997.
Rapp, Claudia, Darke, H. A.(Ed.), *The City in the Classical and Post Classical World: Changing Contexts of Power and Identity*, Cambridge U.P., 2014.
Düring, Ingemar, *Aristoteles*, Carl Winter · Universitätsverlag, Heidelberg, 1966.
Guardini, Romano, "Liturgie als Spiel"(놀이로서의 의례) *Ecclesia Orans*(전례의 정신) I, Freiburg, 1922.
Harrison, Jane E., *Themis*, 2nd ed. Cambridge: Cambridge University, 1927.
Hooke, Samuel H.(ed.), *The Labyrinth*, London: SPCK, 1935.

Joint Association of Classical Teachers, *The World of Athens: An Introduction to Classical Athenian Culture*, Cambridge, 2008.
샌다즈, M. K., 『길가메시서사시』, 이현주 옮김, 범우사, 2000,
Buber, Martin, *Reden und Gleichnesse Des Tschuang Tse*, Insel Verlag, 1921.
Mead, George H., *Mind Self & Society*, the University of Chicago Press, 1934.
Guardini, Romano, "Liturgie als Spiel"(놀이로서의 의례) *Ecclesia Orans* (전례의 정신) I, Freiburg, 1922.
van Dijk, T.A. "Introduction: Discourse Analysis as a New Cross-Discipline" in T.A. van Dijk (Ed.), *Handbook of Discourse Analysis*. Vol. 1. London: Academic Press. 1985.
de Bary, Wm. Theodore, *Asian Values and Human Rights*, Harvard U. P., 1998.

갈조광, 『도교와 중국문화』, 심규호 옮김, 동문선, 1993.
강구율, 「한국의 유가제례문화 간고」, 『선비문화』18호, 2010.
금장태, 『귀신과 제사』, 제이앤씨, 2009.
길희성, 『힌두교』, 전통문화연구회, 2016.
김미영, 「의례와 상징」, 『국학연구』 14, 2009.
김승혜, 『원시유교』, 민음사, 1994.
김열규. 『동북아시아 샤머니즘과 신화론』, 아카넷, 2003.
김창경, 『한국민속무용연구』, 형설출판사, 1982.
김충렬, 『中國哲學散稿』 I, 온누리, 1990.
남상락, 「중국철학과의 관계에서 본 그리스 사유에서의 'Physis' - 'Nomos'」, 『동서철학과 한국실학사상의 탐구』, 다운샘, 2000.
니체, 『비극의 탄생』, 곽복록역, 휘문출판사, 1978.
다니엘 A. 키스터, 「굿의 신성한 상징」, 『종교연구』, 라종혁 옮김, 한국종교학회, 1995.
단테, 『단테의 신곡 하』, 최민순 옮김, 2013.
단테, 『새로운 인생』, 박우수 옮김, 민음사, 2005
레이먼드 마틴, 존 베러시, 『영혼과 자아의 성장과 몰락』, 마리오 옮김, 영림카디널, 2008.
로마노 과르디니, 『거룩한 표징』, 분도소책 4, 분도출판사, 1998.
로이 라파포트, 『인류를 만든 의례와 종교』, 강대훈, 황소걸음, 2017.
로저 에임즈, 『동양철학, 그 삶과 창조성』, 장원석 옮김, 유교문화연구소, 2005.
로저 자넬리 · 임돈희 공저, 『조상의례와 한국사회』, 김성철 역, 일조각, 2000.
루스 베네딕트, 『문화의 패턴』, 이종인 옮김, 연암서가, 2008.
마르셀 그라네, 『중국사유』, 유병태 옮김, 한길사, 2015.
마르셀 그라네, 『중국의 고대 축제와 가요』, 신하령 · 김태완 옮김, 살림, 2005.

마이클 로이, 『고대 중국인의 생사관』, 이성규 역, 지식산업사, 2003(1987).
모티머 J. 애들러, 『개념어해석』, 최홍주 옮김, 모티브, 2007.
박일영, 『한국무교의 이해』, 분도출판사, 2003.
반 겐넵, A., 『통과의례』, 전경수 역, 을유문화사, 2000.
방동미, 『중국인의 인생철학』, 정인재 옮김, 탐구당, 1989.
방주네프, 『통과의례』, 전경수 역, 을유문화사, 2000.
백 쁠라치도, 『전례주년과 빠스카 신비』, 분도소책 3, 분도출판사, 1996.
버나드 라운, 『치유의 예술을 찾아서』, 서정돈, 이희원 옮김, 몸과 마음, 2003.
벤야민 슈월츠, 『중국고대사상의 세계』, 나성 옮김, 살림, 1996.
비트겐슈타인, 『철학적 탐구』, 이영철 역, 책세상, 2006.
빌헬름 딜타이, 『고대 그리스와 로마의 교육』, 지식을 만드는 지식, 2012.
샌다즈, M. K. 『길가메시서사시』, 이현주 옮김, 범우사, 2000.
섭서헌, 『노자와 신화』, 노승현 옮김, 문학동네, 2003.
세네카, 『베풂의 즐거움』, 김혁 외 옮김, 눌민, 2015.
아리스토텔레스, 『니코마코스윤리학』, 최명관 역, 을유문화사, 1983.
아리스토텔레스, 『영혼에 관하여』, 유원기 역주, 궁리, 2001.
안대회, 「조선후기 자찬묘지명 연구」, 『한국한문학연구』, Vol. 31, 2003.
알프레드 포르케, 『중국고대철학사』, 양재혁 외 역, 소명출판, 2004.
앵거스 그레이엄, 『도의 논쟁자들』, 나성 옮김, 새물결, 2001.
어빙 고프만, 『상호작용 의례』, 진수미 옮김, 아카넷, 2013.
어빙 고프만, 『자아 연출의 사회학』,진수미 옮김, 현암사, 2016.
에버하르트 호르스트, 『중세 최대의 연애사건』, 모명숙 옮김, 생각의 나무, 2005.
오스카 G. 브로켓 · 프랭클린 J. 힐디, 『연극의 역사』, 전준택 · 홍찬수 옮김, 연극과 인간, 2005.
요한 하위징아, 『호모 루덴스』, 이종인 옮김, 2010.
원승룡, 김종헌, 『문화이론과 문화읽기』, 서광사, 2001.
윌리엄 시어도어 드 베리, 『다섯 단계로 본 동아시아 문명』, 한평수 옮김, 실천문학사, 2007.
유권종, 「제사의 종류와 그 의례적 특징」, 『제사와 제례문화』, 국학진흥원, 2005.
유부인 이씨, 『태교신기』, 이연재 역주, 문덕사, 1991.
유영옥, 『禘祭의 개념과 실제』, 퇴계학부산연구원 예학교실 강의자료, 2007.
이부영, 『분석심리학』, 일조각, 1978.
이상섭, 『아리스토텔레스의 시학연구』, 문학과 지성사, 2002
이숙인, 「주자가례와 조선 중기의 제례문화」, 『정신문화연구』, Vol.29, No.2, 2006.
이향만 외, 『변화하는 가족 시대의 가족에 대한 인문학적 성찰』, 경제인문사회연구회, 2015.

이향만, 『무위와 소요의 영성』, 심산, 2012.
이향만, 「중국 선진 사상에 나타난 생명관」, 『가톨릭철학』 제16호, 2011.
일아 역편, 『빠알리 경전』, 민족사, 2010.
자크 르 고프, 『중세의 지식인들』, 최애리 옮김, 동문선, 1998.
장영란, 「고대 그리스 철학 이전의 영혼」, 『철학연구』, 64집, 2004.
장영란, 『영혼의 역사』, 글항아리, 2010.
장철수, 『한국의 冠婚喪祭』, 집문당, 1995.
조셉 니담, 『중국의 과학과 문명』 II, 이석호 외 역, 을유문화사, 1995.
조셉 캠벨 · 빌 모이어스, 『신화의 힘』, 이윤기 옮김, 고려원, 1992.
조지프 캠벨, 『신화와 인생』, 박중서 옮김, 갈라파고스, 2010.
존 스튜어트 밀, 『여성의 예속』, 김예숙 옮김, 이화여자대학교출판부, 1995.
천미라, 「高麗時代 高僧의 出生 胎夢」, 『青藍史學』. 제8집, 2003.
최희섭, 양병현 편저, 『엘리엇과 동양사상 I』, 도서출판 동인, 2000.
콘포드, 『종교에서 철학으로』, 남경희 옮김, 이화여대출판부, 1995.
토마스 알렉산더 슬레작, 『플라톤 읽기』, 임성철 옮김, 한양대학교출판부, 2001.
폴 리쾨르, 『해석의 갈등』, 양명수 옮김, 아카넷, 2001
플라톤, 『국가』, 박종현 역주, 서광사, 2005.
플라톤, 『파이돈』, 박종현 역주, 서광사, 2003.
플라톤, 『향연』, 강철운 옮김, 이제이북스, 2014.
피에르 아도, 『고대철학이란 무엇인가?』, 이레, 2008.
핑가렛트 H., 『공자의 철학』, 송영배 역, 서광사, 1993.
한국고전번역원, 한국고전종합DB, .
한국공연예술원, 『불교의례』, 열화당, 2015.
한국교회사연구소 편, 『순교자와 증거자들』, 1981.
한국의 지식콘텐츠, 『한국민속대관』,.
한국종교민속연구회 편, 『종교와 일생의례』, 민속원, 2006.
호메로스, 『일리아스』, 천병희 옮김, 단국대출판부, 1996.

〈찾아보기〉

■ **著者 略歷**

이향만

성균관대학교와 동 대학원에서 한국철학을 전공하고 독일 프라이부르크 대학에서 철학 박사학위를 취득하였다. 성균관대학교 동아시아학술원 책임연구원, 가톨릭대학교 인간학교육원 강의교수, 서강대학교 신학연구소와 생명문화연구소 책임연구원, 가톨릭대학교 생명윤리연구소 전임수석연구원을 역임하였다. 현재 가톨릭대학교 의과대학 인문사회의학과 교수로 재직 중이다. 공역서로 『진기한 나라 중국』(2008), 『인간배아는 누구인가』(2018), 공저로 『다산경학의 현대적 이해』(2004), 『동아시아와 근대, 여성의 발견』(2004), 『언어와 정치』(2008), *Familie im Wandel* (2017), 저서로 『무위와 소요의 영성』(2012) 등이 있다.

생명과 의례

초판 1쇄 발행일 2020년 04월 30일

지은이 | 이향만
발행인 | 최원필
발행처 | 심산출판사
주 소 | 서울시 은평구 불광로 13가길 18, 101호
전 화 | 02-357-0633
팩시밀리 | 02-357-0631
E-mail | simsan21c@hanmail.net
등록번호 | 제1-2114호(1996년 11월 28일)

ISBN 978-89-94844-66-4 93100

* 책값은 뒤표지에 표시되어 있습니다.